オブジェクト指向 Java プログラミング入門

第2版

樋口昌宏 [監修]
多田昌裕・半田久志・加藤 暢・波部 斉 [著]

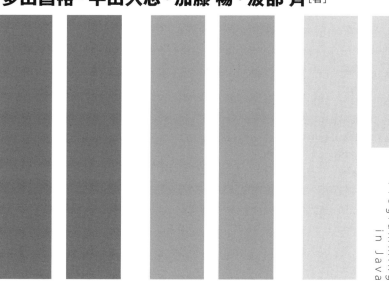

Introduction to Object Oriented Programming in Java

近代科学社

◆ 読者の皆さまへ ◆

　平素より，小社の出版物をご愛読くださいまして，まことに有り難うございます．

　(株)近代科学社は1959年の創立以来，微力ながら出版の立場から科学・工学の発展に寄与すべく尽力してきております．それも，ひとえに皆さまの温かいご支援があってのものと存じ，ここに衷心より御礼申し上げます．

　なお，小社では，全出版物に対してHCD（人間中心設計）のコンセプトに基づき，そのユーザビリティを追求しております．本書を通じまして何かお気づきの事柄がございましたら，ぜひ以下の「お問合せ先」までご一報くださいますよう，お願いいたします．

　お問合せ先：reader@kindaikagaku.co.jp

　なお，本書の制作には，以下が各プロセスに関与いたしました：

- 企画：山口幸治
- 編集：山口幸治
- 組版：藤原印刷 ($\LaTeX$)
- 印刷：藤原印刷
- 製本：藤原印刷
- 資材管理：藤原印刷
- カバー・表紙デザイン：藤原印刷
- 広報宣伝・営業：冨髙琢磨，山口幸治，東條風太

- 本書の複製権・翻訳権・譲渡権は株式会社近代科学社が保有します．
- [JCOPY] 〈社〉出版者著作権管理機構 委託出版物
  本書の無断複写は著作権法上での例外を除き禁じられています．
  複写される場合は，そのつど事前に(社)出版者著作権管理機構
  (https://www.jcopy.or.jp，e-mail: info@jcopy.or.jp) の許諾を得てください．

まえがき

　この本の著者が所属している情報学科では，2002年度から1年生に対してJava言語によるプログラミング授業を行ってきました．本書は，これまでの授業のなかで明らかになった問題点を踏まえ，プログラミング初学者にオブジェクト指向プログラミングを無理なく学んでもらえることを目指して執筆されております．

　本書では，はじめから簡単なオブジェクト指向プログラミングの例を導入し，クラスからオブジェクト（インスタンス）を生成して，オブジェクトが相互にメッセージを送り合いながら処理を進めることを体感してもらう構成になっています．

　当初の授業では，基本的な構文（変数，代入，制御構造，メソッド，データ構造，文字列操作）の理解が終わってからオブジェクト指向プログラミングを導入する方針をとっていました．しかしながら，本来の目的であるオブジェクト指向プログラミングの学習が，結果的に後回しになってしまい，クラス，オブジェクト（インスタンス），コンストラクタ，メソッドといったオブジェクト指向プログラミングの基本を学生が理解しない，という問題点が明らかになってきました．

　そこで現在では，1年生前期の授業（後半5コマ）で，はじめから簡単なオブジェクト指向プログラミングの例を学び，クラスとオブジェクト（インスタンス）の概念にまずは触れるように工夫しています（2章）．

　その上で，1年生後期の授業で，オブジェクトが備える様々な処理（メソッド）を簡潔に記述するための制御構造やデータ構造を学び（3章から6章），2年生前期の授業ではプログラムの再利用性・保守性を高めるためのカプセル化（6.1節），継承（7章），ポリモーフィズム（7.5節）を学んでいけるような順番で授業を行っております．

　学生は私たちが心配したほど，はじめからオブジェクト指向プログラミングを行うことについて難しさは感じないようです．むしろオブジェクト指向プログラミングをJava言語学習の途中から行っていたときよりもずっと楽にこのスタイルになじんでいるようです．

　本書では，1版から2版に改訂するにあたり，1版出版以降に上記の授業改善を行った結果を反映し，簡単なオブジェクト指向プログラミングの具

体例として 2 章を新規に追加しました．また，Java SE 8 に対応した内容となるよう，全体の記述やプログラム例を刷新しています．さらに，11 章では，Java SE 8 から導入されたラムダ式について，豊富なプログラム例を挙げて詳しい説明を行っています．これにより入門レベルを卒業した読者の皆さんが，従来の命令型とはまったく異なる宣言的なプログラミング技術を修得できるようにしています．

筆者らがこれまでの授業で蓄積してきたさまざまな演習課題をオープン教材としてサポートページ上で公開しております．このサポートページでは，Java の統合開発環境である Eclipse の導入方法についても詳しく説明しています．サイトアドレスは以下のとおりです．

```
―― この本のサポートページ ――
    http://www.info.kindai.ac.jp/Java
```

本書を教科書として 15 回の講義を行う際のシラバスの一例を以下に示します．参考にしていただければ幸いです．

第 1 回 簡単なオブジェクト指向プログラミング（2 章もしくは 3 章）
第 2 回 クラスの定義（3 章）
第 3 回 メソッドの定義（3 章）
第 4 回 変数の活用と基本的な入出力（3 章）
第 5 回 さまざまな演算子の活用（4 章）
第 6 回 条件分岐（4 章）
第 7 回 繰り返し（4 章）
第 8 回 文字列処理（4 章）
第 9 回 配列（5 章）
第 10 回 ArrayList（5 章）
第 11 回 メッセージパッシング・委譲（6 章）
第 12 回 カプセル化，アクセス制御（6 章，9.3 節）
第 13 回 継承（7 章）
第 14 回 インタフェース（8 章）
第 15 回 ファイル操作（10 章）

▶ [シラバスの別の例]
筆者らの所属する学科では，本書の 3 章から 6 章までを使って（右に示したシラバス例の第 1 回から第 11 回までの内容），1 年生後期に 15 回の授業を行っています．そして，残り 4 回分は実際にソースコードを 1 から記述させる実技テストなどを行っています．

最後になりましたが，この本の基となった授業内容の点検と改善の検討に関して，日ごろからさまざまな意見交換をしてくださっている近畿大学理工学部情報学科の先生方，刊行前の原稿を熱心に読み込み原稿の不備を指摘してくださった近畿大学理工学部情報学科の高田司郎教授と学生の皆さん，筆の遅い筆者らを辛抱強く叱咤激励してくださった近代科学社の山口幸治様に深く感謝申し上げます．

平成 29 年 11 月　著者一同

目　次

1 章	Java 言語でプログラミングしよう	1
	1.1　Java プログラミング言語	2
	1.1.1　プログラムとプログラミング言語	2
	1.1.2　Java 言語の特徴	2
	1.1.3　この本のねらい	4
2 章	オブジェクト生成とメソッド呼出し	5
	2.1　プログラムの作成と実行	6
	2.1.1　プログラム開発の流れ	6
	2.1.2　ソースコードを書く	6
	2.1.3　コンパイルを行う	7
	2.1.4　実行してテストする	8
	2.1.5　デバッグする	8
	2.2　変数	9
	2.2.1　変数の宣言	9
	2.2.2　基本データ型と参照型	9
	2.2.3　変数への代入	10
	2.3　オブジェクトの生成・参照	12
	2.3.1　オブジェクトとクラス	12
	2.3.2　オブジェクトの生成	14
	2.3.3　メソッド呼出し	14
	2.3.4　クラスと複数のオブジェクト	15
	2.3.5　参照先の変更	16
	2 章　演習問題・解	20
3 章	クラスの定義	23
	3.1　クラスとは	24
	3.2　長方形を表すクラスを考えてみよう	24
	3.2.1　クラスの具体例（Rectangle クラスのプログラム）	24
	3.2.2　プログラムの構成（フィールド・コンストラクタ・メソッド）	26

3.2.3　main メソッド 26
　　　3.2.4　フィールド 27
　　　3.2.5　コンストラクタ 27
　　　3.2.6　オブジェクト生成 29
　　　3.2.7　メソッド 31
　　　3.2.8　フィールドとローカル変数 34
　　　3.2.9　this の利用（フィールド名とローカル変数名の区別）........................ 35
　3.3　メソッドの記述例 36
　　　3.3.1　面積を求める `calcArea` メソッドの記述 36
　　　3.3.2　自クラスのメソッド呼出し 38
　　　3.3.3　セッター・ゲッター 38
　3.4　オーバーロードの利用 39
　3.5　API 41
　3.6　コメント 42
　　　3.6.1　コメントの種類 42
　　　3.6.2　コメントアウト 43
　　　3.6.3　コメントの必要性 43
　3 章　演習問題・解 46

4 章　基本的な処理の記述 49
　4.1　識別子 50
　　　4.1.1　Java 言語における名前の付け方の慣習 50
　4.2　基本データ型 51
　4.3　リテラル 51
　　　4.3.1　注意を要する文字 52
　4.4　キーボード入力と出力表示 53
　　　4.4.1　キーボードからの入力 54
　　　4.4.2　書式つき出力 55
　4.5　式と演算子 57
　　　4.5.1　算術演算 57
　　　4.5.2　型の変換 60
　　　4.5.3　インクレメントとデクレメント演算子 62
　　　4.5.4　代入演算子 63
　　　4.5.5　式文 64
　4.6　実行の流れの制御 65
　　　4.6.1　条件式の記述 66
　　　4.6.2　場合分け（条件分岐）.. 68
　　　4.6.3　繰返し 79

		4.6.4 処理の流れからの脱出 87
	4.7	文字列処理 91
		4.7.1 文字列の結合（+と +=）... 92
		4.7.2 String クラスの主なメソッド..................................... 93
		4.7.3 文字の取りだし（charAt メソッド）........................ 93
		4.7.4 文字列の比較（equals メソッド）............................ 94
		4.7.5 文字列検索（indexOf メソッド）.............................. 96
		4.7.6 文字列の長さ（length メソッド）............................ 98
	4章 演習問題・解 100

5章 さまざまなデータ構造 103

	5.1	配列 104
		5.1.1 配列の基本的な使用方法 104
		5.1.2 配列の特性を活用した例 107
	5.2	オブジェクトとしての配列 108
		5.2.1 length フィールド 108
		5.2.2 配列変数は参照型変数 109
		5.2.3 配列のコピー 110
	5.3	多次元配列 112
	5.4	配列の応用 114
		5.4.1 コマンドライン引数 114
		5.4.2 CSV 形式のデータの取り扱い 115
	5.5	ArrayList 119
		5.5.1 ArrayList クラスの import と ArrayList の生成方法について ... 121
		5.5.2 ダイアモンド演算子 121
		5.5.3 ジェネリクスを指定しない場合 121
		5.5.4 基本データ型を格納する場合（ラッパークラスの利用）.... 122
		5.5.5 ArrayList クラスの主なメソッド........................... 122
		5.5.6 要素の格納方法（add メソッド）.............................. 122
		5.5.7 ArrayList の要素数（size メソッド）と，要素の取り出し（get メソッド）.... 123
		5.5.8 要素の削除（remove メソッド）と挿入（add メソッド）........................ 123
		5.5.9 ArrayList 生成の際の大きさ指定 126
		5.5.10 拡張 for 文.. 126
	5.6	HashMap... 129
	5章 演習問題・解 134

6章 メッセージパッシング・委譲 137

	6.1	オブジェクト指向プログラミングの考え方 138

6.2 メッセージパッシング 139
6.2.1 成績クラス Score 140
6.2.2 事務室クラス Office 141
6.2.3 教員クラス Teacher 143
6.2.4 各クラスの動作 144
6.3 委譲 145
6.3.1 科目クラス Subject 145
6.3.2 新しいオフィスクラス NewOffice 146
6.3.3 クラス Teacher の修正 148
6.3.4 実行の確認 148
6 章 演習問題・解 151

7 章 継承・抽象クラス 155
7.1 既存クラスの再利用 156
7.1.1 コピーによって作成したクラス CopyOfRectangle 156
7.2 継承 158
7.2.1 継承の書式 158
7.2.2 オーバーライド 160
7.2.3 super を用いたスーパークラスのメソッド呼出し 160
7.2.4 スーパークラスのコンストラクタの呼出し 161
7.3 よく似たクラスの抽象化 163
7.3.1 抽象化 165
7.4 抽象クラス 166
7.5 継承におけるポリモーフィズム 170
7.5.1 参照型変数の型とオブジェクトの型 170
7.5.2 型の違う参照型変数の代入 171
7.5.3 ポリモーフィズム 171
7 章 演習問題・解 174

8 章 インタフェース 175
8.1 インタフェース 176
8.2 インタフェースの定義 176
8.3 インタフェースの実装 177
8.4 インタフェースにおけるポリモーフィズム 177
8.5 デフォルトメソッド 180
8.5.1 デフォルトメソッドの定義 180
8.5.2 デフォルトメソッドのオーバーライド 181
8 章 演習問題・解 185

9章　クラス定義に関する諸技術 ……………………………………………… 187

9.1　クラス定義の補足 …………………………………………………………… 188
9.1.1　メソッド toString ……………………………………………………… 188
9.1.2　final 修飾子 …………………………………………………………… 189
9.2　パッケージ …………………………………………………………………… 189
9.2.1　パッケージの利用方法 ………………………………………………… 189
9.2.2　パッケージの作成方法 ………………………………………………… 190
9.3　アクセス制御 ………………………………………………………………… 191
9.3.1　フィールドへの直接的なアクセス …………………………………… 191
9.3.2　アクセス修飾子 ………………………………………………………… 192
9.3.3　アクセス制御とカプセル化 …………………………………………… 193
9.4　クラス変数 …………………………………………………………………… 195
9.4.1　クラス変数とインスタンス変数 ……………………………………… 196
9.4.2　他のクラスからのクラス変数参照方法 ……………………………… 197
9.5　クラスメソッド ……………………………………………………………… 198
9.5.1　クラスメソッドの利用方法 …………………………………………… 200
9.6　列挙型 ………………………………………………………………………… 201
9.6.1　クラス変数を用いた定数定義の問題点 ……………………………… 201
9.6.2　列挙型の定義 …………………………………………………………… 204
9.6.3　列挙型におけるフィールド，コンストラクタ，メソッド ………… 205
9章　演習問題・解 ………………………………………………………………… 207

10章　ファイル操作 ……………………………………………………………… 209

10.1　ファイル入力 ………………………………………………………………… 210
10.2　例外処理 ……………………………………………………………………… 212
10.2.1　チェック例外 …………………………………………………………… 212
10.2.2　try-with-resources 文 ………………………………………………… 213
10.2.3　非チェック例外 ………………………………………………………… 214
10.3　ファイル出力 ………………………………………………………………… 214
10.3.1　基本的な出力プログラム ……………………………………………… 214
10章　演習問題・解 ………………………………………………………………… 216

11章　ラムダ式とストリーム …………………………………………………… 217

11.1　命令型から宣言型へ ………………………………………………………… 218
11.1.1　従来の手法を用いた情報の検索方法 ………………………………… 218
11.1.2　ラムダ式とストリームを用いる手法 ………………………………… 220
11.2　ラムダ式 ……………………………………………………………………… 223
11.2.1　ラムダ式の文法 ………………………………………………………… 224

11.2.2　ラムダ式の具体例 224
　　11.2.3　関数型インタフェース 226
　　11.2.4　コレクションに対する一括処理（forEach と Consumer） 228
　　11.2.5　メソッド参照 229
　　11.2.6　配列の場合の forEach の使い方 229
　　11.2.7　命令形との比較 230
　11.3　ストリーム 231
　　11.3.1　ストリームの生成と参照 232
　　11.3.2　中間操作 233
　　11.3.3　終端操作 234
　　11.3.4　ストリームのフィルタリング 236
　　11.3.5　リダクション操作と Optional 239
　　11.3.6　Stream インタフェースに用意されているリダクション操作 242
　　11.3.7　要素同士の比較（Comparator） 245
　11 章　演習問題・解 250

参考文献 253

索　引 255

1章　Java言語でプログラミングしよう

[ねらい]

　この本は，プログラムを作った経験の無い人を対象に，Java言語のプログラムを作るための基本的な技術を習得してもらうことを目的としています．プログラムを作ることをプログラミングと呼びます．また，プログラムを書くための言語をプログラミング言語と呼びます．プログラミング言語にはさまざまなものがあり，どのような言語でプログラミングを学んでもよいのですが，この本では，現代のソフトウェア産業の中で主流となっている，オブジェクト指向プログラミングと呼ばれるプログラミング技法を，Java言語を用いて学んでいきます．

―― この本の特徴 ――

- この本では，最初からオブジェクト指向プログラミングを学習します．オブジェクト指向による簡単なプログラムを初めに導入し，そのプログラムにさまざまな機能を追加していくことで，プログラミングに関する基本的事項を段階的に習得できるようになっています．
- プログラミング初学者を対象としていますので，できるだけ平易な用語を用いるようにしています．また，専門用語には解説をつけています．
- 基本的な技術を，実際に動作する例題プログラムを用いて解説しています．これらを実際にコンピュータに打ち込んで実行することで，習得すべき技術を直観的に理解できます．その上で，各例題プログラムに付けられた解説をじっくりと読んでみてください．きっと皆さんのプログラミング技術や知識が確かなものになっていくでしょう．
- Java言語の処理系であるJDKは，その発表以来改良が続いています．この本ではJava SE 8に準拠した解説と例題プログラムを用意しました．また，Java SE 8から導入されたラムダ式に関しても，豊富な例を挙げながら説明しています．
- 各章の最後には，その章で学んだ技術を確認するためのプログラミング課題があります．簡易なものから少し難易度の高いものまでありますが，例題プログラムを参考にすれば完成できるようになっています．

1.1 Java プログラミング言語

1.1.1 プログラムとプログラミング言語

　情報通信技術の劇的な発展に伴い，私たちの日常生活の中に多くのコンピュータが当たり前のように存在するようになりました．パーソナルコンピュータだけでなく，スマートフォンなどの携帯電話端末，情報家電，車，スーパーマーケットやコンビニのレジ，駅の自動改札機など生活のいたるところにコンピュータがあり，さらにそれらが相互にネットワークで接続される IoT(Internet of Things) の時代が間近に迫ってきています．

　私たちはこれらのコンピュータを使って，Web を閲覧したり，SNS で交流を行ったり，文書を作成したり，外出時にナビゲーションサービスを利用したり，ゲームをしたりしています．コンピュータのもつこれらの機能はすべてプログラムによって実現されているのですが，このようなプログラムは数万行から多いときには数百万行の規模になり，多くのプログラマの共同作業により日々開発やバージョンアップが続けられています．

　一口にプログラムといっても，その種類や用途は多岐にわたっており，プログラムをより効率的に開発するために，プログラムの種類と用途に応じて今日までにさまざまなプログラミング言語が登場してきました．たとえば，科学技術計算プログラムの記述に適した Fortran，事務処理用プログラム記述に適した COBOL，そして UNIX オペレーティングシステムを構築するために開発された C 言語などが有名です．

　近年では，Python や C#などのコンピュータ言語が登場し，さまざまな場面で用いられてきています．現在，主流となっているプログラミング言語では，明示的にオブジェクト指向プログラミング言語と謳っていなくても，その多くにオブジェクト指向プログラミング言語の概念が取り入れられています．

　その中でもこの本で学習する Java 言語は，既存の言語の長所を数多く取り入れた優れた言語であり，携帯電話端末（Android 端末）でのアプリ開発に採用されていることも相まって，世界で広く利用されています．さらに，以降で述べる数々の長所を持つことから，Java 言語は末長くソフトウェア業界に携わりたい人には最適なプログラミング言語であるといえます．

1.1.2 Java 言語の特徴

■ ポータビリティ

　Java 言語の大きな特徴の一つが**ポータビリティ** (portability) の高さです．ここでいうポータビリティとは，一つのプラットフォーム（ハードウェアと基本ソフトウェアの組合わせ）上で作成したプログラムが，多くのプラットフォームで利用可能ということを意味しています．たとえば Windows 上

で作成したプログラムが，MacOS でも UNIX でも Android でも動作します．パーソナルコンピュータだけでなく，車や情報家電など，私たちの身の回りの多くのものがコンピュータ制御される現代では，一度作ったプログラムがどのようなプラットフォームでも動作してくれるということは，アプリケーション開発の効率化からみても非常に魅力的です．

■ 豊富なパッケージ

Java 言語は 1995 年の発表以来，多くの改良が継続的になされ，時代のニーズを取り入れつつ進化し続けています．その過程で，Java 言語には，多様なネットワークプロトコルやサーバサイドプログラミングに対応する高度なネットワーク処理，データベース連携操作，そして日常生活のさまざまな場所・場面に存在するコンピュータから送られてくる多種多様かつ莫大な量のデータ（いわゆるビッグデータ）を解析するための処理など，多くの機能がパッケージとして実装されてきました．私たちは，Java 言語を用いることで，世界中のさまざまな人が開発した多様なパッケージを利用することができます．

▶ [ネットワークプロトコル]
コンピュータがネットワークを介して相互にデータをやりとりする際の規約

▶ [サーバサイドプログラミング]
Web アプリケーションなど，サーバ上で動作するプログラムを開発するための技術（サーブレット，JSP など）．

■ オブジェクト指向プログラミング言語

Java 言語は，**オブジェクト指向プログラミング言語** (Object-Oriented Programming Language) です．この本は Java 言語の入門書なのですが，はじめからオブジェクト指向という考え方を意識して Java 言語を学んでいきます．

オブジェクト指向プログラミングでは，データ構造とそのデータ構造の操作とをまとめた「オブジェクト」を単位としてプログラミングを行います．オブジェクトのデータ構造は，そのオブジェクトに属する性質を表す「属性」と呼び，データ構造の操作は「メソッド」と呼びます．

オブジェクト指向プログラミングによって構築されるアプリケーションでは，さまざまなクラスから多数のオブジェクトが生成され，これらのオブジェクトが互いにメッセージ（6.2 節で学びます）を送り合いながら処理を進めていきます．

オブジェクト指向プログラミングではカプセル化（6.1 節），継承（7 章），ポリモーフィズム（7.5 節）により，今後アプリケーションを改良して行く中で，変更が予想される部分と，変更する必要がない部分を別々のクラスとすることができます．このクラス単位で分けてプログラムを書くということが，プログラムの再利用性・保守性を高めます．たとえば，別々に書かれたクラスの片方に仕様変更があったとしても，もう一方のクラスへの影響を最小限に留めることができます．

プログラムの欠陥であるバグを修正する作業（バグフィックス）などプ

▶ [オブジェクトとインスタンス]
詳しくは 3 章で説明しますが，オブジェクトは，クラス・オブジェクトとインスタンス・オブジェクトからなります．クラス・オブジェクトはある共通の属性とメソッドを持ったオブジェクトの設計図で，通常はクラスと略されます．そしてクラス（設計図）から生成されたオブジェクトをインスタンス・オブジェクトと呼び，通常はインスタンスと略されます．

▶ [オブジェクトとクラス]
詳しくは 2 章以降で説明しますが，ここでは，クラスは具体的な処理を行うオブジェクトを生成するための設計図のようなものだと思ってください．

ログラム保守における，事前に予想がつかない変更に対しても，個々のクラスの役割を細分化することにより，プログラム修正に対して柔軟なアプリケーションが構築できます．

■ その他の特徴

その他にも Java 言語にはさまざまな特徴があります．GUI を実現するための豊富なパッケージ，複数のプログラムが通信し合いながら同時に動作する並行プログラムを記述するためのマルチスレッド，不要になったメモリ領域を自動的に回収するガベッジコレクション，エラー処理を統一的に扱う例外処理などです．

1.1.3 この本のねらい

このように，Java 言語には非常に多くの優れた特徴があるのですが，この本でそれらすべてを解説することはできません．この本は Java 言語の入門書として，オブジェクト指向言語としての Java の基本的なプログラミング技術を紹介し，より本格的なプログラミング技術への足がかりになることを目的としています．

この本を使って Java 言語によるオブジェクト指向プログラミングに慣れた後，クラスやオブジェクトを効果的に組み合わせるさらに高度な技術に挑戦してください．そしてその技術を，ネットワーク分野，グラフィックス分野，人工知能分野，データアナリティクス分野など，さまざまな専門分野に活用してもらえることを願っています．

エスケープ文字の表記について

この本では，エスケープ文字の表示をバックスラッシュ「\」に統一しています．たとえば System.out.printf など文字，文字列を表示するプログラムで \n と表記されている箇所は，日本語キーボードでは ¥n と入力してください．画面上の表示は環境によって異なりますが，¥n のように ¥ 記号で表記されても \n と同じと考えて下さい．

2章 オブジェクト生成とメソッド呼出し

[ねらい]

　オブジェクト指向プログラミングでは，オブジェクトを生成し，それを利用することでさまざまな機能を実現します．この章では，プログラムの作成と実行の流れ，変数の宣言や代入などの概要について学んだあと，簡単な例を使ってオブジェクトの生成とその利用を行い，オブジェクト指向プログラミングの考え方に触れます．

　この章でオブジェクト指向プログラミングの「雰囲気」をつかんだ上で，次章以降の詳細な内容に進んでいってください．

[この章の項目]

- Java 言語でのプログラム開発の流れを学びます．
- 変数の宣言と代入について学びます．
- 基本データ型・参照型について学びます．
- オブジェクトの生成や利用について学びます．

2.1 プログラムの作成と実行

Java 言語を用いたプログラム開発の流れを知るために，まず，簡単なプログラムを作ってみましょう．ここでは，他のプログラミング言語でも最初に紹介される例題として有名な Hello World プログラムを作成します．画面に「Hello world!」と表示するだけのプログラムです．

2.1.1 プログラム開発の流れ

Java 言語でプログラムを作成するには

- ソースコードを書く
- コンパイルを行う
- 実行してテストする
- （うまく実行しなかったら）デバッグする

を行います．以下，この順に方法を説明します．

2.1.2 ソースコードを書く

最初に，ソースコードを書いて，ソースファイルに保管しましょう．ソースファイルの名前は，たとえば，`HelloWorld.java` のように拡張子を `java` とします．また，ピリオドの前はソースファイルに記述されているクラス名と一致している必要があります．`HelloWorld.java` の場合は `HelloWorld` というクラスが記述されていなければいけません．クラスについては 2.3 節で説明します．

以上を踏まえて，次のソースコード 2.1 のソースファイルを，エディタを用いて作成してみましょう．

ソースコード 2.1 HelloWorld クラスのソースコード (`HelloWorld.java`)

```
1  public class HelloWorld {
2    public static void main(String[] args) {
3      System.out.println("Hello world!");
4    }
5  }
```

▶ [Java 開発環境について]
本節で示すプログラムをコンパイルするためには JDK (Java Development Kit) がインストールされていなければいけません．もしインストールされていない場合にはダウンロード・インストールを行って下さい．本書のサポートページでもその方法を説明しています．

▶ [ソースコードとソースファイル]
ソースコードは，コンピュータに対する指示をプログラミング言語を用いて書いたものです．ソースコードが書かれているファイルをソースファイルと呼びます．ソースコードはプログラムの基になるものです．

▶ [拡張子]
多くのオペレーティングシステムではファイル名の後に「.」（ピリオド）に続く文字列を付けてファイルの種類を区別します．この文字列のことを拡張子と呼びます．初期設定では拡張子を表示しないオペレーティングシステムも多いのですが，プログラム開発の際には表示するように変更することをお薦めします．

▶ [ソースファイル作成に用いるエディタ]
エディタは何を用いても構いません．Emacs や Atom Editor (Linux, Windows, macOS などで利用可能) など，Java プログラミング支援機能のあるエディタが便利ですが，Windows のメモ帳を使っても構いません．

2.1.3 コンパイルを行う

ソースファイル HelloWorld.java は完成しましたか．しかし，HelloWorld.java のままでは，プログラムは実行できません．プログラムを実行させるためには，Java コンパイラを用いてソースファイルを**コンパイル**して，実行可能なクラスファイルを作る必要があります．クラスファイルの拡張子は class です．ソースファイル HelloWorld.java をコンパイルすると，HelloWorld.class という名前のクラスファイルが作られます．

では，ターミナルで Java コンパイラのコマンド javac を実行し，コンパイルしてみましょう．javac の後にソースファイルの名前を入力して実行します．うまくいけば，以下のように HelloWorld.class が作成されます．

```
コンパイルの結果

$ javac HelloWorld.java
$ ls -l
合計 2
-rw-r--r-- 1 info users 426  9月13日 09:02 HelloWorld.class
-rw-r--r-- 1 info users 115  9月13日 09:01 HelloWorld.java
```

ところが，ソースコード 2.2 のように，うっかりして 3 行目の System を Systen とタイプミスしていたとします．

ソースコード 2.2 HelloWorld クラスのソースコード（タイプミスしたもの）

```
1  public class HelloWorld {
2      public static void main(String[] args) {
3          Systen.out.println("Hello world!");
4      }
5  }
```

▶ [コンパイラの役割]
　本文中にあるように，コンパイラは，ソースファイルをコンピュータが実行可能なクラスファイルに変換する役割をもっています．ソースファイルは人間にとっては読みやすいものですが，コンピュータにとってはそうではなく，内容を解釈するのに時間がかかります．実行のたびにコンピュータが時間をかけてソースファイルを解釈していたら，効率が悪くなります．そこで，コンパイラによってコンピュータが読みやすいクラスファイルを作成しています．コンパイラを実行する操作のことをコンパイルと言います．

▶ [ターミナル]
　ターミナルは文字列のコマンドを入力してコンピュータの操作や設定を行うツールです．Windows なら「コマンドプロンプト」，macOS なら「ターミナル」のアイコンをクリックすればコマンドを入力するウインドウが現れます．
　本文中の例にある $ はコマンドプロンプトと呼ばれるもので，利用者はコマンドプロンプトの次にコマンドを入力していきます．$ は macOS の場合の例で，環境によってはコマンドプロンプトは異なります．本書では基本的なコマンド操作は習得しているとして解説を行っていきます．もし不明な点があれば書籍などを参照してください．

すると，以下の例のように実行に失敗してエラーが表示されてしまいます．それぐらい気がついてよ!!と言いたくなりますが，ソースファイルを修正して再度コンパイルする必要があります．

```
───コンパイルのエラー例───
  $ javac HelloWorld.java
  HelloWorld.java:3: パッケージ Systen は存在しません
        Systen.out.println("Hello world!");
        ^
  エラー 1 個
```

2.1.4 実行してテストする

さて，クラスファイルは作成できましたね．しかし，まだ安心してはいけません．コンパイルで失敗しなかったのは，ソースコードに文法上の間違いがなかったということでしかないので，プログラムが期待通りの動作するかどうかをテストしなくてはいけません．そのために，このクラスファイル HelloWorld.class を実行してみましょう．実行は java コマンドを用います．java コマンドでクラスファイルを実行する時には以下のようにクラス名のみを入力します．拡張子 class は入力しないことに注意してください．

```
───プログラム HelloWorld の実行例───
  $ java HelloWorld
  Hello world!
```

2.1.5 デバッグする

うまく実行しましたか．うまく実行していなければデバッグ (debug) を行います．デバッグとは，バグ（うまく実行しない原因となる虫）をみつけ出して，ソースファイルを修正する作業です．ソースファイルを修正したら，再度コンパイルを行い，プログラムを実行します．そして，うまく実行するようになるまで，これら一連の作業を繰り返します．この例は簡単ですので，デバッグもそれほど手間とは感じられないかも知れませんが，大きなプログラムでは，デバッグに最も時間を取られます．

▶ [期待通りの動作とは]
　プログラム開発は何らかの目的のために行いますので，目的をふまえて，プログラムがどう動作すべきかをあらかじめ決めて開発を行っていきます．プログラム開発を行っているときには必ず「期待される動作」があるわけです．この例では「Hello world! と表示される」ことを期待していることになります．本文でも述べましたが，コンパイラでは「動作が期待されたものになっているか」は分かりませんので，開発者が慎重にテストしなければいけません．

▶ [統合開発環境]
　大規模なプログラムでも，開発の流れはここで述べているものと変わりありません．しかし，ここで説明したようなエディタを用いたプログラム作成や経験や勘に頼ったデバッグを行っていると効率が低下します．そこで，統合開発環境 (IDE : Integrated Development Environment) を利用して開発を行っていくことが一般的です．IDE ではエディタ・コンパイラ・デバッガが一体化されていて効率的に作業を行うための機能が充実しています．Java プログラミングを行う際によく用いられている IDE である Eclipse について，本書のサイト上のサポートページでも説明しています．

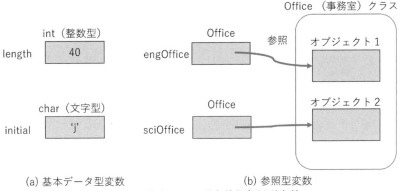

(a) 基本データ型変数　　　　(b) 参照型変数
図 **2.1**　基本データ型変数と参照型変数

2.2 変数

ここまでで，簡単な Java プログラミングを一通りできるようになりました．本章の主目的である，簡単なオブジェクト生成・利用を試す準備として，変数とその「型」について解説します．

プログラムで何らかの処理を記述していく上で，計算の途中経過などいろいろなデータを取り扱う必要が生じます．これらのデータを一時的に保管しておくために，**変数** (variable) という仕組みを利用します．

2.2.1 変数の宣言

変数を使うときには，あらかじめコンピュータに「このような変数を使う」と教える必要があります．この手続きのことを**変数の宣言**と呼びます．宣言していない変数が出現すると，コンピュータはどのように扱えばよいか判断できませんので，コンパイルエラーとなってしまいます．「"このような変数を使う" と教える」と書きましたが具体的には以下のようになります．

▶ ［変数名の付け方］
変数名は自由につけることができますが，好き勝手に付けてしまったら非常に読みにくくなります．そこで，名前をみるだけである程度の内容を推測できるように，名前の付け方の慣習があります．詳しくは 4.1 節で紹介します．

変数の宣言

型名 変数名;

2.2.2 基本データ型と参照型

前節で述べたように変数を宣言するときには，変数の型（変数で保管するデータの種類）を指定しなくてはなりません．では，その型にはどのようなものがあるのでしょうか．

まず，数値や文字などのデータそのものを保管する**基本データ型** (primitive data type) があります．基本データ型の変数は図 2.1 の (a) に示すよ

うに「40」（数値）や「'j'」（文字）といったその型のデータを保管できます．本章では，基本データ型として整数を保管する int 型のみを扱います．その他の基本データ型については 4.2 節で詳しく説明します．

一方，**参照型** (reference type) は，データそのものを保管するのではありません．データの実体は別の場所にあり，変数はそのオブジェクトの所在を示す情報を保管しています．図 2.1(b) に示しているように，参照型変数（図では engOffice や sciOffice がそうです）には，オブジェクトがどこにあるかを示す情報（図では矢印で表現しています）が保管されています．

▶ [オブジェクト]
2.3 節で説明するように，何らかの仕事をしてくれる「モノ」をオブジェクトと呼び，参照型変数とは別の場所に生成されています．

2.2.3 変数への代入

変数に保持しているデータを変更する際には**代入**を用います．代入とは代入演算子「=」の左側に記述された変数に，右辺で記述した式の値を設定することをいいます．

▶ [数学での = との違い]
変数への代入を行う = は数学での意味とは異なります．例えば，width = width + 1 のような表現はプログラムでは正しいですが，数学ではおかしな意味になります．数学での = は右辺と左辺が等しいことを意味していますが，プログラムはそうではありません．右側にある式が示す数値を計算して，それを左側にある変数に代入することになります．width = width +1 を実行すると変数 width に記録されている値が 1 増えることになります．

変数への代入

変数 = 式;

簡単な例として面積を計算するソースコード 2.3 をみてみましょう．

ソースコード 2.3 CalcArea クラスのソースコード (CalcArea.java)

```
1   public class CalcArea {
2       public static void main(String[] args) {
3           int area;
4           int width;
5           int height;
6           width = 10;
7           height = 20;
8           area = width * height;
9           System.out.println(area);
10      }
11  }
```

このソースコードの 1 行目はクラス，2 行目はメソッドの名前を宣言しています．現時点では「おまじない」として詳しい意味については分からなくても構いません．3 行目から 5 行目で int 型の変数の宣言を行っています．

続く 6 行目から 8 行目で変数への代入が行われています．6 行目と 7 行

目では変数 width と height に数値が代入され，8 行目では変数 area に式 width * height の値が代入されます．* は乗算を行う演算子です．ここでは width に保管されている値（幅）と，height に保管されている値（高さ）が掛け合わされて面積が計算され，変数 area に代入されていることになります．演算子については 4.5 節で詳しく説明します．このように，変数に代入する式は，定数値や変数だけではなく，さまざまな演算子を組み合わせて記述することができます．

最後の 9 行目は変数 area に保管されている面積の計算結果を表示しています．ここで使用している println メソッドは括弧の中に記述した情報（変数に保管されている値や文字列）を画面に出力します．たとえば文字列情報を表示したい場合は System.out.println("文字列") のようにダブルクォート「"」で囲んで使用します．4.3 節で説明するように，ダブルクォートで囲むと文字列，シングルクォートで囲むと文字をそれぞれ表します．一方，変数の値を表示したい場合には System.out.println(変数名) とします．9 行目ではこの方法で変数 area に保管されている数値を表示しています．もし，文字列と変数の値を同時に表示したい場合は System.out.println("文字列" + 変数名) のように + 演算子を用います．

println メソッドによく似たものとして print メソッドがあります．いずれのメソッドも括弧の中に記述した情報（文字列や変数の値など）を画面に出力しますが，println メソッドは最後に改行し，print メソッドは改行しません．

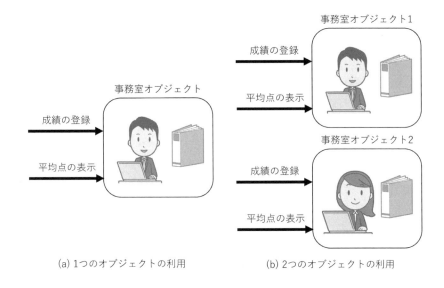

(a) 1つのオブジェクトの利用　　(b) 2つのオブジェクトの利用

図 2.2　事務室オブジェクトの生成と利用

2.3　オブジェクトの生成・参照

オブジェクト指向によるプログラミングでは，**オブジェクト** (object) を用いて必要としている機能を実現していきます．オブジェクトについては3章で詳しく学んでいきますが，ここでは，何らかの仕事をしてくれる「モノ」と理解しておいてください．

この節では，皆さんにとって身近な「成績管理」に関する話題を使って，オブジェクト指向プログラミングの簡単な例をみてみましょう．

2.3.1　オブジェクトとクラス

まず，図 2.2 に示すように事務室オブジェクトを考えます．これらは学校の内部で行われている成績を管理するための仕組みを，モデル化したものです．図の中の「事務室オブジェクト」が学生の成績を管理しています．教員などの利用者は必要に応じて，事務室オブジェクトに成績の登録を依頼したり，成績の出力や，平均点・最高点・最低点などの統計データの出力を依頼します．図中の矢印は利用者からの依頼を示しています．

ここで少しだけ新しい言葉を紹介しておきましょう．いずれも詳しい説明は3章で行いますので，ここではイメージを伝えるための簡単な説明にとどめています．

クラス　オブジェクト指向プログラミングでは，「モノ」は属性を持っているとします．属性は，名前，性質，状態など「モノ」に関する情報のことです．この属性に対してさまざまな操作を行っていきます．**クラ**

ス (class) と呼ばれるプログラムは「モノ」の設計図の役割を果たしていて，どのような属性を持ち，それに対してどのような操作ができるかが書かれています．たとえば「事務室オブジェクト」の例では，属性として事務室の名前や登録されている成績があり，操作として成績の登録や統計データの出力が備わっていることになり，それらは「事務室クラス」で記述されています．

オブジェクト（インスタンス） これまでにも使っている言葉ですが，上述のクラスで定義されている設計図に沿って生成される「モノ」をオブジェクトと呼んでいます．一つの設計図（クラス）に沿った複数のオブジェクトが生成でき，それらは別々の「モノ」であることに注意してください．事務室クラスの例では，図 2.2(b) のように，各学部における成績を管理するために，同じ機能をもった事務室オブジェクトが各学部にあるという状況をイメージしてください．なお，生成されたオブジェクトを強調するときには，**インスタンス** (instance) と呼びます．本来，インスタンスという言葉を使った方が誤解が少ないのですが，みなさんには馴染みがない言葉だと思いますので，本章においてはオブジェクトと呼んで説明を進めていきます．

メソッド「モノ」がもつ属性に対する操作はクラスの中で**メソッド** (method) として定義します．事務室クラスの例では成績の登録，統計データ出力などの操作について，どのような手順で何をするかを記述したメソッドを定義しておきます．

図 2.2 に示した事務室オブジェクトには，以下のようなメソッドが備わっているとします．これらは事務室クラス（`Office` クラス）で定義されています．これらのメソッドを利用して，オブジェクトの属性を操作していくのがオブジェクト指向プログラミングです．

`registerScore(String studentName, int scoreValue)` ：
　成績を登録します．学生の名前を `studentName` で，得点を `scoreValue` で指定します．図 2.2 では「成績の登録」の矢印に相当します．

`showAllScores()` ：
　それまでに登録されたすべての成績を表示します．

`showAverageScore()` ：
　それまでに登録された得点の平均点を表示します．図 2.2 では「平均点の表示」の矢印に相当します．

`showMaxScore()` ：
　それまでに登録された成績の中で，最高点をとった学生の名前と点数を表示します．

2.3.2 オブジェクトの生成

事務室オブジェクトを用いて簡単な成績管理を Java プログラムで行う例をソースコード 2.4 に示しています．これを順を追ってみてみましょう．

まず，5 行目で事務室オブジェクトを生成しています．new が新しいオブジェクトを生成するという意味で，生成したオブジェクトの所在を示す情報を engOffice という変数に代入しています．これによって engOffice はオブジェクトを参照するようになります．このあとでオブジェクトに「仕事」をさせるときにはこれらの変数を利用していきます．

2.3.3 メソッド呼出し

では，どのように「仕事」をさせるのでしょうか．Java プログラミングでは，オブジェクトに対して**メソッド呼出し** (method invocation) を行って，そのオブジェクトに「仕事」を依頼します．メソッド呼出しでは，より詳細な指示を与えるために**引数** (argument) を与えることもできます．

ソースコード 2.4 の 8 行目と 9 行目をみてください．ここでは変数 engOffice が参照するオブジェクトが持っている registerScore というメソッドを呼び出しています．たとえば，8 行目では engOffice が参照する事務室オブジェクトに「名前：加藤，得点：97 という成績を登録してください」と依頼しています．

▶ [ここより後のソースコードを実行してみたいときは]
ここより後に示しているソースコード (2.4, 2.5, 2.6) はそれだけではコンパイルできません．これらの実行は演習問題として本章の最後に示しています．コンパイル方法についても説明していますので実行してみたい場合はそちらを読んでください．

▶ [new の書式]
new の後ろには大文字で始まる英字とカッコが続いています．これはどのクラスのオブジェクトを生成するか，オブジェクト生成の際にどのような引数を引き渡すかを指定しています．たとえば，Office クラスのオブジェクトを生成するときには，事務室の名前を指定することにしているので，"工学部事務室" という文字を引き渡しています．詳しくは 3.1 節で学びます．

▶ [クラスとオブジェクト]
2.3.1 節でも説明しましたがクラスはオブジェクトが持つ属性や機能の設計図に相当します．この例ではあらかじめ決められている Office クラス (事務室クラス) があって，それに沿ったオブジェクトを new で生成して利用しています．

▶ [メソッド呼出しの書式]
メソッドを呼び出すときには「オブジェクトを指す変数.メソッド名(引数 1, 引数 2, ...)」のように記述します．ソースコード 2.4 の 8 行目と 9 行目では，engOffice が指すオブジェクトが持っているメソッド registerScore を呼び出しています．引数としては，学生の名前と得点が指定されています．これについても詳しくは 3.1 節で学びます．

ソースコード 2.4 オブジェクト生成と利用の例 1 (ScoreTest1.java)

```
1  public class ScoreTest1 {
2      public static void main(String[] args) {
3  
4          /* オブジェクトの生成 */
5          Office engOffice = new Office("工学部事務室");
6  
7          /* 工学部事務室に成績を登録 */
8          engOffice.registerScore("加藤", 97);
9          engOffice.registerScore("多田", 95);
10 
11         /* 登録した全成績を表示 */
12         engOffice.showAllScores();
13 
14         /* 平均点を表示 */
15         engOffice.showAverageScore();
16 
17     }
18 }
```

ソースコード 2.4 の 12 行目と 15 行目では，登録した成績や平均点を表示させています．実行例は以下のようになり，8, 9 行目で登録された成績と，そこからもとまる平均点が正しく表示されていることがわかります．

```
─ プログラム ScoreTest1 の実行例 ─────────────

    $ java ScoreTest1
    工学部事務室に登録されている全得点
    学生名:加藤,得点:97
    学生名:多田,得点:95
    工学部事務室に登録されている得点の平均:96.00
```

▶ [メッセージパッシング]
このようなオブジェクトへの仕事の依頼は，オブジェクトとの間でメッセージをやりとりしていると捉えることができます．オブジェクトとその相互関係をより強調するとき，メソッド呼出しをメッセージパッシングと呼びます．詳しくは 6 章で学びます．

2.3.4 クラスと複数のオブジェクト

次に，少し複雑な例として，2 つのオブジェクトを利用する例をみてみましょう．ソースコード 2.5 は 2 つの事務室オブジェクトを利用する例です．先ほどの例では工学部事務室だけが登場していましたが，あらたに理学部事務室にも成績登録を行うようになっています．12 ページの図 2.2(b) のような状況だと考えてください．

5 行目と 6 行目で工学部事務室と理学部事務室を表す 2 つの事務室オブ

ソースコード 2.5 オブジェクト生成と利用の例 2 (ScoreTest2.java)

```java
1  public class ScoreTest2 {
2      public static void main(String[] args) {
3  
4          /* オブジェクトの生成 */
5          Office engOffice = new Office("工学部事務室");
6          Office sciOffice = new Office("理学部事務室");
7  
8          /* 工学部事務室に成績を登録 */
9          engOffice.registerScore("加藤", 97);
10         engOffice.registerScore("多田", 95);
11 
12         /* 理学部事務室に成績を登録 */
13         sciOffice.registerScore("半田", 90);
14         sciOffice.registerScore("波部", 85);
15 
16         /* 工学部事務室に登録した全成績を表示 */
17         engOffice.showAllScores();
18 
19         /* 理学部事務室に登録した全成績を表示 */
20         sciOffice.showAllScores();
21     }
22 }
```

ジェクトを生成し，それぞれを変数 engOffice と sciOffice で参照するようにしています．その後，それぞれの事務室オブジェクトに対して成績を登録します．9，10 行目が工学部事務室，13，14 行目は理学部事務室への登録です．それぞれの文は先ほどの例と同じ書式なので，何をしようとしているかは分かると思います．

その後，17 行目で工学部事務室に登録した成績を表示し，18 行目で理学部事務室に登録した成績を表示しています．その結果は以下のようになります．

```
─ プログラム ScoreTest2 の実行例 ─

$ java ScoreTest2
工学部事務室に登録されている全得点
学生名:加藤,得点:97
学生名:多田,得点:95
理学部事務室に登録されている全得点
学生名:半田,得点:90
学生名:波部,得点:85
```

この結果をみると，工学部と理学部に登録した成績は別々に管理されていることが分かります．これは当たり前の動作なのですが，非常に重要です．つまり，工学部事務室のオブジェクトと理学部事務室のオブジェクトは同じ設計図（Office クラス）に沿って生成されていますので同じ属性や機能を持っています．しかし，それらは別のものなので，登録した成績が一緒になることはありません．このように，設計図である「クラス」とそれに沿って生成された「オブジェクト（インスタンス）」の関係は混乱しがちなので，よく理解するようにしてください．

▶ [2.3.5 節を読む前に]
2.3.5 節の内容は少し高度になっています．最初は難しく感じるかも知れません．もし難しく感じる場合は読み飛ばしても構いません．6 章で 2.3.5 節の内容を含むより詳しい解説を行っていますので，6 章を学習したあとで再度本節を読み直すと理解しやすくなります．

2.3.5 参照先の変更

ここまでの説明でオブジェクトの生成と利用を一通りみてきました．最後に 2.2.2 節で説明した参照型の変数の働きをみてみましょう．ここでも，先ほどの節と同じように，工学部事務室のオブジェクトと，理学部事務室のオブジェクトを考えます．

ソースコード 2.6 をみてみましょう．これはソースコード 2.5 に少し変更を加えたものです．変更を加えた部分を中心に，参照型変数の働きを説明していきます．

ソースコード 2.6 オブジェクト生成と利用の例 3 (ScoreTest3.java)

```java
public class ScoreTest3 {
    public static void main(String[] args) {

        /* オブジェクトを参照する変数の宣言とオブジェクトの生成 */
        Office engOffice = new Office("工学部事務室");
        Office sciOffice = new Office("理学部事務室");

        /* オブジェクトを参照する変数の宣言 */
        Office office;

        /* 工学部事務室に成績を登録 */
        engOffice.registerScore("加藤", 97);
        engOffice.registerScore("多田", 95);

        /* 理学部事務室に成績を登録 */
        sciOffice.registerScore("半田", 90);
        sciOffice.registerScore("波部", 85);

        /* 工学部事務室に登録した全成績を表示 */
        office = engOffice;
        office.showAllScores();

        /* 理学部事務室に登録した全成績を表示 */
        office = sciOffice;
        office.showAllScores();
    }
}
```

5 行目と 6 行目で生成した工学部事務室と理学部事務室を生成したあと，9 行目で office という参照型変数が宣言されます．office にはこの段階では何も代入されていないので，何も参照していない図 2.3(a) のような状態です．この office は参照するオブジェクト（工学部事務室と理学部事務室）を途中で切り替えます．その流れを見ていきましょう．

11 行目から 17 行目までで成績を登録したあと，20 行目で office に engOffice が代入されています．こうすることで，図 2.3(b) に示しているように，office は engOffice と同じオブジェクトを参照するようになっています．その上で，21 行目で office が指すオブジェクトに対して成績をすべて表示するメソッド showAllScores() の呼出しが行われています．

次に，24 行目では office に sciOffice が代入されています．図 2.3(c) のように office は sciOffice と同じオブジェクトを参照するようになりました．ですので，23 行目で呼び出される showAllScores() メソッド

▶ [何も参照していない参照型変数]
9 行目では参照型変数 office を宣言するだけで何も代入していません．つまり，office はどのオブジェクトも参照していない状態です．この状態で office に「仕事」をさせようとするとどうなるでしょうか．2.3.3 節で説明したように，オブジェクトに対してメソッド呼出しで「仕事」を依頼するので，依頼する相手がいなければ「仕事」の依頼はできません．

▶ [同じオブジェクトを参照するとは？]
2.2.2 節で説明したように，参照型変数にはオブジェクトの所在を示す情報が保管されています．参照型変数が 2 つあり，それらがある一つのオブジェクトの所在を示す情報を保管していれば，2 つの変数が同じオブジェクトを参照していることになります．このときは，どちらの参照型変数を利用しても同じ結果が得られます．

18   2章 オブジェクト生成とメソッド呼出し

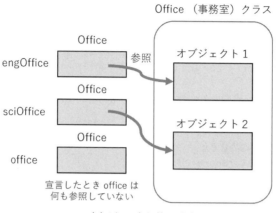

(a) 9行目実行終了時点

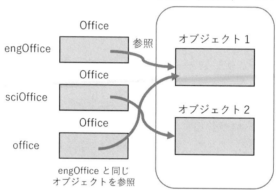

(b) 20行目実行終了時点

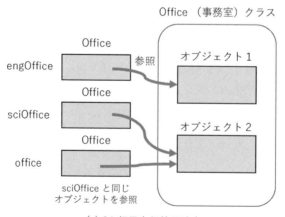

(c) 24行目実行終了時点

図 2.3 参照するオブジェクトの切替え

では理学部事務室に登録された成績が表示されます．

　このプログラムを実行すると，以下のように成績が表示されます．これは先ほどの節で説明した ScoreTest2 の実行例とまったく同じです．ScoreTest3.java は参照型変数の使い方を変えただけで，生成するオブジェクトやオブジェクトへの成績登録内容は変えていないためです．

```
─ プログラム ScoreTest3 の実行例 ─

    $ java ScoreTest3
    工学部事務室に登録されている全得点
    学生名:加藤，得点:97
    学生名:多田，得点:95
    理学部事務室に登録されている全得点
    学生名:半田，得点:90
    学生名:波部，得点:85
```

　このように参照型変数を用いると，それが参照するオブジェクトを状況に応じて切り替えることができます．最初は戸惑ってしまうかも知れませんが，これを使いこなしていけば，プログラミングを効率的に行うことができる場合があります．

[2章のまとめ]

　この章では，オブジェクト指向プログラミングの基本となる，オブジェクト生成とその利用を学びました．

1. Java 言語を用いたプログラム開発の流れを学びました．
2. 変数の宣言と代入について学びました．
3. 基本データ型と参照型の違いを学びました．
4. オブジェクトの生成と利用について学びました．

2章　演習問題

[演習 1]

　手元のコンピュータで本文で示したソースコードを実行して，実行例と同じような結果が得られることを確かめてください．

　ソースコード 2.1 に示した `HelloWorld.java` とソースコード 2.3 に示した `CalcArea.java` はそれだけでコンパイルと実行ができます．

　ソースコード 2.4，2.5，2.6 に示している `ScoreTest1.java`，`ScoreTest2.java`，`ScoreTest3.java` はそれらだけではコンパイルに失敗します．本書のサポートページにある `Office.java` と `Score.java` をダウンロードして，以下のように同じディレクトリ（フォルダ）においてから `ScoreTest1.java`，`ScoreTest2.java`，`ScoreTest3.java` をコンパイルするようにしてください．

```
─ ScoreTest1.java から ScoreTest3.java をコンパイルするために必要なファイル ─
   $ ls -l
   -rw-r--r-- 1 info   users    1548  5 10 16:33 Office.java
   -rw-r--r-- 1 info   users     599  5 10 16:34 Score.java
   -rw-r--r-- 1 info   users     545  5 10 16:38 ScoreTest1.java
   -rw-r--r-- 1 info   users     721  5 10 16:38 ScoreTest2.java
   -rw-r--r-- 1 info   users     820  5 10 16:38 ScoreTest3.java
```

　なお，`ScoreTest1.java`，`ScoreTest2.java`，`ScoreTest3.java` をコンパイルするとき，`Office.java` と `Score.java` を前もってコンパイルしておく必要はありません．たとえば `ScoreTest1.java` をコンパイルするときには，以下のようなコマンドを実行すれば，コンパイラが `Office.java` と `Score.java` も必要であることを自動的に判断してそれらもコンパイルしてくれます．

```
─ ScoreTest1.java をコンパイルする様子 ─
   $ javac ScoreTest1.java
```

[演習 2]

　演習 1 で作成した `ScoreTest2.java` を基にして，以下のような変更を加えて正しい結果が表示されることを確かめてください．

- 成績を登録する人数を増やしてみましょう．学生の名前や得点は任意で決めて下さい．
- 事務室を増やしてみましょう．これまでは工学部・理学部の事務室がありますので，何か別の学部を作って成績を登録してみてください．

[演習 3]

　2.3.1 節で説明したように事務室クラス（`Office` クラス）には `showMaxScore()` メソッドが備わっていて最高得点を検索・表示できます．演習 2 までで作成したソースコードに `showMaxScore()` メソッドを使う部分を追加し，最高得点が表示されることを確かめてください．

[演習 4]

2.3.1 節で説明した以外に事務室クラス（Office クラス）が備えるべき機能（メソッド）はどのようなものがあるでしょうか．あったら便利なもの，ぜひ必要なものなどさまざまな観点で考えてみてください．

3章　クラスの定義

[ねらい]

　オブジェクト指向プログラミングでは，クラスの設計図に沿ってオブジェクトを生成し，それらのオブジェクトに仕事をさせることによって処理が進められます．それぞれのオブジェクトがどのような仕事ができるのか，というオブジェクトの操作は，そのクラスがどういうメソッドを持っているかによって決まります．この章では，簡単なクラスの作成を通じて，オブジェクト指向プログラミングの基礎を学びます．

[この章の項目]

- クラスやオブジェクトなどオブジェクト指向プログラミングの概念を学びます．
- クラスの定義方法を学びます．
- オブジェクトの生成や，オブジェクトに仕事をさせる方法を学びます．
- メソッドの定義方法を学びます．

3.1 クラスとは

Java 言語は，オブジェクト指向プログラミングのために開発された言語です．この節では，簡単な例題プログラムを用いて，オブジェクト指向プログラミングの基礎を学びます．

オブジェクト指向言語によるプログラミングでは，**クラス** (class) と呼ばれるプログラムを作成するところから作業が始まります．オブジェクト指向言語に限らず，プログラムとは処理の対象となる「モノ」をデータという形で表し，それに対して何らかの操作をするために作られています．オブジェクト指向言語におけるクラスとは，「モノ」の**属性**（形状などモノの性質や状態）と**操作**（できること）を一つにまとめてプログラムの形で定義したものです．クラスは，後述のオブジェクトを作成するための雛形，すなわち設計図です．

ところで，処理の対象となる「モノ」とは，プログラムの作られる目的によって，個人情報であったり，ゲームの登場人物であったり，図形であったりとさまざまです．オブジェクト指向言語では，目的に応じて必要な「モノ」の設計図，すなわちクラスを作成します．そして，そのクラスを基に具体的な「モノ」をオブジェクトとして生成し，オブジェクトの操作を通じてさまざまな仕事をさせることでプログラムの処理を進めていきます．

この章では，学生の皆さんにとって身近で単純なモノとして，2 次元の座標平面上の長方形を取り上げて，オブジェクト指向プログラミングの具体例を示します．

3.2 長方形を表すクラスを考えてみよう

一口に長方形といっても，横に長いもの，縦に長いものなどさまざまです．この本では，2 次元座標平面上の長方形を「（左下の頂点の）x 座標，（左下の頂点の）y 座標，幅，高さを属性として持ち，座標平面上を移動する操作，および各属性の値を表示する操作を備えたもの」ととらえて Rectangle（長方形）というクラスを定義してみます（図 3.1 の左側）．

3.2.1 クラスの具体例（Rectangle クラスのプログラム）

では，実際に Rectangle クラスのプログラムを作成してみましょう（ソースコード 3.1）．この Rectangle というクラスは，今後この本の多くの場面で登場しますので，しっかり理解しておいてください．

▶ ［長方形の定義］
　もちろん，この定義だけであらゆる長方形が表現できるわけではありませんが，頂点の座標や幅，高さの値を変えるだけでも，多様な長方形を表現することができます．

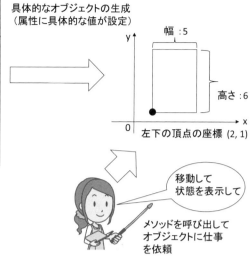

図 3.1 Rectangle クラスと,そこから生まれる長方形オブジェクト

ソースコード 3.1 Rectangle クラスのソースコード

```
1   public class Rectangle {
2       private int xPosition;
3       private int yPosition;
4       private int width;
5       private int height;
6
7       public Rectangle(int xPosition, int yPosition, int width, int height) {
8           this.xPosition = xPosition;
9           this.yPosition = yPosition;
10          this.width = width;
11          this.height = height;
12      }
13
14      public void move(int xMove, int yMove) {
15          xPosition = xPosition + xMove;
16          yPosition = yPosition + yMove;
17      }
18
19      public void showState() {
20          System.out.print("x 座標: " + xPosition + ", y 座標: " + yPosition);
21          System.out.println(", 幅: " + width + ", 高さ: " + height);
22      }
23
24      public static void main(String[] args) {
25          Rectangle rectangle1 = new Rectangle(2, 1, 5, 6);
26          rectangle1.showState();
27          rectangle1.move(2, 2);
28          rectangle1.showState();
29      }
30  }
```

クラスを定義するための構文は以下の通りです．

> **クラス定義の書式**
> 　　修飾子 class クラス名 {本体}

- 「修飾子」については 9.3 節で学びます．たとえば public と指定することにより，そのクラスがどのクラスからでも利用可能になります．
- class というキーワードの後にクラス名を指定します．ソースコード 3.1 では長方形を意味する「Rectangle」をクラス名に指定しています．
- 「本体」がクラスの具体的な記述になり，後述するフィールドの宣言，コンストラクタ定義，メソッド定義からなります．ソースコード 3.1 の場合，1 行目の「{」から 30 行目の「}」までの箇所が本体です．

Java 言語では，文とブロックで処理を記述します．

> **文とブロック**
> **文** 1 つの処理を記述したプログラムの最小構成単位で，文の最後にはセミコロン「;」を記述します．
> **ブロック** 関連する複数の文を「{」と「}」で囲んで 1 つのまとまりとしたものです．あるブロック内にブロックを記述することもできます（入れ子といいます）．後述するコンストラクタやメソッドの本体の記述の際もブロックが用いられます．

▶ [キーワード]
　Java 言語では，いくつかの単語に特別な意味が割り当てられており，それらをキーワード（予約語）と呼びます．

3.2.2　プログラムの構成（フィールド・コンストラクタ・メソッド）

ソースコード 3.1 に示したプログラムの内容は，図 3.2 に示すように大きく 5 つに分かれます．フィールドという印をつけた 2〜5 行目と，メソッドという印をつけた 14〜22 行目がそれぞれ図 3.1 の左半分の属性（フィールド）と操作（メソッド）の箇所，コンストラクタという印を付けた 7〜12 行目が図 3.1 の具体的なオブジェクトの生成の箇所（属性に具体的な値を設定する），main メソッドという印をつけた 24〜29 行目が図 3.1 の右半分に相当します．

3.2.3　main メソッド

main メソッドは Java プログラムの特別なメソッドで，必ず以下のように記述します．

```
main メソッドの書式
    public static void main(String[] args) {本体}
```

2章で説明したとおり，プログラムの実行の際にはクラス名を指定する必要があります．プログラムを実行すると，そのクラスで定義された main メソッドが実行され，本体に記述された処理が前から順に逐次実行されます．このように main メソッドはプログラムの実行開始位置を表し，どのような長いプログラムであっても，必ず main メソッドから実行されます．String[] args の意味については，5.4.1 項で詳しく説明します．

以降，本節では主として 2〜22 行目，図 3.1 の左半分に相当する部分の構成について説明します．

3.2.4　フィールド

まず図 3.2 の 2〜5 行目に注目してください．この箇所は，そのクラスがもつべき属性を表現するために用います．先述のように，座標平面上に存在する長方形は，左下の頂点の座標と，幅，高さが決まれば定まるため，ここでは長方形の持つべき属性を，つぎの 4 つの名前で表しています．

  xPosition　左下の頂点の x 座標を表します．
  yPosition　左下の頂点の y 座標を表します．
  width　幅を表します．
  height　高さを表します．

これらの名前を，クラス Rectangle のフィールド (field) と呼びます．各名前の前に private と，int というキーワードがついています．private は，フィールドを他のクラスから隠すための指定ですが，詳しくは 9.3 節で説明します．int は，このフィールドが整数を扱うための int 型だという宣言です．int 型は 2.2.2 項で説明した基本データ型の一種です．基本データ型として他にどのようなものがあるかについては，4.2 節で説明します．

3.2.5　コンストラクタ

次に，7〜12 行目に注目してください．これは，クラス Rectangle のコンストラクタ (constructor) と呼ばれるものの定義です．コンストラクタはクラスを基に，メモリ上に具体的な「モノ」，すなわちオブジェクトを生成する（インスタンス化する）際に用いられます．

コンストラクタ定義の一般的な書式を次に示します．

28   3章 クラスの定義

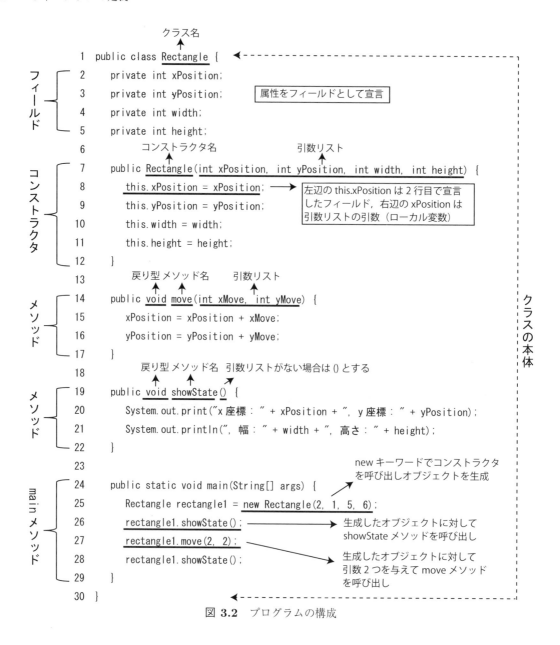

図 3.2 プログラムの構成

> コンストラクタ定義の書式
> 　修飾子　コンストラクタ名（引数リスト）{本体}

　上記のようにコンストラクタ定義は4つの部分からなります．個々にみていきましょう．

　修飾子　詳細は9.3節で学びますが，当面はすべて public を指定することにより，そのコンストラクタがどのクラスからでも呼び出すことでき

るようにしておくものと覚えておきましょう．

コンストラクタ名 コンストラクタの名前（文字列）です．クラス名と同じものにしなければなりません．

引数 コンストラクタや後述するメソッドに対して，さまざまな情報を与えたいときに用いるものです．引数リストは，このコンストラクタが引数を受け取る場合，どのような型のデータを受け取り，どのような名前でそのデータを参照するのか，型と名前をペアとして，それを 0 個以上「,」で区切って書き連ねることで，指定するものです．

本体 本体は「{」と「}」で囲まれるブロック内に記述します．クラスを基にオブジェクトを生成する際に，どのようなオブジェクトを生成するのかを本体の中に記述します．Rectangle クラスのフィールドには左下の頂点の x, y 座標と，幅，高さという 4 つの属性が宣言されていますが，具体的な値は設定されていません．コンストラクタの本体に処理を記述することで，オブジェクトを生成する際，各フィールドの値を設定できます．これをフィールドの**初期化**といいます．

▶［引数の指定］
たとえばソースコード3.1の7行目では，`int xPosition, int yPosition, int width, int height` という 4 個の引数を指定しています．

Rectangle がコンストラクタの名前なのですが，このクラスの名前と同じになっているのが分かります．`int xPosition` 等と書かれている部分は，コンストラクタの引数リストです．

> **シグネチャ（コンストラクタの場合）**
> コンストラクタ名と引数リスト中の引数の型をまとめて**シグネチャ**（signature）と呼びます．修飾子，引数名はシグネチャに含まれません．Java 言語では，1 つのクラスに同一シグネチャをもつ複数のコンストラクタを定義することはできません．
> Rectangle の場合，シグネチャは下記の通りです．
>   Rectangle-int-int-int-int

▶［シグネチャの記法］
シグネチャの記法に関して，決まった書き方はありません．この本では，
`Rectangle-int-int-int-int`
のようなシグネチャの記法を用います．

▶［フィールドのデフォルト値］
`this.xPosition = xPosition` のように明示的にフィールドに値を渡さなくても，フィールドには下表の通り，デフォルト値が設定されます．
型に関しては 4.2 節で説明します．

コンストラクタが呼び出されると，引数として受け取った値を，コンストラクタ本体の 8 行目にあるように対応するフィールドに渡し，生成したオブジェクトの各フィールドに具体的な値が設定されます．

これに関してはコンストラクタを呼び出して実際に利用する方法と一緒に説明した方がよいので，次の 3.2.6 項で詳しく解説します．

3.2.6 オブジェクト生成

これまで，クラスはオブジェクトを作成するための雛形と説明してきました．クラスを基にオブジェクトを生成するには **new** キーワードの後にコンストラクタ呼出しを記述します．コンストラクタ呼出しの書式を以下に示します．

型	デフォルト値
boolean 型	false
char 型	'\u0000'
byte 型	(byte)0
short 型	(short)0
int 型	0
long 型	0L
float 型	0.0f
double 型	0.0d
参照型	null

> **コンストラクタ呼出しの書式**
>
> new コンストラクタ名 (引数値 1, 引数値 2, …)
> （引数の個数は 0 の場合もある）
>
> **注意** コンストラクタ呼出しの際は引数値だけを記述し，引数の型は記述しません．

たとえば main メソッドの 25 行目では，new Rectangle(2, 1, 5, 6) によって，7 行目にあるコンストラクタ が呼び出され，2, 1, 5, 6 という整数値がそれぞれコンストラクタ

```
7    public Rectangle(int xPosition, int yPosition,
                         int width, int height) {
```

の，xPosition, yPosition, width, height という引数に渡されます．さらにそれらの値が，2〜5 行目で宣言された各フィールドに，以下のように代入されます．

```
   フィールドへの代入部分
8        this.xPosition = xPosition;
9        this.yPosition = yPosition;
10       this.width = width;
11       this.height = height;
```

以上により，左下の頂点の x, y 座標と，幅，高さの具体的な値を各フィールドに持ったオブジェクトが生成されます（図 3.3）．

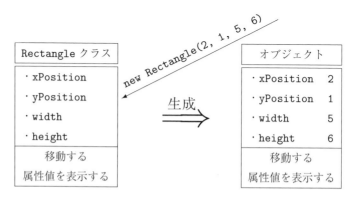

図 3.3 クラスからオブジェクトを生成

こうやって生成されたオブジェクトのことを，Rectangle クラスのオブ

ジェクト，または Rectangle クラスの**インスタンス** (instance) と呼びます．

> **インスタンスとオブジェクト**
> クラスから生成されたオブジェクトをインスタンス・オブジェクトと呼び，通常はインスタンスと略します．インスタンスとオブジェクトは同じ意味で用いられることが多いのですが，あるオブジェクトがあるクラスから作られていることを強調したい場合には，そのクラスのインスタンスと呼びます．
> この章では，特に注記がない場合，オブジェクトという表現を用います．

ただし，new Rectangle(2, 1, 5, 6) とするだけだと生成したオブジェクトを，その後プログラムの中で扱うことができません．そこで 25 行目では

> **オブジェクトの生成と参照の例**
> ```
> 25  Rectangle rectangle1 = new Rectangle(2, 1, 5, 6);
> ```

として，参照型の変数を左辺で宣言し（今回の場合は Rectangle クラスのオブジェクトを扱うため，Rectangle 型の rectangle1 という変数），そこへ生成したオブジェクトへの参照を=演算子を用いて代入しています．なお，25 行目の記述は，以下のように記述することもできます．

```
Rectangle rectangle1;
rectangle1 = new Rectangle(2, 1, 5, 6);
```

3.2.7 メソッド

14～17 行目の move と，19～22 行目の showState がクラス Rectangle の持つ操作を定義している部分です．これらを**メソッド** (method) と呼びます．これらは図 3.1 の「できること（操作）」に相当します．

通常，クラスにはいくつかのメソッドが定義されており，各メソッドはそれぞれ固有の名前を持っています．そしてクラスから生成されたオブジェクトは，そのクラスに定義されているメソッドを保持しています（図 3.3 の下部分）．

メソッド定義の一般的な書式を次に示します．

> **メソッド定義の書式**
> 修飾子 戻り型 メソッド名（引数リスト）{本体}

上述のようにメソッド定義は 5 つの部分からなります．個々にみていき

ましょう．

修飾子 詳細は 9.3 節で学びますが，当面はすべて public を指定することにより，そのメソッドがどのクラスからでも呼び出すことができるようにしておくものと覚えておきましょう．

戻り型 メソッドが返す戻り値の型を指定します．戻り値を返さない場合はvoid と指定します．型については，2.2.2 節をみてください．

メソッド名 メソッド固有の名前（文字列）です．Java 言語における命名規則については 4.1 節で学びます．

引数リスト このメソッドが引数を受け取る場合，どのような型のデータを受け取って，どのような名前で参照するのかを，型と名前の対を 0 個以上「,」で区切って書き連ねることで指定するものです．

本体 メソッド内部での処理の記述になります．本体は「{」で始め，以降で学ぶ文を書き連ねる形で記述し，「}」で終わります．

シグネチャ（メソッドの場合）

メソッド名と引数リスト中の引数の型をまとめて**シグネチャ** (signature) と呼びます．修飾子，戻り型，引数名はシグネチャに含まれません．コンストラクタの場合と同様，1 つのクラスに同一シグネチャをもつ複数のメソッドを定義することはできません．

move メソッドの場合，シグネチャは下記の通りです．

```
move-int-int
```

オブジェクトに何か仕事をさせるには，その仕事をするメソッドの名前をオブジェクトに伝えることから始めます．これを**メソッド呼出し** (method invocation) といいます．メソッド呼出し時には，より詳細な指示を与えるために**引数** (argument) を与えることもできます．

クラスからはいくつでもオブジェクトを生成することができます．メソッド呼出しは，どのオブジェクトに対して呼び出しをするのか表現するため，ドット演算子 (dot operator)「.」を用いて以下のように記述します．

メソッド呼出しの書式

オブジェクトを参照している変数名．メソッド名（引数値 1, 引数値 2, …）
（引数の個数は 0 の場合もある）

注意 コンストラクタ呼出し時と同様，メソッド呼出し時は引数値だけを記述し，引数の型は記述しません．

▶ ［その他のメソッド呼出しの例］
参照型変数をメソッドの戻り値にしている場合，メソッドを呼出しを連ねることができます．figure.getRectangle().showState(); のように書いていれば，figure.getRectangle() の戻り値であろう Rectangle クラスのオブジェクトに対して showState メソッドを呼び出すことができます．

メソッド呼出しを受けたオブジェクトは，そのメソッドに記述されている処理を前から順に逐次実行します．処理とはなにかしらの計算をするこ

とで，入出力動作を含む場合もあります．処理の結果としては，自分自身（オブジェクト）のフィールド値が変更されたり，メソッド呼出し元へ返す**戻り値** (return value) を求めたりします．

もし，オブジェクトがメソッド呼出し元に戻り値を返す必要がある場合（戻り型が void でない場合），処理の最後で return 文を記述します．

▶ [return 文の例]
return 文を使った例は 3.3.1 項のソースコード 3.2 で紹介します．

```
return 文の書式
    return 戻り値;
```

オブジェクトはメソッド呼出し元に戻り値を返送することにより，仕事が完了したことを伝えます．特に戻り値が必要でない場合には return 文は記述しなくてもよいのですが，仕事が完了したことは呼出し元に伝えられます．

メソッド move は，xMove と yMove という 2 つの整数値を引数として受け取り (14 行目)，それらの値を xPosition フィールドと yPosition フィールドに加えることで 2 次元平面上での移動を実現しています．たとえば

    15   xPosition = xPosition + xMove;

という式の右辺では，現在の xPosition フィールドの値に xMove の値を加えています．これを左辺に代入することで，xPosition フィールドの値を更新しています．16 行目も同様です．

メソッド showState は，すべてのフィールドの値を表示する操作を実現するものです．このメソッドでは，Java 言語に最初から用意されている System.out.print メソッドを用いて画面表示を行っています．

このプログラムの実行結果をみると，move メソッドと showState メソッドの動きが分かりやすいと思います．

```
ソースコード 3.1 の実行結果
    x 座標: 2, y 座標: 1, 幅: 5, 高さ: 6
    x 座標: 4, y 座標: 3, 幅: 5, 高さ: 6
```

実行結果の 1 行目は，プログラムの 25 行目で生成したオブジェクト（rectangle1 という参照型変数で参照）の状態を，プログラム 26 行目で showState メソッドを呼び出すことで表示した結果です．rectangle1 で参照されるオブジェクト生成直後に showState メソッドを実行させているため，オブジェクトの初期状態（図 3.4 の左）である，x 座標: 2, y 座標: 1, 幅: 5, 高さ: 6 が表示されています．

27 行目では，rectangle1 で参照されるオブジェクトの move メソッド

を呼び出すことにより，このオブジェクトに x 方向に 2，y 方向に 2 だけ移動するよう指示しています．その結果，rectangle1 で参照されるオブジェクトの状態は，図 3.4 の右に示すように変ります．そのうえで，28 行目でもう一度オブジェクトに showState メソッドを実行するよう指示しているので，ソースコード 3.1 の実行結果の 2 行目にあるような表示が得られます．これにより，rectangle1 で参照されるオブジェクトの座標を表すフィールドが変化したこと，つまりこのオブジェクトが座標平面上を移動したことがわかります．

図 3.4　メソッドの実行

3.2.8　フィールドとローカル変数

2.2.2 節では，変数に基本データ型変数と参照型変数があることを説明しました．一方で，本章で説明したようにフィールドというものもあります．変数はどこで宣言したかによって，その役割が異なります．

> **フィールドとローカル変数**
>
> **フィールド**　クラス定義内で，メソッド・コンストラクタ定義の外で宣言される変数です．フィールドは，クラス内のすべてのメソッド・コンストラクタで使用することができます．
>
> **ローカル変数**　メソッドやコンストラクタ内で宣言された変数（引数リストで宣言されたものを含みます）を**ローカル変数** (local variable) と呼びます．フィールドはクラス内のどこからでも使用可能なのに対して，ローカル変数はそれが宣言されたブロック（{ と } で囲まれた範囲）の中でのみ使用できます．

▶［ローカル変数］
ローカル変数のことを局所変数と呼ぶこともあります．

▶［変数の命名］
図 3.5 では簡単のために意味のない変数名を例に挙げていますが，みなさんが実際にプログラムする際には変数の意味が分かる変数名としてください．

このように，フィールドとローカル変数では，その変数を使用できる範囲が異なります．変数が使用できる範囲のことを**変数のスコープ**と呼びます．変数のスコープの例を図 3.5 に示します．この例では，変数 a, b, c, d が宣言され，それぞれの変数のスコープを実線の囲みで示しています．

a はフィールドとして宣言されていますので，クラス内のどこからでも使用可能です．一方，ローカル変数 b は 4 行目のコンストラクタの引数内

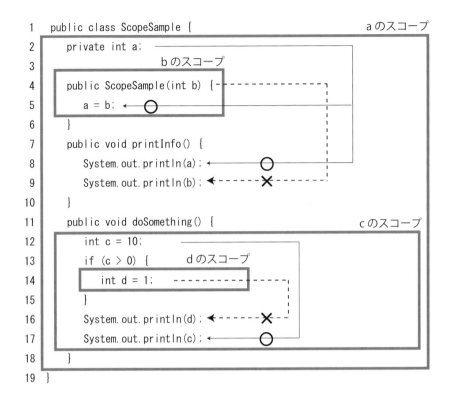

図 3.5 変数のスコープの例

で宣言されていますので，スコープは 4 行目から 6 行目の「}」までです．そのため，9 行目で b の値を画面出力しようとしても，コンパイル時にエラーが発生します．

同じメソッドの中で宣言したローカル変数でも，c は 12 行目から 18 行目の「}」までがスコープとなっているのに対し，d は次章で詳しく説明する if 文のブロック内（13 行目の「{」から 15 行目の「}」の間）で宣言されていますので，そのブロックの外の 16 行目で d を使用することはできません．

3.2.9 this の利用（フィールド名とローカル変数名の区別）

ここで一つ注意してもらいたいことがあります．ソースコード 3.1 の 8〜11 行目の代入では，両辺にそれぞれ同じ名前が表れ，左辺には名前の前に this というキーワードが付けられています．

this は自分自身（生成されたオブジェクト自身）への参照を表します．自オブジェクトのフィールド，メソッドなどを明示的に指定する際に用います．たとえば，this.xPosition は，「自オブジェクト（これから生成しようとするオブジェクト）の xPosition というフィールド」という意味で

す. 8 行目では,

> ─ this キーワードを用いたフィールドとローカル変数の区別の例 ─
> 8   this.xPosition = xPosition;

となっています. この左辺の this.xPosition が 2 行目で定義したフィールドであり, 右辺の xPosition は 7 行目に表れる引数 (ローカル変数) です. このように, 同じ名前が同じスコープ内にフィールド名とローカル変数名として表れる場合, ローカル変数名が優先されるため, フィールド名に this を付けることでこれらを区別します.

一方, 15 行目では, この箇所のスコープ内で xPosition という名前で表されるのは xPosition フィールドのみのため, this キーワードは省略しています.

3.3 メソッドの記述例

この章の以降の部分では, 主としてメソッドの本体の部分をどのように記述するのかについて学んでいきます.

3.3.1 面積を求める calcArea メソッドの記述

具体的な記述例をとおしてメソッドがどのように定義されるか, 学んでいくことにしましょう. ソースコード 3.1 の Rectangle クラスに, 新たに面積を求めるためのメソッド calcArea を追加することを考えましょう (ソースコード 3.2).

ソースコード 3.2 面積を求めるメソッド calcArea

```
1  public int calcArea() {
2      int area;
3      area = width * height;
4      return area;
5  }
```

1 行目ではこのメソッドはどのクラスからでも呼び出すことができ (public), メソッドの名前が calcArea で, 戻り値として整数値 (int) を返す必要があることを指定しています. また calcArea() となっていますので, 引数はないことが分かります.

2 行目で面積の値を代入するための int 型のローカル変数 area を宣言し, 3 行目で Rectangle クラスのオブジェクトのフィールド width, height

の値の積をローカル変数 area に代入しています．そして，4 行目の return
文で戻り値（今回はローカル変数 area の値）を呼出し元に返すことでメ
ソッドの処理が終了します．

次に，Rectangle クラスのオブジェクトのメソッド呼出し時の動作をみ
るために，このクラスを利用する main メソッドのみからなるクラスを考え
てみましょう．そのようなクラス Main1 をソースコード 3.3 に示します．

ソースコード 3.3 メソッド呼出しの動作確認例
```
1   public class Main1 {
2     public static void main(String[] args) {
3       Rectangle rectangle1 = new Rectangle(2, 1, 5, 6);
4       int areaRectangle1 = rectangle1.calcArea();
5       rectangle1.showState();
6       System.out.println("の長方形の面積は"
                            + areaRectangle1 + "です．");
7     }
8   }
```

ソースコード 3.1 の Rectangle クラスの 23 行目と 24 行目の間にソー
スコード 3.2 の calcArea メソッドを追加したうえで，Main1 を実行する
と以下のような実行結果が得られます．

```
― ソースコード 3.3 の実行結果 ―

  x 座標: 2, y 座標: 1, 幅: 5, 高さ: 6
  の長方形の面積は 30 です．
```

ソースコード 3.3 では，3 行目で生成したオブジェクト rectangle1 に対す
るメソッド呼出しを，4 行目と 5 行目で行っています．4 行目では calcArea
を呼び出して長方形の面積を計算させてそれを戻り値として受け取り，5 行
目では showState を呼び出して長方形の情報を表示することを指示してい
ます．また，4 行目で受け取った戻り値は areaRectangle1 に保存してお
いて，その値を 6 行目で表示しています．

これくらいの例であれば，なんとなく理解できたような気になったかも
知れません．しかし，自分でプログラムを組むためにはよりしっかりした
理解が必要になります．これから，こうした例を正確に理解することを一
つの目標として，Java プログラミングにおけるメソッドの記述に関する基
本的な事柄を学んでいくことにします．

3.3.2 自クラスのメソッド呼出し

前項では，面積を求めるメソッド calcArea を定義しました．ここでは，メソッド calcArea を利用して，ソースコード 3.1 の Rectangle クラスに，フィールドの値に加えて面積を表示する操作を持つメソッド showDetailedState を定義することを考えます．

ソースコード 3.4 メソッド showDetailedState の定義

```
1  public void showDetailedState() {
2      this.showState();
3      System.out.println("面積: " + this.calcArea() );
4  }
```

ソースコード 3.4 の 2 行目では

> this キーワードを用いた自クラスのメソッド呼出し例
> ```
> 2      this.showState();
> ```

として自クラスのメソッド showState を呼び出しています．同様に，4 行目では this.calcArea() として自クラスのメソッド calcArea を呼び出しています．3.2.9 項で説明したとおり，this キーワードは自分自身への参照を示すため，this.calcArea() のようにして，自クラス内に定義された別のメソッドを呼び出すことができます．なお，this キーワードを省略して

> this キーワードを省略した自クラスのメソッド呼出し例
> ```
> 2'     showState();
> 4'     System.out.println("面積: " + calcArea() );
> ```

と記述することもできます．

3.3.3 セッター・ゲッター

詳細は 9.3 節で説明しますが，フィールドに private 修飾子がついている場合，クラス外からはそのフィールドを参照できません．その代わり，クラス外から private なフィールドに値を代入，あるいはその値を参照するためのメソッドがあり，それぞれをゲッター (getter)，セッター (setter) と呼びます．

ソースコード 3.1 のフィールド width に対するセッター (setWidth) と

▶ [アクセッサ]
ゲッターやセッターなど，private なフィールドにクラス外からアクセスするために用意するメソッドのことをアクセッサ (accessor) と呼びます．

ゲッター (getWidth) の一例をソースコード 3.5 に示します．

ソースコード 3.5 セッター・ゲッターの例
```
1  public void setWidth(int width) {
2      this.width = width;
3  }
4
5  public int getWidth() {
6      return width;
7  }
```

setWidth メソッドと getWidth メソッドはフィールドに値を代入する，あるいはフィールドの値を参照するだけの単純なメソッドですが，オブジェクト指向の基本的な考え方であるカプセル化の上で，とても重要なものとなります．カプセル化については 9 章で詳しく説明します．

3.4 オーバーロードの利用

　Java 言語では，1 つのクラスに，名前が同じで引数の数や型が異なる，すなわちシグネチャが異なる複数のコンストラクタやメソッドを定義することができます．これをオーバーロードと呼びます．オーバーロードは，慣例として，デフォルトのパラメータがある場合に使用します．Rectangle クラスに 2 つ目のコンストラクタと move メソッドを定義した例を次ページにソースコード 3.6 として示します．

ソースコード 3.6 Rectangle クラスでのオーバーロードの例

```java
1   public class Rectangle {
2       private int xPosition;
3       private int yPosition;
4       private int width;
5       private int height;
6
7       public Rectangle(int xPosition, int yPosition, int width, int height) {
8           this.xPosition = xPosition;
9           this.yPosition = yPosition;
10          this.width = width;
11          this.height = height;
12      }
13
14      public Rectangle() {
15          this.xPosition = 0;
16          this.yPosition = 0;
17          this.width = 1;
18          this.height = 1;
19      }
20
21      public void move(int xMove, int yMove) {
22          xPosition = xPosition + xMove;
23          yPosition = yPosition + yMove;
24      }
25
26      public void move() {
27          xPosition = xPosition + 1;
28          yPosition = yPosition + 1;
29      }
30
31      public void showState() {
32          System.out.print("x 座標: " + xPosition + ", y 座標: " + yPosition);
33          System.out.println(", 幅: " + width + ", 高さ: " + height);
34      }
35
36      public static void main(String[] args) {
37          Rectangle rectangle1 = new Rectangle(2, 1, 5, 6);
38          Rectangle rectangle2 = new Rectangle();
39          rectangle1.showState();
40          rectangle2.showState();
41          rectangle1.move(2, 2);
42          rectangle1.showState();
43          rectangle2.move();
44          rectangle2.showState();
45      }
46  }
```

ソースコード 3.6 の 14 行目から 19 行目に引数の無い 2 つ目のコンストラクタを，26 行目から 29 行目に引数のない move メソッドを定義しています．このソースコードの実行結果は以下の通りです．

ソースコード 3.6 の実行結果

```
x 座標: 2, y 座標: 1, 幅: 5, 高さ: 6
x 座標: 0, y 座標: 0, 幅: 1, 高さ: 1
x 座標: 4, y 座標: 3, 幅: 5, 高さ: 6
x 座標: 1, y 座標: 1, 幅: 1, 高さ: 1
```
---

32 行目では

```
32    Rectangle rectangle1 = new Rectangle(2, 1, 5, 6);
```

のように 4 個の引数を渡してコンストラクタを呼び出しています．このときには 7 行目から 12 行目で定義されているコンストラクタが呼び出されます．一方，33 行目では

```
33    Rectangle rectangle2 = new Rectangle();
```

と引数なしでコンストラクタを呼び出しています．このときは 14 行目から 19 行目に定義されている 2 つ目のコンストラクタが呼び出され，各フィールドに 0 の値が代入されます．

同様に 41 行目では

```
41    rectangle1.move(2, 2);
```

と 2 つの引数を渡して move メソッドを呼び出しているため，このときには 21 行目から 24 行目で定義されている move メソッドが呼び出されます．そして 43 行目では

```
43    rectangle2.move();
```

と引数なしで呼び出されているため，26 行目から 29 行目で定義されている move メソッドが呼び出されます．

このように 1 つのクラス内に同じ名前のコンストラクタやメソッドがある場合，引数を基にどのコンストラクタやメソッドを呼び出すか決定されます．そのため，オーバーロードは，シグネチャ，すなわち「引数の並び，型，数」が一致しないことが条件となります．

3.5 API

ソースコード 3.1 で示したクラス Rectangle から作られるオブジェクトは，move と showState という 2 つのメソッドを持ちます．そして私たち

はこれらのメソッドを使って，オブジェクトを操作することができます．このように，外部に対して公開されているメソッドとフィールドの集合を，API(Application Program Interface) といいます．

　Java 言語の処理系である JDK には，初めから多数のクラスが用意されており，それらのクラスを利用して皆さんはさまざまなプログラムを自分で作っていくことになります．たとえば，これまで紹介したソースコードでは System.out.print メソッドを用いて画面に情報を出力してきましたが，これも JDK で提供されている API のひとつです．

　Java 言語でプログラミングを行う際には，これらのクラスの API を理解し，使いこなすことが求められます．JDK を提供している Oracle 社が用意している API 仕様を示すサイト

　　http://docs.oracle.com/javase/jp/8/docs/api/

に，それらの一覧が掲載されています．

▶ [プログラミング言語の処理系]
　プログラミング言語で記述されたプログラムをコンピュータ上で実行するためのソフトウェアのこと．JDK には Java コンパイラやクラスファイルを実行するための環境などが含まれています．

3.6　コメント

　プログラムを作成する際，プログラムの各所に説明を入れることができます．プログラムに入れる説明のことを**コメント** (comment) と呼ぶのですが，Java 言語のコメントには 3 つの種類があります．いずれのコメントもコンパイル時には無視され，実行には影響を及ぼしません．

3.6.1　コメントの種類

```
コメントの書き方
    /* ブロックコメント */
    // 行コメント
    /** ドキュメンテーションコメント */
```

　ブロックコメント (block comment) は「/*」と「*/」で囲まれた部分に書き，複数行のコメントを記述できます．メソッドやそこで用いたアルゴリズムなど，丁寧な説明が必要な場面で用います．

　行コメント (line comment) は短い注釈をつけたい場合などに用います．「//」記号から行末までがコメントとみなされます．

　ドキュメンテーションコメント (documentation comment) は「/**」と「*/」で囲まれた部分に書くコメントです．ブロックコメントの一種なのですが，ターミナルで javadoc コマンドを実行すると，このドキュメントに書かれた情報を抽出することができます．

▶ [Javadoc]
　Javadoc は，ソースファイルに記載されたドキュメンテーションコメントを基に，プログラムの仕様書を自動的に生成する仕組みです．

　次に示すソースコード 3.7 で，それぞれのコメントの使用例を示します．このプログラムファイルをどこか適当なディレクトリに置き，以下のよう

に実行すると，そのディレクトリに図 3.6 と同じようなページが表示できる html ファイルが生成されます．

```
実行方法
   $ javadoc Rectangle.java
```

そのディレクトリにできる index.html を Web ブラウザで表示すると，抽出された情報をみることができます．

3.6.2 コメントアウト

コメントは，説明を書くためだけでなく，プログラムの動作試験の際にも役立ちます．特定の個所の記述を試しに消して動作させてみたい場合など，その部分を/* */で囲んだり，先頭に//をつけるなどして一時的に無効にできます．このようにしてプログラム内の記述を無効にすることを，**コメントアウト** (comment out) と呼びます．

完全に消してしまうと元通りにするのが大変ですが，コメントアウトならば，/* */や//を消すだけで元通りにできます．

3.6.3 コメントの必要性

この本に掲載するソースコード例では，その内容を本文で詳しく説明するためコメントはつけませんが，みなさんはできるだけプログラムにコメントをつけるようにしてください．皆さんが将来作るプログラムは，作成者だけではなく，共同作成者や，そのプログラムを保守していく他のエンジニアが理解できなければなりません．上手にコメントを付け加えることで，そのプログラムを利用しやすく，また保守しやすいものにする必要があります．

製品としてのプログラムは永い寿命を持ち，その間作成者も含め多くのエンジニアに支えられていくことを常に忘れないでください．

ソースコード 3.7 Rectangle クラスのソースコードにコメントを付与した例

```java
/**
 * 座標平面上の長方形を表すクラス
 *
 * @version 1.0    1 Oct 2017
 * @author プログラム作成者の名前
 */
public class Rectangle {
    private int xPosition; // x 座標
    private int yPosition; // y 座標
    private int width;     // 横幅
    private int height;    // 高さ

    /**
     * 指定された位置と大きさの長方形を作成します.
     *
     * @param xPosition   x 座標
     * @param yPosition   y 座標
     * @param width       横幅
     * @param height      高さ
     */
    public Rectangle(int xPosition, int yPosition, int width, int height) {
        this.xPosition = xPosition;
        this.yPosition = yPosition;
        this.width = width;
        this.height = height;
    }

    /**
     * 指定された距離だけ長方形を移動させます.
     *
     * @param xMove   x 座標方向への移動距離
     * @param yMove   y 座標方向への移動距離
     */
    public void move(int xMove, int yMove) {
        xPosition = xPosition + xMove;
        yPosition = yPosition + yMove;
    }

    /**
     * 各フィールドの状態を表示します.
     */
    public void showState() {
        System.out.print("x 座標: " + xPosition + ", y 座標: " +yPosition);
        System.out.println(", 幅: " + width + ", 高さ: " + height);
    }

    public static void main(String[] args) {
        //幅 5, 高さ 6, 座標 (2,1) の長方形生成
```

```
45        Rectangle rectangle1 = new Rectangle(2,1,5,6);
46        /* 長方形 オブジェクト rectangle1 にメソッドを実行させ,
47         * その動作を確認します.
48         */
49        rectangle1.showState();
50        rectangle1.move(2, 2);
51        rectangle1.showState();
52    }
53 }
```

図 3.6　Javadoc で作成したソースコード 3.7 のドキュメント例

[3章のまとめ]

この章では簡単なクラス Rectangle の作成を通じて，オブジェクト指向プログラミングの基礎的な知識について学びました．

1. クラス定義について学びました．
2. クラスからオブジェクトを生成する方法や，メソッド呼出しの方法について学びました．

3章　演習問題

[演習1]

ソースコード3.1に4つのフィールド (xPosition, yPosition, width, height) に対応するゲッター，セッターをそれぞれ追加してみましょう．

[演習2]

クラスを定義するプログラムとは別に，実行するためのmainメソッドだけを持つプログラムを書くことができます．次のソースコード3.8に示すRectangleMain.javaを完成し，実行してみましょう．これによりRectangleクラスから複数のオブジェクトが生成されます．なお，RectangleMainクラスを実行する場合，RectangleMainクラス内にあるmainメソッドが実行され，Rectangleクラスの中にあるmainメソッドは無視されます．

ソースコード3.8のプログラムは，ソースコード3.1のRectangle.javaと同じディレクトリに置き，コンパイル，実行して下さい．

ソースコード3.8

```
1   public class RectangleMain {
2       public static void main(String[] args) {
3           Rectangle rectangle1 = new Rectangle(2, 1, 5, 6);
4           // 座標(5, 3)，幅3，高さ1であるオブジェクトrectangle2を生成する．
5           // 座標(0, 7)，幅8，高さ5であるオブジェクトrectangle3を生成する．
6           // 各オブジェクトに
7                           // 現在の状態を
8                                       // 表示させる．
9           // rectangle1をx方向に3，y方向に8だけ移動させる．
10          // rectangle2をx方向に1，y方向に4だけ移動させる．
11          // rectangle3をx方向に2，y方向に2だけ移動させる．
12          // 各オブジェクトに
13                          // 移動後の状態を
14                                      // 表示させる．
15      }
16  }
```

ソースコード3.8の実行結果

```
x座標: 2, y座標: 1, 幅: 5, 高さ: 6
x座標: 5, y座標: 3, 幅: 3, 高さ: 1
x座標: 0, y座標: 7, 幅: 8, 高さ: 5
x座標: 5, y座標: 9, 幅: 5, 高さ: 6
x座標: 6, y座標: 7, 幅: 3, 高さ: 1
x座標: 2, y座標: 9, 幅: 8, 高さ: 5
```

[演習3]

ソースコード 3.1 を参考に，座標平面上の正方形を表すクラスを定義するプログラム Square.java を作成して下さい．ただしフィールドには幅と高さの代わりに，1 辺の長さを表す int 型の edgeLength を持つものとします．また，main メソッドでは，次の3つのオブジェクトを生成し，それぞれに showState メソッドや move を実行させ，下で示すような実行結果が得られるようにして下さい．

- square1: 座標 (4, 1), 1 辺の長さ 3.
- square2: 座標 (8, 10), 1 辺の長さ 8.
- square3: 座標 (2, 2), 1 辺の長さ 1.

```
─ Square.java の実行結果 ─

    x 座標: 4, y 座標: 1, 1 辺の長さ: 3
    x 座標: 8, y 座標: 10, 1 辺の長さ: 8
    x 座標: 2, y 座標: 2, 1 辺の長さ: 1
    x 座標: 6, y 座標: 3, 1 辺の長さ: 3
    x 座標: 12, y 座標: 15, 1 辺の長さ: 8
    x 座標: 3, y 座標: 6, 1 辺の長さ: 1
```

4章　基本的な処理の記述

[ねらい]

　この章では，Java言語における基本的な処理を，具体的にどのように記述すればよいのかについて学びます．クラスやメソッド，変数の名前のつけ方からはじめ，画面にデータを表示する方法や，キーボードからの入力を受け取る方法について学びます．それに加え，コンピュータが得意とする数値演算を行うための式の記述や演算子の使用方法，複雑な処理をさせるための条件分岐や，ある程度決まった手順を反復実行する際に使用する繰返し処理，文字列処理など，これからJava言語でコードを記述する際に必要な知識の修得を目指します．

[この章の項目]

- プログラム中で文字列や数値データなどの表現に用いるリテラルについて学びます．
- プログラム中で画面にデータを表示したり，キーボードからの入力を受け取るための基本的な方法について学びます．
- コンピュータに数値演算をさせるための式の記述方法や，その際に用いる演算子について学びます．
- 1つの式だけでは記述できないような複雑な処理をするための「条件分岐」と「繰り返し」について学びます．
- 文字列の処理方法について学びます．

4.1　識別子

　Java プログラムでは，クラス，フィールド，ローカル変数，メソッドなどに**名前**をつけなければなりません．名前には文字列を用いますが，名前に用いることができる文字列を**識別子** (identifier) といいます．

　識別子は通常，英字（大文字，小文字），数字，「_」(underscore)，「$」(dollar) を使用して適切な意味を持つ名前をつける必要があります．長さはどんなに長くてもかまいません．ただし，先頭に数字を使用してはいけません．上記以外にも Java 言語がサポートしている Unicode であればどのような文字でも使うことができますが，「+」，「-」，「=」など演算子として用いられるものを含んではいけません．また，識別子として「`class`」，「`return`」などの Java 言語であらかじめ予約している**キーワード**や特別な値を表す文字列「`true`」，「`false`」，「`null`」そのものを使うこともできません．

　クラス名についてはクラスライブラリで提供されているクラスの名前と重複しないよう慎重に名前を選ぶ必要があります．たとえば 5 章で学ぶ `ArrayList` と同じ名前のクラスを作成することはできるのですが，本来の `ArrayList` が使用できなくなるため，はなはだ不適当な事態をまねくことになってしまいます．

　具体的な例でみていくことにしましょう．まず，次に示すそれぞれの文字列は識別子として正当です．

　　　　area, area1, area_1, $area, returnValue

　一方，次に示す文字列はいずれも識別子としては不正なものであり，名前として使うことができません．

　　　　1_area, area-a, return

4.1.1　Java 言語における名前の付け方の慣習

　Java 言語には名前の付け方についてのいくつかの慣習があり，ほとんどのプログラマがこれに従ってプログラミングを行っています．いわば Java プログラミングにおける暗黙の了解事項となっています．主なものを以下にあげますので，守るようにしてください．

- 英単語など，意味のある単語を 1 語以上組み合わせて名前をつける．
- 英字は主として小文字を使用する．
- クラス名は先頭は英大文字とする．
- メソッド名や定数でないフィールド名，ローカル変数名の先頭は英小文字とする．

▶ [Unicode]
　文字コードの規格の一つで，世界で使用される主要な言語の文字を表わすことができます．

- 2語以上の単語からなる名前では，語の区切りをわかりやすく示すため，2語目以降の語の先頭の文字は大文字を使う．
- 定数値に名前をつける場合，英字はすべて大文字とする．その場合単語の区切りには「_」を用いる．

これまで学んできたソースコードでも，クラス名 Rectangle は大文字から始めていますし，メソッド名 showState やフィールド名 xPosition で2つの単語の組合せになっているものは，1語目は小文字から始め，2語目の先頭に大文字を使うというふうに，慣習に従った命名になっています．

プログラムとしての経験を積むことによって実感することになるでしょうが，適切な名前をつけることができるかどうかが，よいプログラムが書けるかどうかのひとつの大きな分かれめになりますので，早い段階から，上述の慣習を守りつつ，よく考えて適切な名前をつける習慣をつけることを勧めます．

4.2 基本データ型

この本では，これまで基本データ型として int 型しか紹介してきませんでしたが，実際にはもっと多くのデータ型が用意されています．Java 言語で用いることのできる基本データ型を表 4.1 に示します．

表 4.1 基本データ型

型名	説明	値の範囲
boolean	論理値	true または false
char	16ビット Unicode 文字	$0 \sim 2^{16} - 1$ $(0 \sim 65,535)$
byte	符号付 8ビット整数	$-2^7 \sim 2^7 - 1$ $(-128 \sim 127)$
short	符号付 16ビット整数	$-2^{15} \sim 2^{15} - 1$ $(-32,768 \sim 32,767)$
int	符号付 32ビット整数	$-2^{31} \sim 2^{31} - 1$
long	符号付 64ビット整数	$-2^{63} \sim 2^{63} - 1$
float	32ビット浮動小数点数	
double	64ビット浮動小数点数	

最初のうちは論理値は boolean，文字は char，整数値は int，小数部分をもつ値や非常に大きな数値は double を用いるものだと思っておけばいいでしょう．

4.3 リテラル

Java 言語ではプログラム中に文字列や数値データを直接記述することができます．このような値を直接記述したものを**リテラル**と呼びます．Java

▶ [定数]
定数に関しては，9章で説明します．

▶ [命名の重要性]
企業でのソフトウェア開発ではチームで開発を行うことが多いため，変数名に a や b など意味のない名前を割り当てると，他の開発者が処理内容を理解するのに時間がかかる，処理を誤解する可能性が生じる，など種々の悪影響が生じます．オープンソースの開発プロジェクトに参加する，もしくは自分の作ったプログラムを公開するといった場合でも，名前の付け方がいいかげんだと，やはりさまざまな場面で不都合が生じます．

▶ [整数に関する基本データ型]
Java 言語では，整数に関する基本データ型として byte, short, int, long の4種類があります．これらの違いは表現することのできる値の範囲です．たとえば short 型は-32,768～32,767 の間の数値しか表現できません．これ以上の値が入力されたときには，オーバーフローが生じ，意図しない値となってしまいます．コンピュータのメモリ量に余裕が無かった時代には，各変数に割り当てるメモリ量を必要最小限にする必要がありましたが，メモリが安くなった現代では整数値には基本的に int 型を用いればよいでしょう．ただし，int 型でも $-2^{31} \sim 2^{31} - 1$ の範囲を超える数値は扱えませんので，これ以上の値を扱う可能性がある場合は long 型を用いるようにしてください．

▶ [int 型で表現できる範囲]
int 型では $-2^{31} \sim 2^{31} - 1$ の範囲（おおよそ ±21.47 億）の整数を扱うことができます．一見，非常に大きな数字にみえますが，たとえば日本の国家予算は約 100 兆円なので，int 型では扱うことができません．

言語には，大別すると以下の6種類のリテラルがあります．

整数リテラル 小数部を持たない数値で，10進表記，コンピュータ内部で用いられる2進数と親和性のある8進表記と16進表記の3通りがあります．0で始まる二つ以上の0~7の数字の並びは，8進数として扱われます．たとえば010は8進数とみなされるので，10進数の8と等価です．一方，0x（または0X）で始まる，0~9とa~f（またはA~F）からなる文字列は，16進数として扱われます．たとえば0xaは10進数の10と等価です．また，これらの整数リテラルの末尾にLをつけたものは，long型として扱われます．

浮動小数点リテラル 小数部を持つ数値で，3.14という形の小数表記の他に2.998e8といった指数表記があります．この例では，2.998の部分が仮数部，8の部分が指数部で2.998×10^8を表します．

論理値リテラル true（真）かfalse（偽）の値を表します．

文字リテラル 一つの文字を表現します．文字は「'」（シングルクォート）で囲みます．

文字列リテラル 複数の文字の集合である文字列を表現します．文字列は「"」（ダブルクォート）で囲みます．Java言語では文字列はStringクラスのオブジェクト，文字は基本データ型のchar型として厳密に区別されます．

nullリテラル 参照型のデータ型が「何も参照していない」ことを表します．

　整数リテラルや浮動小数点リテラルでは負の数値を記述できません．負の数値は整数リテラルや浮動小数点リテラルに後で述べる単項演算子「-」をつけたものという考え方をします．

4.3.1　注意を要する文字

　System.out.print()メソッド，あるいはSystem.out.println()メソッドで文字または文字列を画面上に表示する際に，注意しなければならない文字があります．たとえばダブルクォート「"」や円記号「¥」（USキーボードの場合はバックスラッシュ「\」）を表示したい場合，メソッドの引数としてそのまま記入しただけではうまく表示できません．これらの文字は**特殊文字** (special character) と呼ばれ，それぞれ固有の働きを持つ文字だからです．たとえばダブルクォート「"」は，先に説明したように，文字列を囲んで文字列リテラルを作る働きを持つので，表示したい文字列の中にそのまま含めることはできません．特殊文字を表示するには，¥"（あるいは\"），そして¥¥（あるいは\\）のように特殊文字の前にさらに「¥」（あるいは「\」）をつけて以下のように書く必要があります．

▶ [文字列リテラル]
　一つ以上の文字や空文字もダブルクォートで囲めば（たとえば「""」）文字列リテラルとして扱われます．

▶ [¥と\]
　1章でも述べましたが，この本では，エスケープ文字の表示をバックスラッシュ「\」に統一しています．画面上の表示は環境によって異なりますが，¥nのように¥記号で表記されても\nと同じと考えて下さい．

```
System.out.println("文字列内で\" を使う方法");
```

このことを，特殊文字を**エスケープ** (escape) するといいます．また，クォート「'」を表示する場合も，以下のようにエスケープする必要があります．

```
System.out.println('\'');
```

このように，「¥」（あるいは「\」）とペアになって一つの文字リテラルになったものを**エスケープシーケンス** (escape sequence) と呼びます．よく使うものを表 4.2 に示します．これらは 2 文字のように見えますが，表 4.2 右に示した意味を持つ単一の文字です．

表 **4.2** エスケープシーケンスの例

エスケープシーケンス	表示される文字
\b	バックスペース
\t	水平タブ
\n	改行
\"	"記号
\'	'記号
\\	\記号

4.4 キーボード入力と出力表示

　基本データ型と数値リテラルの表現の話が出たところで，キーボードからのデータ入力と，ディスプレイへの表示について触れることにしましょう．**キーボード入力と書式つき出力**を活用した main メソッドのみからなるソースコードを次ページに示します．

ソースコード 4.1 キーボードからの入力と書式つき出力

```
1   import java.util.Scanner;
2
3   public class InputOutput {
4       public static void main(String[] args) {
5           Scanner keyBoardScanner = new Scanner(System.in);
6           System.out.print("整数を入力してください: ");
7           int input1 = keyBoardScanner.nextInt();
8           System.out.printf("入力は%4d です. \n",input1);
9
10          System.out.print("浮動小数点数を入力してください: ");
11          double input2 = keyBoardScanner.nextDouble();
12          System.out.printf("入力は小数表記で%6.2f,
                    指数表記で%10.2e です. \n",input2, input2);
13          keyBoardScanner.close();
14      }
15  }
```

このプログラムの実行結果は次のようになります．

```
─ ソースコード 4.1 の実行結果 ─────────
    整数を入力してください: 89
    入力は  89 です.
    浮動小数点数を入力してください: 18.5
    入力は小数表記で 18.50, 指数表記で   1.85e+01 です.
```

ソースコード 4.1 について以下で細かくみていくことにしましょう．

4.4.1 キーボードからの入力

まずキーボード入力に関する部分からみて行きましょう．キーボードなどの入力装置から入力された文字列を所望の型のデータとして取り出すための重要なクラスとして Scanner クラスが用意されています．

Scanner クラスのようにあらかじめ用意されているクラスを利用するには，ソースコード 4.1 のようにプログラムの先頭で

```
1   import java.util.Scanner;
```

と記述する必要があります．普通，キーボードは**標準入力ストリーム**と呼ばれて，System.in という名前で参照されます．キーボードからの入力を扱う Scanner クラスのオブジェクトを生成するには

▶ [標準入力と標準出力]
通常，標準入力はキーボードの入力，標準出力は画面出力と一致します．これまで画面に出力する際には System.out.print メソッドを使用してきたと思いますが，System.out は標準出力ストリームを表します．

> ─── Scanner クラスのオブジェクト生成 ───
> ```
> 5   Scanner keyBoardScanner = new Scanner(System.in);
> ```

と記述します．この場合作成されたオブジェクトは以降 keyBoardScanner という変数を介して参照できます．これらについてはキーボード入力を扱う際の決まりごとのようなものなのでしっかり覚えておいて下さい．

■ Scanner クラスの主なメソッド

Scanner クラスで用意されている，文字列を読み取って指定した型のデータに変換するなどのメソッドのうち，主なものを表 4.3 に示します．Scanner クラスには入力された文字列を 10 進整数とみなして読み取るメソッド nextInt() が用意されています．下記のようにすることで

> ─── int 型データの読み取り ───
> ```
> 7   int input1 = keyBoardScanner.nextInt();
> ```

keyBoardScanner が参照しているオブジェクトに（キーボードから）10 進整数とみなせる文字列とそれにひき続く改行コード（Enter キーの押下によります）が入力されるまで待ちます．int 型の変数 input1 に入力された文字列が表す整数値が代入されます．ただし，このプログラムではキーボードから 10 進整数以外の文字列が入力されると，例外が発生してプログラムが異常終了してしまうので注意が必要です．例外を発生させないためには nextInt() を実行する前に，読み取ろうとしている文字列が 10 進整数かどうかを確認すればよく，そのために hasNextInt メソッドが用意されています．これについては 4.6.2 項で述べることにします．

また，ソースコード 4.1 の 11 行目では，浮動小数点を読み取るため nextDouble() メソッド が使われています．そして，使わなくなったスキャナを 13 行で close メソッドを呼び出して閉じています．

整数を入力する場合，整数リテラルのうち 10 進数しか使うことができませんが，負の数も入力することができます．また，浮動小数点数については小数表記，指数表記の両方が使え，もちろん負の数も入力することができます．

▶ [例外]
詳しくは 10.2 節で説明しますが，不適切なプログラム記述によって入出力処理などが失敗した際に例外が発生します．

4.4.2 書式つき出力

次に画面へ数値などを表示する際に，その形式を指定する方法についてみることにしましょう．ソースコード 4.1 では System.out.printf メソッドを用いて入力された値を表示しています．

表 4.3 Scanner クラスの主なメソッド

メソッド名	説明
nextBoolean()	「true」または「false」を読み取り boolean 型データを返します
nextInt()	10 進整数を一つ読み取り int 型データを返します
nextDouble()	浮動小数点数を一つ読み取り double 型データを返します
next()	空白を含まない文字列を読み取り String 型データへの参照を返します
nextLine()	1 行分の文字列を読み取り String 型データへの参照を返します
hasNextBoolean()	スキャナで読み取る次の文字列が論理値であれば true を返します
hasNextInt()	スキャナで読み取る次の文字列が 10 進整数であれば true を返します
hasNextDouble()	スキャナで読み取る次の文字列が浮動小数点型数であれば true を返します
close()	スキャナを閉じます

▶ [\n の意味]
「\n」は 53 ページの表 4.2 で説明したエスケープシーケンスのひとつで改行を表します．

```
整数の書式つき出力
 8   System.out.printf("入力は%4d です．\n",input1);
```

この printf メソッドを実行すると，第 1 引数「"入力された整数は %4d です．\n"」の %4d の部分に変数 input1 の値の 10 進表記が埋め込まれて表示されます．また，12 行目の

```
浮動小数点数の書式つき出力
12   System.out.printf("入力は小数表記で%6.2f,
                      指数表記で%10.2e です．\n",input2, input2);
```

では「%6.2f」と「%10.2e」の部分にともに変数 input2 の値の小数表記と指数表記の埋め込みが行われて表示されます．

このように printf メソッドでは第 1 引数の文字列中の「%...」という部分を第 2 引数以下の式の値に置き換えて表示します．「%...」は**書式指示子**と呼ばれ，数値などの表示形式を細かく指定するために使われます．第 1 引数の文字列中に書式指示子が複数あれば，一つ目の書式指示子を第 2 引数の値で，二つめを第 3 引数の値で，...という順に置き換えを行います．なお，書式指示子の数より置き換えて表示される引数の数が少ない場合，コンパイル時ではなく実行時にエラーが発生するので注意が必要です．

■ さまざまな書式指示子

書式指示子では時刻の表記なども可能ですが，詳しくはオンラインドキュメント等に委ねることとして，整数，浮動小数点数，文字，文字列に関す

る代表的なもののみを表4.4に示します．

表 4.4 書式指示子

書式指示子	対象	説明
%nd	整数	10進整数を表示
%n.mf	浮動小数点数	m桁で小数点以下を表示 （全体表示のために最低限n桁を確保）
%n.me	浮動小数点数	仮数部は小数点以下m桁として指数表示 （全体表示のために最低限n桁を確保）
%nc	文字（整数）	文字を表示
%ns	文字列	文字列を表示

表中のnや$.m$は省略可．nは表示のために最低限確保する文字数．

▶ [書式指示子]
　たとえば，浮動小数点数を，全体の表示文字数を特に規定せず，小数点以下を2桁まで表示したい場合は%.2fとします．一方，桁数が異なる数字を右揃えで画面に表示したい場合などには，nの値を指定すればよいでしょう．

　nは変換時に最小限確保する文字数を指定するためのもので，省略することができます．指定した文字数では引数で指定したデータを表示できない場合は，表示に必要なだけの文字数が確保されます．一方，指定した文字数が大きすぎる場合，データは右詰めで表示され，余った部分には空白が詰め込まれます．省略した場合は$n=0$とみなされて，表示に必要なだけの文字数が確保されることになります．

　浮動小数点数を表示する際には$.m$の部分で精度が指定でき，これも省略することができます．mは小数表示，あるいは指数表示の仮数部の小数点以下の桁数を指定するもので，省略した場合には$m=6$とみなされます．

4.5 式と演算子

　リテラルや変数はそれ自体で式とみなされます．さらに式と式を**演算子**で結びつけることにより，より複雑な式を記述することができます．プログラミング言語では，そのような形で式を記述するためにさまざまな演算子が定義されています．特に基本データ型については多くの演算子が定義されていて，それらを用いて式を記述することができます．

　ここでは，char型，int型，double型といった数値データを主なターゲットとして，どのような演算子が用意されているか，それらを用いてどのように式を記述するのかについてみていくことにしましょう．

4.5.1 算術演算

　数値データの加減乗除に関する演算子を**算術演算子** (arithmetic operator) と呼びます．次のプログラムは，Java言語における算術演算子とその使用方法を例示しています．

ソースコード 4.2 算術演算子の使用例

```java
1   import java.util.Scanner;
2
3   public class ArithmeticOperations {
4       public static void main(String[] args) {
5           Scanner keyBoardScanner = new Scanner(System.in);
6           System.out.print("一つ目の整数を入力してください: ");
7           int input1 = keyBoardScanner.nextInt();
8           System.out.print("二つ目の整数を入力してください: ");
9           int input2 = keyBoardScanner.nextInt();
10          System.out.println("和　差　積　商　剰余　符号反転の順に表示します");
11          System.out.println(input1 + input2);
12          System.out.println(input1 - input2);
13          System.out.println(input1 * input2);
14          System.out.println(input1 / input2);
15          System.out.println(input1 % input2);
16          System.out.println(-input1);
17          keyBoardScanner.close();
18      }
19  }
```

実行結果は次のようになります．

```
─ ソースコード 4.2 の実行結果 ─

一つ目の整数を入力してください: 12
二つ目の整数を入力してください: 5
和　差　積　商　剰余　符号反転の順に表示します
17
7
60
2
2
-12
```

▶ [ソースコード 4.2 の結果表示について]
　計算結果の表示が少し気の利かないものになっていますが，説明の都合ということで我慢してください．

　このプログラムはキーボードから入力された整数値を変数 input1 と input2 に代入し，それらを四則演算した結果をディスプレイに表示するというものです．11〜16 行目では System.out.println の引数のところに，「input1 + input2」などの式を記述しています．このように書くと，実行時には式の値が計算されて，表示されます．

　乗算には「*」，除算には「/」，剰余演算は「%」を用います．また，「-」は，12 行目のような 2 つの数値データの差を求める **2 項演算子** としての使い方と，16 行目のような数値データの正負の符号を反転させる **単項演算子** としての使い方の二通りがあるので注意が必要です．さらに，「+」は文

字列の結合にも用いられるので，注意する必要があります．

もちろん，ソースコード 4.2 のような単純な式だけではなく，これらの演算子を組合せて，さらには「(」「)」を活用したような式

```
((a+b) * (b+c) * (c+a)) / (-h * (x+y))
```

も記述することができます．

ところで，ソースコード 4.2 の実行結果のなかで少し説明が必要な部分があります．和，差，積に関しては，計算結果に何の問題もないのですが，商の結果については注意が必要です．普通に考えると，12 を 5 で割ると 2.4 になるのですが，商の計算結果は 2 と表示されています．これは，変数 input1，input2 がともに int 型変数であるため，整数の世界での「12 割る 5 は 2 余り 2」という演算が行われた結果，商は 2 として表示されているのです．

一方，2 つの被演算数の少なくとも一方が double 型のデータである場合には浮動小数点演算が行われます．たとえばソースコード 4.2 の 6～7 行目を

```
―double 型データの読み取り ――――――――――――――――
    6'  System.out.print("一つ目の数を入力してください: ");
    7'  double input1 = keyBoardScanner.nextDouble();
```

と書き換えてみると，以下のような実行結果が得られます．

```
―実行結果 ――――――――――――――――――――――――
    一つ目の数を入力してください: 12
    二つ目の整数を入力してください: 5
    和  差  積  商  剰余  符号反転の順に表示します
    17.0
    7.0
    60.0
    2.4
    2.0
    -12.0
```

浮動小数点データは小数部つきで表示されています．この例ではすべての演算は double 型データと int 型データの間（単項の「-」については double 型単独）で行われますので，浮動小数点演算として計算が行われ，結果として得られる値も double 型データとなって小数点つきで表示されているのです．

浮動小数点演算は誤差を含むことに注意が必要です．上記のプログラムでも「10.0 / 3」や「1.0e30 + 1」は思わぬ演算結果が得られます．

4.5.2 型の変換

4.5.1項でみたようにdouble型データとint型データの間での算術演算は浮動小数点演算として行われるのですが，コンピュータ内部で実際に演算を実行する際には2つのデータの型を揃える必要があります．このために，演算の前にint型データからdouble型データへの変換が自動的に行われます．また，Java言語における数学関数のライブラリの引数のほとんどはdouble型になっているので，これらのライブラリの引数にint型の値が与えられているときには，やはり自動的にdouble型に変換されます．

このような型の変換は同じ符号つき整数型であっても，表すことのできる値の範囲が異なるbyte, short, int, longの間，あるいは同じ浮動小数点型でも精度の異なるfloatとdoubleの間でも生じます．

以下ではJava言語におけるいろいろな型変換についてみていくことにします．

■ 数値型データの拡大変換

byteからintなどの値の範囲の狭い型から広い型への変換，あるいはfloatからdoubleのような精度の低い型から高い型への変換はまったく問題なく行うことができます．また整数型データから浮動小数点型データへの変換も，たとえばint型からfloat型の変換の際など若干精度を損失する恐れがあるものの，ほとんど問題なく行えます．このような変換を数値型データの**拡大変換**といい，必要に応じて適切に行われるものと考えておいてよいでしょう．

■ 数値型データの縮小変換

一方，int型データをshort型変数に代入する場合やdouble型データをint型変数に代入するには問題が生じる恐れがあります．たとえば，浮動小数点型データを整数型データに変換することにより小数部分が切り捨てられる場合があります．また，int型データをshort型データに変換することによりオーバーフローが発生する場合があります．そのような変換を**縮小変換**といい，上に述べたような問題が発生しうることに配慮して自動的には行われません．そこで，問題が起こりうることを承知した上で縮小変換を行いたい場合，明示的に変換を指示しなければなりません．縮小変換を用いたメソッドの記述例を以下に示します．

ソースコード 4.3 縮小変換を用いたメソッドの記述例

```
1  public void resize(double ratio) {
2      width = (int) (ratio * width);
3      height = (int) (ratio * height);
4  }
```

　これはRectangleクラスのメソッドとして，新たに四角形の大きさを変更するメソッドの記述です．resizeメソッドは，四角形の幅と高さを，引数で指定した倍率で拡大（縮小）するメソッドです．このようなメソッドでは，引数を浮動小数点型doubleにすることで拡大（縮小）の自由度が増し，メソッドの有用性も大きくなると考えられます．

　2行目のwidthフィールドの値の変更の部分は，もともとのwidthフィールドの値に拡大（縮小）倍率を表すratioをかけることによって拡大（縮小）後の四角形の幅を求めるものです．この乗算はint型データであるheightの値をdouble型に拡大変換することにより浮動小数点数として乗算が行われます．そのため，計算結果もdouble型データとなり，このままではint型のフィールドであるwidthに代入することができません．そこで乗算を表す式の前に(int)と書いてやることで，縮小変換の指示をしているのです．

　3行目についてもほぼ同様です．

　先に述べたように縮小変換は自動的には行われません．そのため

　　2'　　　　width = ratio * width;

と書くと代入先の変数と代入するデータの型が一致していないとみなされて，構文エラーとして扱われてしまいます．

■　明示的な型変換（キャスト）

　型変換の明示的な指示はキャスト (cast) とよばれ一般に次のような形式で記述します．

> キャストの書式
> 　(型名) 式

　ここで気を付けなければならないのは型変換の対象範囲です．型変換の指示はなるべく狭い範囲の式について適用するものと解釈されます．このためソースコード4.3で

　　2''　　　　width = (int) ratio * width;

と書くと，ratio の値のみを int 型に縮小変換することを指示しているものと解釈されます．その結果として int 型どうしの整数演算が実行され，意図どおりの結果が得られません．

```
                  明示的な型変換の例
         2            width = (int) (ratio * width);
```

という形で型変換の対象となる部分を括弧でくくってやることにより意図どおりの型変換操作を行うことができるわけです．

拡大変換についてもキャストを用いて明示的に指示してもなんら差し支えありません．

4.5.3 インクリメントとデクリメント演算子

インクリメントとデクリメントは，整数型の変数やフィールドの値を 1 増やしたり，1 減らしたりする操作のことをいいます．このような操作はプログラミングにおいて頻繁に行われるので，Java 言語では**インクリメント演算子** (increment operator)「++」と**デクリメント演算子** (decrement operator)「--」が用意されています．その使用例を示します．

ソースコード 4.4 インクリメント演算子の使用例

```java
 1  import java.util.Scanner;
 2
 3  public class IncrementDecrement {
 4      public static void main(String[] args) {
 5          Scanner keyBoardScanner = new Scanner(System.in);
 6          System.out.print("整数を入力してください: ");
 7          int input = keyBoardScanner.nextInt();
 8
 9          System.out.printf("前置インクリメント時の値: %d\n", ++input);
10          System.out.printf("後置インクリメント時の値: %d\n", input++);
11          System.out.printf("2 回のインクリメント後の値: %d\n", input);
12          System.out.printf("前置デクリメント時の値: %d\n", --input);
13          System.out.printf("後置デクリメント時の値: %d\n", input--);
14          System.out.printf("2 回のデクリメント後の値: %d\n", input);
15          keyBoardScanner.close();
16      }
17  }
```

実行結果は次のようになります．

```
┌─ ソースコード 4.4 の実行結果 ──────────────┐
│    整数を入力してください: 5              │
│    前置インクレメント時の値: 6            │
│    後置インクレメント時の値: 6            │
│    2 回のインクレメント後の値: 7          │
│    前置デクレメント時の値: 6              │
│    後置デクレメント時の値: 6              │
│    2 回のデクレメント後の値: 5            │
└──────────────────────────────────────────┘
```

インクレメント演算子（あるいはデクレメント演算子）を，操作の対象となる変数またはフィールドの前に置くか後ろに置くかで以下のような違いがあるので，場合によっては注意が必要です．

■ 前置インクレメント

9 行目の前置インクレメント++input では，先に変数 input の値を一つ増やしてから，input に対する参照が行われます．このため System.out.printf で表示される値はインクレメントが行われた後の値となって，「前置インクレメント時の値:　6」と表示されています．

■ 後置インクレメント

10 行目の後置インクレメント input++は，先に変数 input に対する参照が行われてから input の値を一つ増やす操作が行われます．このため System.out.printf で表示される値はインクレメント前の値となって，「後置インクリメント時の値:　6」となるわけです．

さらに 11 行目で input の内容を表示すると，「2 回インクレメント後の値:　7」となり，たしかに 2 回のインクレメント操作が行われていることが確認できます．

12 行目以降のデクレメント演算子の場合も考え方は全く同じです．

4.5.4 代入演算子

代入については，右辺の値を左辺の変数に代入する「=」の他，ソースコード 4.5 で例示する各種代入演算子が使用できます．

ソースコード 4.5 代入演算子の使用例

```java
1   import java.util.Scanner;
2
3   public class AssignmentOperators {
4     public static void main(String[] args) {
5       Scanner keyBoardScanner = new Scanner(System.in);
6       System.out.print("整数を入力してください: ");
7       int input = keyBoardScanner.nextInt();
8
9       input += 5;
10      System.out.printf("入力に5加えると%dになります.\n", input);
11      input *= 3;
12      System.out.printf("さらに3かけると%dになります.\n", input);
13      keyBoardScanner.close();
14    }
15  }
```

このプログラムを実行すると，以下のような結果が得られます．

ソースコード 4.5 の実行結果

```
整数を入力してください: 3
入力に5加えると 8 になります.
さらに3かけると 24 になります.
```

9 行目の `input += 5` や 11 行目の `input *= 3` という記法は，変数 input の値を 5 増やしたいときや，変数 input の値を 3 倍にしたいときなどに使われます．それぞれ

```
9'        input = input + 5;
11'       input = input * 3;
```

と書いた場合と同じ働きを持ちます．同様に減算代入の「-=」，除算代入の「/=」，剰余代入の「%=」が使用できます．これまで出てきた演算子の一覧を表 4.5 に示します．

4.5.5 式文

これまでに説明してきた各種演算子を用いて，変数や数値リテラル，メソッド呼出しを組み合わせることで式を記述します．ですから，式の中でさまざまな計算やメソッド呼出し，代入といった操作が記述できるわけです．このような式はプログラム中のいろいろなところに書くことができるのですが，式の後ろに文の終わりを示す「;」をつけることで**式文** (expression

表 4.5 主な演算子

種類	表記	説明
算術演算子	+	和
	-	差（二項演算の場合），符号反転（単項演算の場合）
	*	積
	/	商
	%	剰余
増減演算子	++	インクリメント（前置と後置の二種類）
	--	デクレメント（前置と後置の二種類）
代入演算子	=	代入
	+=	加算代入
	-=	減算代入
	*=	乗算代入
	/=	除算代入
	%=	剰余代入

statement) と呼ばれ，Java 言語における文の一つとして扱われます．たとえば，今までなんとなく書いてきた次の二つの行はそれぞれ代入操作を含む式文というわけです．

```
width = (int) ratio * width;
input += 5;
```

これらを実行することにより変数 width や input の値が変更されます．また，以下は単独のメソッド呼出しのみからなる式文です．

```
rectangle1.showState();
```

この場合，この式文を実行することにより行われる動作は，showState() というメソッド呼出しとそれに対する返答の待ち合わせということになります．

4.6 実行の流れの制御

これまでみてきたソースコードでは，メソッド内部の処理は前の文から順に実行していき，末尾の文の実行によって終了するというものばかりでした．このようにプログラムの実行の基本は前から順に一文ずつ**逐次実行**（図 4.1(a)）することなのですが，逐次実行だけでは扱うデータに応じた柔軟な処理など，こみいった処理を簡潔に記述するのは困難です．このためプログラミング言語ではプログラムの実行の流れを制御するための操作が必要となります．

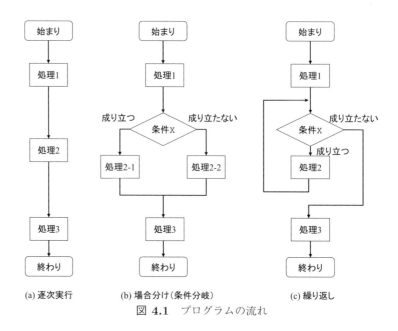

図 4.1　プログラムの流れ

　逐次実行以外の代表的なプログラムの流れに**場合分け**と**繰り返し**があります．図 4.1 の (b) は場合分け処理のフローチャートです．このフローチャートは，処理 1 で何か作業を行い，その結果によってある場合には処理 2-1 を，別の場合には処理 2-2 を実行した後，処理 3 を実行して終わりということを表しています．さらにこのフローチャートは処理 2-1 と処理 2-2 のいずれを選択するかは条件 X が成り立つかどうかを基準に決めるということを表しています．場合分けは条件の成否に応じて処理の流れが分かれるということから**条件分岐**と呼ばれる場合があります．

　図 4.1 の (c) が繰り返しの典型例です．このフローチャートは処理 1 で何らかの作業を行った後，条件 X が成り立っているかどうかを調べて，成り立っている間は処理 2 の実行と条件 X の判定を繰り返して実行し，処理 2 を何回か繰り返して実行することによって条件 X が成り立たなくなると，処理 3 を実行して終了することを表しています．もちろん，処理 1 実行直後の段階で条件 X が成り立っていない場合は，処理 2 の部分は一回も実行されません．

4.6.1　条件式の記述

　場合分けにしても，繰り返しにしてもプログラムの実行の流れの記述には，場合分け条件，あるいは繰返し条件といった条件の記述が必要になります．ここでは，まずその条件の部分をどのように記述すればよいのかをみていくことにします．

条件は一般に**論理式**，つまりboolean型の式で記述します．論理式も算術式と同様に，リテラル，変数，フィールドあるいはメソッド呼出しを演算子で結合して記述することができます．boolean型の演算結果を持つ演算子としては，**比較演算子**と**論理演算子**があります．比較演算子は2つの算術式の大小比較をするものです．論理演算子は2つまたは1つの論理式の間の論理演算を行うものです．表4.6にそれらの演算子の一覧を示します．

▶ ［条件の記述］
　条件は，戻り型がboolean のメソッドで記述することもできます．56ページの表4.3 の例ですと，hasNextInt メソッドなどが相当します．72 ページのソースコード4.7 なども参考にしてください．

表 4.6　比較演算子と論理演算子

種類	表記	説明
比較演算子	==	左辺と右辺が等しい．
	>	左辺が右辺より大きい
	>=	左辺が右辺より大きいか等しい
	<	左辺が右辺より小さい
	<=	左辺が右辺より小さいか等しい
	!=	左辺と右辺が等しくない
論理演算子	&&	論理積
	||	論理和
	!	否定

比較演算の結果は，演算子の説明のところにある条件が満たされるとき真(true)，そうでないとき偽(false)となります．論理演算子を用いることにより，複雑な条件を記述することができます．

a, b がint型の変数であるとして比較演算子，論理演算子を用いて記述した条件式の例と，a の値が5, b の値が3のときの，それぞれの式のもつ値を表4.7に示します．

表 4.7　比較演算子と論理演算子の使用例

条件式	aが5, bが3のときの式の値	条件式	aが5, bが3のときの式の値
a == 5	true	a != 5	false
a > b	true	b <= 3	true
0 < a && a < 10	true	a < 0 || b > 10	false
!(0 < a && a < 10)	false	!(a < 0 || b > 10)	true

4.6.2 場合分け（条件分岐）

まずは，どのような状況で場合分けが必要になるのかを考えてみることにしましょう．

少しプログラミングから離れて，学生食堂などで食事をする場合について考えてみましょう．カフェテリア方式の食堂を利用する手順として，食事をしようとする人は，まず自分の好きな食べ物をトレイにのせることから始めます．これが図 4.1(b) の処理 1 に相当します．そして，次に選んだ食べ物に従って適切な食器をとる必要があります．ここで，選んだ食べ物がカレーライスならばスプーン，うどんや定食ものであればお箸をとることになります．図 4.1(b) に沿って考えると，「選んだ食べ物がカレーライスかどうか」が条件 x となり，処理 2-1 は「スプーンをとる」，処理 2-2 は「お箸をとる」ということになります．これが場合分けです．もちろん，その後お金を払って，食事をするという手順（処理 3）になります．

ここで特徴的なのは処理 1 の実行前の段階では処理 2-1 を実行すべきか処理 2-2 を実行すべきなのかがわかっていないことです．すなわち，処理 1 を実行することによって，処理 2-1，処理 2-2 のいずれをを実行すべきなのか定まるということです．Java 言語ではそのような場合分けのための構文として if 文があります．

■ **if 文を利用した move メソッド**

Rectangle メソッドの例で考えることにしましょう．move メソッドをより洗練されたものとするために，移動先の座標が x 座標，y 座標ともに非負のときは移動を許すけれども，そうでない場合は移動を無効にすることを考えてみましょう．

if 文を用いてそのような move メソッドを記述した例を次に示します．この move メソッドは移動先の座標が x 座標，y 座標ともに非負である場合には，実際に移動を行ったうえ，戻り値として移動が成功したことを表す true（真）を返し，そうでない場合は移動は実行せず，移動が失敗に終わったことを表す false（偽）を返すようになっています．

ソースコード 4.6 if 文の使用例

```
1  public boolean move(int xMove, int yMove) {
2    boolean success;
3    int newXPosition = xPosition + xMove;
4    int newYPosition = yPosition + yMove;
5    if (newXPosition >= 0 && newYPosition >= 0) {
6      xPosition = newXPosition;
7      yPosition = newYPosition;
8      success = true;
9    } else
10     success = false;
11   return success;
12 }
```

これまでの復習と if 文の使い方を実例から学ぶことを兼ねて，このプログラムをざっと見ていくことにしましょう．

2 行目では戻り値を格納するための boolean 型の変数 success を宣言しています．3～4 行目では移動先の座標を求め，変数 newXPosition, newYPosition に代入しています．

5 行目から 10 行目が if 文で，キーワード if に続いて条件として移動先の座標 newXPosition, newYPosition がともに非負であるかどうかを表す boolean 型の式

newXPosition >= 0 && newYPosition >= 0

を「(」「)」でくくって記述しています．

6～8 行目では，条件が成り立つ（条件式の値が true）場合の処理として，移動を実行するために自身のフィールド xPosition, yPosition を更新する処理を行ったあと，success に論理値 true を代入しています．このように条件が成り立つ場合の処理が複数の文にまたがる場合，それらを「{」「}」でくくってブロックとして記述します．

一方，条件が成り立たない（条件式の値が false）場合の処理は，キーワード else に引き続いて記述します．この例では 10 行目で success に論理値 false を与える処理を記述しています．

最後に 11 行目では 8 行目または 10 行目で設定した success の値をメソッド呼出し元に return 文で返すことによってメソッドの処理を終了します．

▶ [else 節での処理]
ソースコード 4.6 では else に引き続く処理はブロックとして記述されていませんので，10 行目のみが条件が成り立たない場合の処理となります．

■ if 文の定義

上記の例を踏まえて，if 文の定義を見ていくことにしましょう．if 文の一般的な構文は以下の形となります．

```
if 文の構文
    if（条件式）
        文 1
    else
        文 2
```

ここで条件式は boolean 型の式として記述します．文 1 は条件式の値が true のときに実行され，文 2 は条件式の値が false のときに実行されます．すなわち条件式の値にしたがって文 1 と文 2 が選択実行され，これにより場合分けの操作が実現されます．もし関連する複数の文をまとめて実行したい場合には，文 1 あるいは文 2 の箇所を「{」「}」でくくってブロックとして記述します．また，文 1，文 2 が単一の文で記述できるような場合についても，後に処理の記述を追加する場合を想定して，「{」「}」でくくっておいても構いません．

■ else 節を省略した if 文

さて，条件が成り立つ場合，成り立たない場合，それぞれ別の処理を実行しようという場合は上記の if-else を記述すればいいのですが，条件が成り立つ場合に限って何らかの処理を記述したい場合もあるでしょう．そのような場合，文 2 を空文（「;」のみの文）として記述すればよいのですが，より簡単に

```
else 節を省略した if 文の構文
    if（条件式）
        文 1
```

という形で記述することもできます．この場合，条件式が成り立つ場合に限って文 1 が実行されます．

■ else-if ラダー

図 4.2(a) に示すように，3 つ以上の場合分け（多方向分岐）をしたい場合もあるでしょう．このような場合でも図 4.2(b) のように考えて if 文の連鎖により記述することができます．

形式的には，一つ目の if 文の else 節に 2 つめの if 文があると解釈す

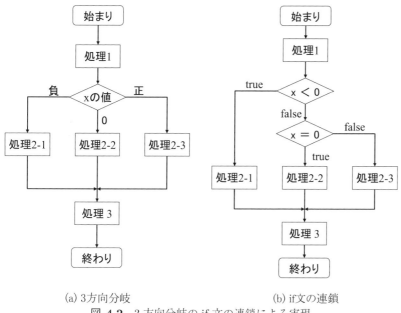

(a) 3方向分岐　　　　　　　(b) if 文の連鎖

図 4.2　3 方向分岐の if 文の連鎖による実現

るのが正確なのですが，以下の else-if ラダーとして理解する方が実際的です．

▶ [ラダー]
ラダー (rudder) とは梯子の意味です．

```
else-if ラダーの書式

    if（条件式 1）
        文 1
    else if（条件式 2）
        文 2
    else if（条件式 3）
        文 3
        .
        .
    else if（条件式 n）
        文 n
    else
        文 n+1
```

else-if ラダーでは，条件式 1 から順にその式の真偽が判定され，条件式 i が最初に真になった場合には文 i が実行され，どの条件式も偽である場合文 n+1 が実行されます．else-if ラダーに対するフローチャートを図 4.3 に示します．

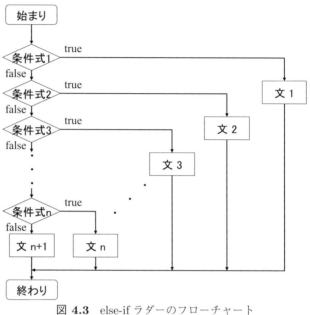

図 4.3 else-if ラダーのフローチャート

次に else-if ラダーを用いたソースコードを示します.

ソースコード 4.7 else-if ラダーの使用例

```
1  import java.util.Scanner;
2
3  public class ScannerHasNext {
4     public static void main(String[] args) {
5        Scanner keyBoardScanner = new Scanner(System.in);
6        System.out.print("数値を入力してください: ");
7        if (keyBoardScanner.hasNextInt()) {
8           int input = keyBoardScanner.nextInt();
9           System.out.printf("入力は整数%d と解釈できます\n", input);
10       } else if (keyBoardScanner.hasNextDouble()) {
11          double input = keyBoardScanner.nextDouble();
12          System.out.printf("入力は浮動小数点数%8.2f と解釈できます\n", input);
13       } else {
14          String input = keyBoardScanner.nextLine();
15          System.out.printf("入力された%s は数値とは解釈できません\n", input);
15       }
16       keyBoardScanner.close();
17    }
18 }
```

このプログラムは, Scanner クラスのメソッドを利用して, 入力された文字列が整数か, 浮動小数点数か, どちらでもないかを判断し, 結果を出力

するものです．hasNextInt()メソッドは入力された文字列が整数とみなせるかどうかを調べ，みなせる場合にtrueをそうでない場合にはfalseを返すメソッドです．

Scannerクラスで用意されている文字列を読み取って指定した型のデータとみなせるかどうかを調べるメソッドは56ページの表4.3に示していますので参考にしてください．．

このプログラムでは入力文字列が10進整数とみなせるときはnextInt()メソッドを用いて，浮動小数点数とみなせるときはnextDouble()メソッドを用いて，どちらでもないときはnextLine()メソッドを用いてキーボード入力を読み取っていますので，ソースコード4.1のInputOutputのときのように例外が発生する心配のないものとなっています．

■ 条件演算子の利用

これまで，条件分岐のための構文としてif文の説明をしてきました．Java言語には，条件が成り立つかどうか評価し，条件が成り立つ場合には式1を，成り立たない場合には式2を実行するという条件分岐の別の方法として，条件演算子(Conditional Operator)が用意されています．

条件演算子の標準的な書式を次に示します．

▶ [三項演算子]
条件演算子のことを三項演算子と呼ぶこともあります．

```
条件演算子の構文
    条件式 ? 文1 : 文2
```

条件式はboolean型の式で記述し，条件式がtrueの場合は文1の結果を，falseの場合は文2の結果を返します．条件演算子を用いた例を次ページのソースコード4.8に示します．

ソースコード 4.8 条件演算子の使用例

```java
import java.util.Scanner;

public class ConditionalTest {
    public static void main(String[] args) {
        Scanner keyBoardScanner = new Scanner(System.in);
        System.out.print("1つめの数値を入力してください: ");
        int input1 = keyBoardScanner.nextInt();
        System.out.print("2つめの数値を入力してください: ");
        int input2 = keyBoardScanner.nextInt();

        int largerNumber = input1 > input2 ? input1 : input2;
        System.out.printf("大きいほうの数値は%d です\n", largerNumber);
        keyBoardScanner.close();
    }
}
```

このプログラムの実行結果は次のようになります．

---- ソースコード 4.8 の実行結果 ----
1つめの数値を入力してください: 5
2つめの数値を入力してください: 2
大きいほうの数値は 5 です

このプログラムでは，11 行目の「 input1 > input2 ? input1 : input2 」で，条件式「input1 > input2」を判定し，true な場合，すなわち input1 が input2 よりも大きい場合には input1 の値を，そうでない場合には input2 の値を largerNumber に代入します．

同様の処理は if 文でも記述できますが，条件演算子を用いるとより短い記述ですむ場合があります．

■ switch 文

if 文は boolean 型の条件式の結果（true か false）で条件分岐する構文でしたが，多方向分岐のための構文として switch 文があります．switch 文の標準的な書式を次に示します．

```
標準的なswitch文の書式
    switch（式）{
    case 定数値1:
        文の並び1
        break;
    case 定数値2:
        文の並び2
        break;
        .
        .
    case 定数値n:
        文の並びn
        break;
    default:
        文の並びd
        break;
    }
```

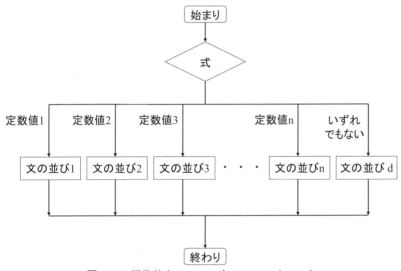

図 4.4　標準的な switch 文のフローチャート

　switch 文は，式を評価した結果と case で指定した定数とを比較し，一致した場合に case 以降に記述された文の並びを実行します．ここで「式」の結果は，byte，char，short，int，enum，String のいずれかのデータ型の値である必要があります．

　また，定数値1〜定数値nは異なる値である必要があります．

　次に switch 文を用いたソースコードを示します．

▶ [enum 型]
　enum 型は列挙型とも呼ばれる特殊なクラスです．詳細は9章で説明します．

ソースコード 4.9 switch 文の使用例（char 型を用いた場合）

```java
 1  import java.util.Scanner;
 2
 3  public class SwitchExample {
 4    public static void main(String[] args) {
 5       Scanner keyBoardScanner = new Scanner(System.in);
 6
 7       System.out.print("一つ目の整数を入力してください: ");
 8       int input1 = keyBoardScanner.nextInt();
 9       System.out.print("二つ目の整数を入力してください: ");
10       int input2 = keyBoardScanner.nextInt();
11       System.out.print("演算子を入力してください: ");
12       String operatorString = keyBoardScanner.next();
13       char operator = operatorString.charAt(0);
14
15       switch (operator) {
16         case '+':
17            System.out.printf("和: %d + %d = %d\n",
                       input1, input2, (input1 + input2));
18            break;
19         case '-':
20            System.out.printf("差: %d - %d = %d\n",
                       input1, input2, (input1 - input2));
21            break;
22         case '*':
23         case '×':
24            System.out.printf("積: %d * %d = %d\n",
                       input1, input2, (input1 * input2));
25            break;
26         case '/':
27            System.out.printf("商: %d / %d = %d\n",
                       input1, input2, (input1 / input2));
28            break;
29         case '%':
30            System.out.printf("剰余: %d %% %d = %d\n",
                       input1, input2, (input1 % input2));
31            break;
32         default:
33            System.out.println("演算子が入力されませんでした");
34            break;
35       }
36       keyBoardScanner.close();
37    }
38  }
```

このプログラムは 2 つの整数を入力させた後，演算子を入力させ，演算子の値（char 型）によって計算結果を表示するものです．その実行例を次

実行の流れの制御 77

に示します.

```
──── ソースコード 4.9 の実行結果 ────
一つ目の整数を入力してください: 13
二つ目の整数を入力してください: 8
演算子を入力してください: +
和: 13 + 8 = 21
```

ソースコード 4.9 の 12 行目から 13 行目までの部分はキーボード入力の 1 文字目を取り出す部分ですが,なぜこれで 1 文字の切り出しができるかは 4.7.3 項で扱うので,ここではおいておくことにします.いずれにしても,この 2 行で変数 operator にキーボードから入力された演算記号が代入されるものだと考えてください.

15〜35 行目の部分が switch 文で,変数 operator の持つ演算記号に従って多方向分岐しています.

operator の値が '+' の場合の処理は「case '+':」で始まり,「break;」で終わる 16〜18 行目で記述しています.この場合処理は 1 文 (System.out.printf(...);) で終了していますが,複数の文を連続して記述することができます.複数の文を記述する場合でも「{」と「}」でくくってブロックとして記述する必要はありません.

プログラムの流れの観点から整理すると,

(1) 15 行目の switch 文で operator の値が '+' の場合には 16 行目に分岐し,
(2) 16 行目以降の文を逐次的に実行していき,
(3) 18 行目の break 文で switch 文全体の次の文である 36 行目へ分岐する,

ということになります.

```
22    case '*':
23    case '×':
```

の部分は operator の値が '*' の場合と '×' の場合の処理が同じである際に用いられる書き方になっています.operator の値が '*' の場合は 15 行目の switch から 22 行目に分岐し,'×' の場合は 23 行目に分岐するのですが,いずれの場合も引き続いて 24 行目を実行し,25 行目の break 文によって 36 行目に分岐することになり,結果的に同じ処理をするということになるのです.

32〜34 行目の「default:」で始まり,「break;」で終わる部分は operator の値がこれまでの case で指定した値のいずれとも一致しなかった場合の処理を記述しています.

▶ [文字リテラルと文字列リテラル]
4.3 節で説明したように,文字リテラルと文字列リテラルは全く別のものです.ソースコード 4.9 の変数 operator は文字型の変数ですので,case の後には「'」(シングルクォート)で囲んだ文字リテラルを記述しています.

▶ [break 文]
break 文を記述すると,その時点で switch 文の処理から抜けて,次の文 (36 行目) に分岐します.18 行目に switch 文を記述しない場合,引き続き 19 行目以降の case との比較がなされます.break 文の詳細は 4.6.4 項で説明します.

次に，switch 文の式に int 型を用いたソースコードを示します．

ソースコード 4.10 switch 文の使用例（int 型を用いた場合）

```java
 1  import java.util.Scanner;
 2
 3  public class SwitchInt {
 4    public static void main(String[] args) {
 5      Scanner keyBoardScanner = new Scanner(System.in);
 6      int position;
 7
 8      System.out.print("順位を入力してください: ");
 9      position = keyBoardScanner.nextInt();
10
11      switch (position) {
12        case 1:
13          System.out.println("金メダルです");
14          break;
15        case 2:
16          System.out.println("銀メダルです");
17          break;
18        case 3:
19          System.out.println("銅メダルです");
20          break;
21        default:
22          System.out.println("メダルなしです");
23          break;
24      }
25      keyBoardScanner.close();
26    }
27  }
```

▶ [switch 文と String 型]
　Java SE 7 からは，switch 文の式に String 型を用いることができるようになりました．たとえば，以下のようにします．
```
String color;
    （中略）
switch (color) {
  case "gold":
      文の並び
      break;
  case "silver":
      文の並び
      （中略）
}
```

このプログラムは 1 つの整数を入力させ，その値によって異なる文字列を表示させるものです．

┌─ ソースコード 4.10 の注目点 ─

```
 6    int position;
          （中略）
11      switch (position) {
          （中略）
12        case 1:
13          System.out.println("金メダルです");
```

└─

ソースコード 4.10 では，式の結果が int 型ですので case の後にはソースコード 4.9 のように文字リテラルではなく整数リテラルを表記しています．

実をいうとswitch文については文法的に自由度が大きく，上記の標準的な書式を外れて，いくつかのbreak;を割愛していたり，default:がなかったりしても構文エラーとはならないのですが，極力上記の書式を守るようにしたほうがいいでしょう．唯一例外としてソースコード4.9のようにいくつかの定数値をまとめた以下のような書き方はよく用いられます．

```
複数のcaseをまとめたswitch文の書式
    switch（式）{
             .
             .
    case 定数値 i:
    case 定数値 i+1:
        .
        .
    case 定数値 j-1:
    case 定数値 j:
        文の並び X
        break;
             .
             .
    }
```

この場合，分岐式の値が定数値 i，定数値 i+1，…，定数値 j のいずれかであるときに文の並び X が実行されます．

4.6.3 繰返し

プログラムを作成していると，同じ処理を何回か繰り返して実行したい場合がでてきます．またもや食事の例になりますが，人はおなかが空いているときにはおなかをいっぱいにするために，「お茶碗にごはんを盛って，ごはんを食べる」という処理を何回か繰り返します．そのような処理を記述する場合，

お茶碗にごはんを盛る
お茶碗のごはんを食べる
　　　．
　　　．
　　　．
お茶碗にごはんを盛る
お茶碗のごはんを食べる

を何回も書き連ねるというのは，あまり感心した方法とはいえません．また，この例では何回お代りするかは実際に食べてみてからでないとわからないので，上記の処理をいくつか書き連ねただけでは食べ過ぎになってし

まったり，食べ足りない場合が生じてしまい，おなかをいっぱいにするという本来の目的が達成できないので適切ではありません．

このような場合に**繰り返し**が用いられます．ここで考える繰り返しとは，「条件」と「本体」からなっていて，条件が成り立っている間，何度でも

「条件の判定」→「本体の実行」

を繰り返して実行することを言います．上記の例では「おなかがいっぱいでない」というのが条件で，「お茶椀にごはんを盛る，お茶椀のごはんを食べる」が本体に相当します．

Java言語には繰り返しのための構文要素として while 文，do-while 文，for 文があります．

■ while 文

while 文は，繰返し本体の実行の前に条件の判定を行うという手順を繰り返す構文です．まず例としてソースコード 4.11 をみてみましょう．

ソースコード 4.11 while 文の使用例

```
1  import java.util.Scanner;
2
3  public class InputInteger {
4    public static void main(String[] args) {
5      Scanner keyBoardScanner = new Scanner(System.in);
6      System.out.print("整数を入力してください: ");
7      while (!keyBoardScanner.hasNextInt()) {
8        keyBoardScanner.next();
9        System.out.print("整数を入力してください: ");
10     }
11     int input = keyBoardScanner.nextInt();
12     System.out.printf("入力された整数は%dです．\n", input);
13     keyBoardScanner.close();
13   }
14 }
```

ソースコード 4.11 の実行結果

整数を入力してください: integer
整数を入力してください: 整数
整数を入力してください: 14
入力された整数は 14 です．

このプログラムは，キーボードから整数を入力させ，それを表示するものなのですが，整数とみなせる文字列が入力されるまで何回も繰り返して

入力させるようになっています．この場合，繰返し条件は

ソースコード 4.11 の繰返し条件
　　`keyBoardScanner` に整数が入力されていない

上述のことですので，否定演算子「!」を用いて`!keyBoardScanner.hasNextInt()`と表現することができます．本体の処理は

(1) `keyBoardScanner` を一つ読み飛ばし，
(2) 整数を入力させるためのメッセージを表示する

こととすることができます．

ソースコード 4.11 の 7 行目から 10 行目までがそのような繰り返しの `while` 文による記述になっています．キーワード `while` に続いて，条件 `!keyBoardScanner.hasNextInt()` が「(」と「)」でくくって記述されています．それに引き続いて，本体の処理が記述されています．今回の場合，本体の部分は複数の文で記述する必要があるので，「{」と「}」でくくって 8 行目で入力の読み飛ばし，9 行目で再入力を促すメッセージの表示を行っています．`!keyBoardScanner.hasNextInt()` が `false` すなわちキーボードから整数が入力されると `while` 文を終了し，11 行目に進みます．11 行目では，入力された整数値を変数 `input` に代入し，12 行目で `input` に代入された整数値を表示しています．`while` 文の構文を以下に示します．`while` 文のフローチャートは図 4.5 のようになります．

▶ [ソースコード 4.11 の補足]
　スキャナオブジェクト `keyBoardScanner` の `hasNextInt` メソッドを呼び出すと，スキャナで読み取る次の文字列が 10 進整数であれば `true` を返します．これに否定演算子「!」をつけることで，スキャナで読み取る次の文字列が 10 進整数でなければ `true` となり，7 行目の `while` 文の繰返し条件が成立します．

▶ [`next` メソッドによる読み飛ばし]
　`hasNextInt` メソッドは読み取る次の文字列が 10 進整数かどうかを調べるだけで，実際に文字列を読み取ることはしません．そのため，ソースコード 4.11 の 8 行目では，次の文字列を読み取る `next` メソッドを呼び出し，読み取った文字列を変数で参照しないことで，10 進整数ではない文字列を読み飛ばす処理を行っています．

```
while 文の構文
    while（条件式）
        文
```

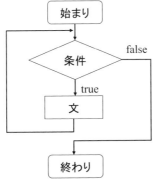

図 4.5　`while` 文のフローチャート

繰返し条件はboolean型の式で記述します．文は本体で実行する処理を記述したものです．本体で複数の文を実行させたい場合は，「{」と「}」でくくることによりブロックとして記述します．

while文の処理ですが，図4.5に示すように最初に繰返し条件が判定され，それがtrueである間「本体の実行→条件判定」が繰り返し実行されます．そして条件式がfalseになると繰返し処理を終了し，次の文の処理へと進みます．while文では最初の条件判定のときに条件式がfalseである場合は文（本体部分）が1回も実行されないことに注意してください．また条件式がtrueでありつづける場合は永遠に繰り返しが行われ，プログラムは停止しません．

▶ [無限ループ]
　繰返し文の条件式が適切に記述されず，永遠に繰り返しが行われることを無限ループと呼びます．ターミナル上で実行している場合，無限ループをとめるには「Ctrlキー」と「c」のキーを同時に押下してください．Eclipseなどの統合開発環境（IDE）を利用している場合は，実行停止のためのボタンなどが用意されています．

■ 二重ループ

繰り返しの本体の部分に繰り返しを記述することもできます．さっそく具体例をみてみましょう．

▶ [ソースコード4.12の補足]
　繰返し回数をカウントする変数columnとlineはいずれも0から始まっています．初めは違和感があるかもしれませんが，5章で説明する配列やArrayListを始めとして，Java言語では多くの場合，数を数える際は0から始まります．ここでもそれにあわせ，columnとlineの初期値を0としています．

ソースコード4.12 二重ループの使用例

```
1   public void show() {
2       int line, column;
3       line = 0;
4       while (line < height) {
5           column = 0;
6           while (column < width) {
7               System.out.print("■");
8               column++;
9           }
10          System.out.println();
11          line++;
12      }
13  }
```

この例はRectangleクラスの四角形を視覚的に表示するためのメソッドshowの定義になっています．showメソッドの動作を確認するために次のようなmainメソッドを持つクラスを実行してみましょう．

ソースコード 4.13 show メソッドの動作確認例

```
1  public class Main3 {
2    public static void main(String[] args) {
3      Rectangle rectangle1 = new Rectangle(1, 1, 4, 5);
4      rectangle1.show();
5    }
6  }
```

Rectangle.java にソースコード 4.12 の show メソッドを追加した後，ソースコード 4.13 を実行すると以下のような結果が得られます．

4 × 5 の長方形の表示

ソースコード 4.12 を見ていくことにしましょう．4〜12 行目が大きな一つの while 文になります．この while 文の 1 回の本体の実行で 1 行分の「■■■■」と改行コードが表示されるように作られています．そして，その「■■■■」を表示するために while 文（内側の while と呼ぶことにします）が用いられています．このプログラムでは内側の while 文の実行に先立って，5 行目で現在の行に「■」を何個表示したかを表す変数 column に 0 を代入しています．そして，内側の while 文の本体では 7 行目の System.out.print で一つの「■」を表示し，8 行目で column の値を 1 増やすようになっています．繰返し条件を「column < width」とすることで，本体の実行に先立って column がその行で表示すべき■の数を表す width に達していないかどうかのチェックを行うようになっています．

外側の while 文についても考え方はほぼ同様です．すでに表示した行数は変数 line で計数するようになっています．繰返し本体では内側の while 文を用いて必要な数の■を表示した後，10 行目の System.out.println で改行を行い，11 行目で line の値を 1 増やしています．繰返し条件は line < height となっていて，line が表示すべき行数である height に達していないかどうかをチェックするようになっています．

このメソッドのフローチャートを図 4.6 に示します．このように繰返し構造の中に繰返し構造が埋め込まれていることを繰返し構造のネストと呼びます．また，このような二重の繰返し構造を**二重ループ**と呼びます．さらに内側の while 文の本体の部分に繰り返しを記述することによって，三重ループ，四重ループ，... のプログラムを記述することができます．

▶ [ソースコード 4.12 の繰返し条件]
繰返し回数をカウントする変数 column は 0 から始まっているため，繰返し条件を「column < width」とすることで width 個の■を表示しています．

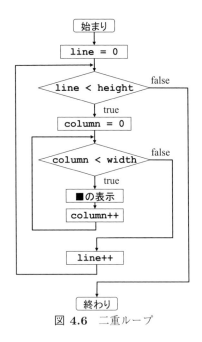

図 4.6 二重ループ

■ do-while 文

while 文では本体の処理に先立って条件判定を行っていました．これとは逆に，まず本体の処理を1回行ってから条件判定をするような繰り返しの記述が望ましい状況も多く存在します．そのような場合のための構文として do-while 文が用意されています．while 文では場合によっては一度も本体の部分が実行されない場合があるのに対し，do-while 文では条件判定の前に本体の実行を行うので，少なくとも1回は本体が実行されることになります．

do-while 文の構文を次に示します．

```
do-while 文の構文
    do 文
    while（条件式）
```

文は繰返し本体の記述です．do-while 文のフローチャートを図 4.7 に示します．「本体の実行→条件判定」が条件式が成立しなくなるまで繰り返して実行されます．

■ for 文

一般的な繰返し処理は while 文あるいは do-while 文で記述すればよいのですが，繰返し回数を意識したプログラムに便利な構文として for 文が

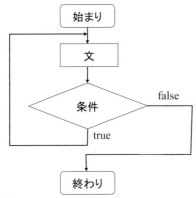

図 4.7 do-while 文のフローチャート

用意されています．

次のプログラムは，「Hello world!」をキーボードから入力した回数だけ表示するプログラムです．

ソースコード 4.14 for 文の例

```
1   import java.util.Scanner;
2
3   public class SeveralHelloWorlds {
4       public static void main(String[] args) {
5           Scanner keyBoardScanner = new Scanner(System.in);
6           System.out.print("繰り返し回数を入力してください: ");
7           int times = keyBoardScanner.nextInt();
8
9           for (int i = 0; i < times; i++) {
10              System.out.println("Hello world!");
11          }
12          keyBoardScanner.close();
13      }
14  }
```

ソースコード 4.14 の実行結果

```
繰り返し回数を入力してください: 5
Hello world!
Hello world!
Hello world!
Hello world!
Hello world!
```

9 行目から 11 行目までの箇所が for 文で，変数 i の値が 0 から始めて，i の値を 1 ずつ増やしながら，i が times より小さい間「Hello world!」の

▶ [カウンタ変数の初期値]
while 文の例として示したソースコード 4.12 でもそうでしたが，カウンタ変数は 0 から始めることが一般的です．

表示を繰り返すものとなっています．このようなプログラムでは変数 i は繰返しの回数をカウントする役割を担っていて，for 文の**カウンタ変数**と呼ばれることが多いので，覚えておくとよいでしょう．

for 文の構文とフローチャートを次に示します．

---
for 文の構文

 for（式 1; 式 2; 式 3）
  文

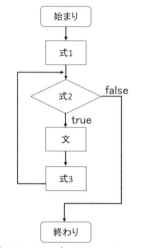

図 4.8 for 文のフローチャート

式 1 は最初に 1 回だけ実行される初期設定のための式です．式 2 は繰返し条件です．式 3 は 1 回の繰返し本体の実行が行われた後に，繰返し条件の判定の前に実行される式です．式 1 は初期化式，式 2 は条件式，式 3 は更新式と呼ばれることがあります．

文は while 文と同様に繰返し本体での処理を記述したものです．

以上を整理すると，最初に式 1 が実行された後，「式 2 の判定→文の実行→式 3 の実行」が繰り返されるわけです．

上記が for 文の一般的な定義になるのですが，for（式 1; 式 2; 式 3）」の部分にあまり複雑な式を記述しないほうがよいと思われます．実際的には，for 文はソースコード 4.14 に示したような int 型のカウンタ変数を使用して，カウンタ変数を 1 ずつ増やしながら繰り返し実行するような場合に限定して用いるのが普通です．そのような場合の for 文の典型的な書式を次に示します．

```
カウンタ変数を用いた for 文の典型的な書式
    for (int カウンタ変数 = 初期値; カウンタ変数 < 最終値+1; カウンタ変数++)
        文
```

文が複数に渡るときは「{」と「}」で囲み，ブロックとして記述します．カウンタ変数の型宣言を for の内側に記述していますので，宣言したカウンタ変数のスコープは当該の for 文内部のみとなります．カウンタ変数は用途と有効範囲が制限されているため，他の変数と混同することがないことから i, j という短い名前が用いられる場合が一般的です．

▶ [変数のスコープ]
変数のスコープについてまだ十分に理解できていない場合は，34 ページの 3.2.8 節を読み返してください．

図 4.8 のフローチャートを見ればわかるように，一般に for 文は while 文を使った以下のような構文に書き換えることができます．

```
for 文と等価な while 文
    式 1;
    while (式 2) {
        文
        式 3;
    }
```

4.6.4 処理の流れからの脱出

これまでみてきた繰り返しでは，while 文と for 文では繰返し本体の実行に先立って，繰り返しを終了するかどうかの条件判定を行い，do-while 文では本体の実行の終了時に条件判定を行っていました．どちらの場合もいったん本体の実行を開始してしまえば，本体の最後まで実行するという形になっています．しかし，繰返し本体の実行の途中で繰り返しから抜ける判定をするとプログラムが簡明に書ける場合もあります．あるいは，本体の実行の途中でその回の本体の実行を終了し，次の回に進むように記述したい場合もあります．Java 言語ではそのような場合に対応するために break 文と continue 文が用意されています．

■ break 文

break 文は，実行中の while 文，do-while 文，for 文，switch 文を終了し，次の文へと進む働きを持っています．すでに switch 文での使用法は 4.6.2 節でみていますので，以下では繰返し文における break 文の使用法についてみることにしましょう．

ソースコード 4.15 は，ソースコード 4.11 を拡張したもので，キーボードから正の整数を入力させるプログラムです．

ソースコード 4.15 break 文の例

```java
1   import java.util.Scanner;
2
3   public class InputPositiveInteger {
4     public static void main(String[] args) {
5       Scanner keyBoardScanner = new Scanner(System.in);
6       System.out.print("正整数を入力してください: ");
7       int input;
8       while (true) {
9         if (keyBoardScanner.hasNextInt()) {
10          input = keyBoardScanner.nextInt();
11          if (input > 0) {
12            break;
13          } else {
14            System.out.printf("%d は正ではありません. \n", input);
15          }
16        } else {
17           keyBoardScanner.next();
18        }
19        System.out.print("正整数を入力してください: ");
20      }
21      System.out.printf("入力された正整数は %d です. \n", input);
22      keyBoardScanner.close();
23    }
24  }
```

```
― ソースコード 4.15 の実行結果 ―

正整数を入力してください: PositiveInteger
正整数を入力してください: 0
0 は正ではありません.
正整数を入力してください: -7
-7 は正ではありません.
正整数を入力してください: 8
入力された正整数は 8 です.
```

このプログラムでは，8〜20 行目が一つの while 文になっています．この while 文の条件の部分は少し特殊で true と記述されています．ここだけをみると while 文を無限に繰り返して実行することを記述しているようにみえます．

しかし，このプログラムでは 11〜15 行目の if 文中に break 文を記述して，繰り返しからの脱出する条件を指定しているのです．

このプログラムの意図しているところは，キーボードから正の整数が入力されるまで何回も入力を繰り返させるというものです．このために Scanner クラスのメソッドとして，整数が入力されたかどうかを調べる

▶ [条件式に true と記述する意味]
　while 文は繰り返しのたびに条件式を評価し，true であれば繰り返しを続けます．条件式として論理値リテラル true を記述すると，そのままでは無限ループになるため，ソースコード 4.15 に示すように，適切に break 文を記述する必要があります．

hasNextInt メソッドと同じような，正整数が入力されたかどうかを調べる hasNextPositiveInt メソッドなどというものがあればプログラム例 4.11 と同様のプログラムを書けばよいのですが，残念ながらそのようなものは用意されていません．そこでこのプログラムでは，まず 9 行目で一つ目の条件として hasNextInt メソッドを用いて整数が入力されているかどうかを判定しています．そして，入力が整数である場合には，10 行目で変数 input に入力された整数を代入し，11 行目で二つ目の条件として，それが正であるかどうかを判定して，正である場合には 12 行目の break によって 8～20 行目の while 文から抜けることを指定しているのです．このように break 文を使うことによって，繰返し本体の実行の途中での繰返しからの脱出を簡明に記述することができるわけです．

■ 二重ループ中の break 文

break 文は，実行中の while 文などの実行を終了し，次の文へと進む働きを持つということなのですが，while 文中に while 文が記述されている二重ループのようなネストした繰返し文の中に記述されている場合が少し問題となります．そのような場合については一番内側の while 文を終了することに決まっています．

■ while 文中の switch 文

同様に while 文中に switch 文が記述されている場合に，switch 文中に記した break 文を実行したときにも，その switch 文を終了するだけで，while 文を終了するわけではありません．たとえばソースコード 4.15 の 11 行目から 15 行目を

```
─ 期待通りに動作しない break 文 ─
    switch (input) {
    case 0:
        System.out.printf("%d は 0 です. \n", input);
        break;
    default:
        if (input > 0) {
            break;
        } else {
            System.out.printf("%d は負です. \n", input);
        }
        break;
    }
```

と書き換えたとすると，input > 0 が真である場合に実行される break 文では，switch 文を終了するだけで，while 文を終了させるわけでないので，このプログラムは無限ループしてしまうことになります．

■ ラベルを持つ break 文

break 文でネストの外側の文を終了させるためにはラベルを用いる方法があります．次のプログラムは，上記の while 文中に埋め込んだ switch 文内の break 文によって while 文を終了させるためにラベルを用いた例になっています．

ソースコード 4.16 ラベルを持つ break 文の例

```java
import java.util.Scanner;

public class InputPositiveIntegerWithLabel {
    public static void main(String[] args) {
        Scanner keyBoardScanner = new Scanner(System.in);
        System.out.print("正整数を入力してください: ");
        int input;
        loop: while (true) {
            if (keyBoardScanner.hasNextInt()) {
                input = keyBoardScanner.nextInt();
                switch (input) {
                  case 0:
                    System.out.printf("%d は 0 です．\n", input);
                    break;
                  default:
                    if (input > 0) {
                        break loop;
                    } else {
                        System.out.printf("%d は負です．\n", input);
                    }
                    break;
                }
            } else {
                keyBoardScanner.next();
            }
            System.out.print("正整数を入力してください: ");
        }
        System.out.printf("入力された正整数は %d です．\n", input);
        keyBoardScanner.close();
    }
}
```

8 行目の while 文の書き出しのところに loop: と記述してやることで，その while 文に loop というラベル（名前）を与えています．そして 17 行目の break 文に loop というラベルを付加することで，loop というラベルを付加した文（この場合 while 文）を終了することを指定しているのです．

■ continue 文

continue 文は，実行中の while 文, do-while 文, for 文の繰返し本体中に記述し，その後の繰返し本体の処理をとばして，条件の判定へと進む働きを持っています．for 文中に記述された continue 文を例にその使用法についてみてみます．

ソースコード 4.17 continue 文の例

```
1  public class Continue {
2      public static void main(String[] args) {
3          for (int i = 0; i < 10; i++) {
4              if (i % 2 == 0) continue;
5              System.out.println(i + "は奇数です");
6          }
7      }
8  }
```

▶ [ソースコード 4.17 の補足]
4 行目の continue 文を break 文に変えてみると，continue 文の働きが分かりやすいかと思います．

```
─ ソースコード 4.17 の実行結果 ─
1 は奇数です
3 は奇数です
5 は奇数です
7 は奇数です
9 は奇数です
```

ソースコード 4.17 の 4 行目の if 文中に continue 文が記述されています．この if 文によって i % 2 == 0 が true すなわち i が偶数であるとき，その後の本体部分の処理はスキップされ繰返し条件の判定へと進みます．ただし，この continue 文は for 文中に記述されているものですので，繰返し条件の判定に先立って，更新式 i++ が実行されます．

ネストしたループ中に記述された continue 文は，break 文の場合と同様に，一番内側のループに対して作用します．外側のループに対して作用させたいときには，やはり break 文と同様にラベルを用いて記述します．

4.7 文字列処理

Java 言語では，文字列を処理するために String というクラスが用意されており，文字列は String クラスのオブジェクトとして扱われます．ただし他のクラスのオブジェクトと違い，プログラムのなかで new を記述し明示的にオブジェクト生成する必要はなく，ソースコード 4.18 に示すように，基本型と同じように簡単に扱うことができます．

ソースコード 4.18 文字列の生成と表示の例

```
1  public class PrintString1 {
2      public static void main(String[] args) {
3          String word;
4          word = "文字列処理";
5          System.out.println(word);
6      }
7  }
```

― ソースコード 4.18 の実行結果 ―
文字列処理

このプログラムではまず，3 行目で String 型変数を宣言し，4 行目では，"文字列処理" という文字列リテラルを変数 word に代入しています．これにより，"文字列処理" という情報を持つ String クラスのオブジェクトが生成され，変数 word で参照されます．

String 型変数への文字列の代入は，次のソースコード 4.19 のように変数宣言と同時に行うこともできます．

ソースコード 4.19 文字列の生成と表示の例 2

```
1  public class PrintString2 {
2      public static void main(String[] args) {
3          String word = "文字列処理";
4          System.out.println(word);
5      }
6  }
```

すでに述べたように，Java 言語には文字列を操作するメソッドが豊富に用意されています．以降の節ではそれらのメソッドのうちよく利用されるものを取り上げ，基本的な文字列処理の方法を学習します．

4.7.1 文字列の結合（+ と +=）

これまでいくつかの例でみてきたように，Java 言語では演算子「+」を用いて文字列を結合することができます．たとえば，以下のようにします．

― 文字列結合の例 ―
```
String sentence = "Java の文字列結合は" + "簡単";
```

それ以外に，次のプログラムで例示するように，代入演算子「+=」を用いて，変数が参照しているオブジェクトに次々と文字列を追加していくこともできます．

ソースコード 4.20 文字列の結合の例

```
1  public class ConcatenationOfStrings {
2      public static void main(String[] args) {
3          String sentence;
4          sentence = "Javaの";
5          sentence += "文字列結合は";
6          sentence += "簡単";
7          System.out.println(sentence);
8      }
9  }
```

4行目では，String型変数 sentence に，文字列 "Javaの" が初期値として代入されています．

この変数 sentence に対して，5行目で文字列 "文字列結合は" を結合します．すると変数 sentence に格納されている文字列は "Javaの文字列結合は" となります．この sentence に対して同様に文字列 "簡単" を += 演算子で結合することにより，次のような実行結果が得られます．

ソースコード 4.20 の実行結果

Javaの文字列結合は簡単

4.7.2 String クラスの主なメソッド

String クラスの主なメソッドを表 4.8 に示します．これら以外にもさまざまなメソッドが存在します．すべてのメソッドに関する詳しい情報は，String クラスの API 仕様を参考にしてください．

▶［split メソッドの説明］
split メソッドの説明は 116 ページの「文字列の分割」で詳しく行います．

4.7.3 文字の取りだし（charAt メソッド）

文字列の中から，指定された場所にある文字を取り出す方法をみてみましょう．

表 4.8 String クラスの主なメソッド

メソッド名	説明
charAt(int i)	文字列の i 番目にある文字を取り出します
equals(比較文字列)	文字列が比較文字列と一致すれば true，そうでなければ false を返します
indexOf(String str)	str が文字列の何文字目から始まるかを非負の整数で返します str が文字列に含まれないときは −1 を返します
length()	文字列の長さを返します
split(String regex)	文字列を指定された正規表現 regex で分割します
substring(int i)	i 番目から最後までの部分文字列を返します

ソースコード 4.21 文字の取り出しの例

```
1  public class GetCharacterFromString {
2    public static void main(String[] args) {
3      String sentence = "文字の取りだしは簡単";
4      System.out.printf("文字列 \"%s\" の最初の文字は「%c」, 3 文字目は「%c」\n",
                          sentence, sentence.charAt(0), sentence.charAt(2));
5    }
6  }
```

---- ソースコード 4.21 の実行結果 ----

文字列 "文字の取りだしは簡単" の最初の文字は「文」, 3 文字目は「の」

ある文字列中で前から index 番目にある文字を取り出すには，以下のように charAt メソッドを利用します．

▶ [charAt メソッドの補足]
文字列 1 は文字列リテラルまたは String 型変数です．

charAt メソッドの使用法

文字列 1.charAt(index)

ただし index は 0 から始まることに注意してください．3 行目で宣言した文字列の先頭文字と 3 文字目を，4 行目で表示しています．先頭は 0 番目ですので，3 文字目を取り出すために charAt(2) としています．

4.7.4 文字列の比較（equals メソッド）

二つの文字列を比較するには equals メソッドを用います．文字列 1 が文字列 2 と等しいかどうかを判定するには，以下のように記述します．

▶ [equals メソッドの補足]
文字列 1, 文字列 2 は文字列リテラルまたは String 型変数です．

equals メソッドの使用法

文字列 1.equals(文字列 2)

ソースコード 4.22 文字列の比較の例

```java
1   import java.util.Scanner;
2
3   public class ComparisonOfStrings1 {
4       public static void main(String[] args) {
5           Scanner keyBoardScanner = new Scanner(System.in);
6           String word1, word2;
7
8           System.out.print("文字列を入力してください: ");
9           word1 = keyBoardScanner.next();
10          System.out.print("文字列を入力してください: ");
11          word2 = keyBoardScanner.next();
12
13          if (word1.equals(word2)) {
14              System.out.printf("%s と %s は等しい\n", word1, word2);
15          } else {
16              System.out.printf("%s と %s は等しくない\n", word1, word2);
17          }
18          keyBoardScanner.close();
19      }
20  }
```

このプログラムを実行し，いずれも"Java"という文字列をキーボードから入力すると以下のような結果になります．

```
─ ソースコード 4.22 の実行結果 ─────────
    文字列を入力してください: Java
    文字列を入力してください: Java
    Java と Java は等しい
```

では，文字列の比較に比較演算子「==」は使えないのでしょうか？ソースコード 4.22 の 13 行目を以下のように変更してみましょう．

```
─ 誤った文字列の比較 ─────────
    13'    if (word1 == word2) { // 2 つの文字列の比較のつもり
```

先ほどと同様に実行すると，以下の実行結果となります．

```
─ 文字列を == で比較した実行結果 ─────────
    文字列を入力してください: Java
    文字列を入力してください: Java
    Java と Java は等しくない
```

▶ [ソースコード 4.22 の補足] ソースコード 4.22, 13 行目の if 文の条件式 word1.equals(word2) では，word1 という変数で参照される String クラスのオブジェクトに対して，equals メソッドを呼び出し，引数で与えた word2 で参照される文字列と等しいかチェックしています．

▶ [比較演算子を用いた文字列の比較]
たとえば
```
String a = "Java";
String b = "Java";
if (a==b)
```
とした場合，Java 言語ではメモリ上に同一の文字列が存在していれば，新規に文字列を生成せずに，すでに存在する文字列を参照します (new キーワードを用いた場合は新規に生成されます). そのため，上記の例では a と b は同一の文字列オブジェクトを参照することになるため，一見すると，うまくいくようにみえます. しかし，比較演算子「==」はあくまでも「a, b が同じオブジェクトを参照しているか」を判定するだけで，「a, b が参照しているオブジェクトの保持するデータが同じか」を判定するわけではないので，ソースコード 4.22 の例では期待した通りには動きません. 文字列比較には決して使わないようにしてください.

なぜこのような結果になるのでしょうか？ すでに述べたように，文字列は String クラスのオブジェクトですので，6 行目で宣言されている word1 と word2 はそれぞれ参照型変数です. 参照型変数を==演算子を用いて比較する場合，変数が参照しているオブジェクトの中身の比較ではなく，参照先が同一かどうかの比較がなされます. ソースコード 4.22 に示す例の場合，word1 と word2 はそれぞれ別のオブジェクトとなる（参照先が異なる）ため，上記の結果となりました.

int 型などの基本データ型の場合と異なり，参照型変数の比較に比較演算子を用いると発見しにくい誤りの原因となりますので注意してください.

4.7.5 文字列検索（indexOf メソッド）

文字列の検索には，indexOf メソッドを使用します. 一般に，文字列 1 の何文字目に文字列 2 が現れるかを調べるには，以下のように記述します.

> indexOf メソッドの使用法
>
>   文字列 1.indexOf(文字列 2)

もし文字列 1 の中に文字列 2 が現れる場合は，文字列 2 が文字列 1 の何文字目から始まっているのかを非負の整数で返し，現れない場合は -1 を返します.

ソースコード 4.23 は，キーボードから 2 つの文字列を入力させ，2 つ目の文字列が初めの文字列の一部になっているかどうかを確かめるものです.

ソースコード 4.23 文字列検索の例

```
 1  import java.util.Scanner;
 2
 3  public class StringSearch {
 4    public static void main(String[] args) {
 5      Scanner keyBoardScanner = new Scanner(System.in);
 6      int position;
 7      String word1, word2;
 8
 9      System.out.print("文字列を入力してください: ");
10      word1 = keyBoardScanner.next();
11      System.out.print("文字列を入力してください: ");
12      word2 = keyBoardScanner.next();
13
14      if ((position = word1.indexOf(word2)) >= 0) {
15        System.out.printf("%s の %d 文字目に %s が現れる",
                            word1, ++position, word2);
16      } else {
17        System.out.printf("%s は %s に現れない", word2, word1);
18      }
19      keyBoardScanner.close();
20    }
21  }
```

キーボードから "LessonOfJavaProgramming" と "Java" を入力した場合の結果を実行例 1 に，"LessonOfJavaProgramming" と "Python" と入力した場合の結果を実行例 2 に示します．

```
─ 実行例 1 ─────────────────────────────
    文字列を入力してください: LessonOfJavaProgramming
    文字列を入力してください: Java
    LessonOfJavaProgramming の 9 文字目に Java が現れる
```

```
─ 実行例 2 ─────────────────────────────
    文字列を入力してください: LessonOfJavaProgramming
    文字列を入力してください: Python
    Python は LessonOfJavaProgramming に現れない
```

このプログラムでは文字列 word2 が文字列 word1 の一部になってるかどうかを，14 行目で以下のようにして判定しています．

   `word1.indexOf(word2)`

また，int 型変数 position を宣言し，14 行目で以下のようにして indexOf の戻り値を受け取っています．

   `position = word1.indexOf(word2)`

ただし先頭文字の位置を 0 とするので，15 行目では直観にあった結果表示になるよう，++position としています．

ところで，14 行目の「position = word1.indexOf(word2)」という式では，単に変数 position に値を代入するだけでなく，この式自体も代入された値と同じ値を持ちます．したがってこの式自身が，以下のように条件判定に利用できるのです．

  14 `if ((position = word1.indexOf(word2)) >= 0)`

これは，以下の文と同じ意味を持っており，

   `position = word1.indexOf(word2);`
   `if (position >= 0)`

しかも一行で簡潔に書けるので，Java 言語や他の言語でも多用される手法です．

4.7.6 文字列の長さ（length メソッド）

文字列の長さ，つまりその文字列がいくつの文字からできているかを調べるには，length メソッドを用います．

ソースコード 4.24 length メソッドの使用例

```java
 1  import java.util.Scanner;
 2
 3  public class LengthOfString {
 4      public static void main(String[] args) {
 5          Scanner keyBoardScanner = new Scanner(System.in);
 6
 7          System.out.print("文字列を入力してください: ");
 8          String word = keyBoardScanner.next();
 9
10          System.out.printf("%s の長さは %d です\n", word, word.length());
11          keyBoardScanner.close();
12      }
13  }
```

▶ [length() メソッド]
5.2.1 項で詳しく説明しますが，配列 even の長さを得る場合は，even.length と記述します．この場合の length はメソッドではなく，even という配列（オブジェクト）のフィールドです．一方，文字列の長さを得るときに用いる length() は，String クラスで定義されているメソッドです．

キーボードから「豊臣秀吉」と入力した場合の実行例は以下の通りです．

ソースコード 4.24 の実行例
```
文字列を入力してください: 豊臣秀吉
豊臣秀吉 の長さは 4 です
```

文字列 word の長さを得るには，10 行目にあるように word.length() と記述します．

[4章のまとめ]

この章では，式の記述や演算子の用い方，基本的な入出力方法，複雑な処理をさせるための条件分岐やある程度決まった手順を反復実行する際に使用する繰返し処理を学びました．また，文字列を処理するための String クラスについても学びました．

1. 画面へ出力する方法やキーボードからの入力を受け取る方法について学びました．
2. 式の記述方法や，演算子について学びました．
3. 複雑な処理をするための「条件分岐」と「繰返し」について学びました．
4. String クラスやそのメソッドについて学びました．

4章　演習問題

[演習 1]

2次方程式 $ax^2 + bx + c = 0$ に対して

$$D = b^2 - 4ac$$

を判別式と呼びます．整数 a, b, c をキーボードから入力させて，その方程式の判別式の値を表示する `main` メソッドのみからなるクラス `Discriminant` を作成してみましょう．

[演習 2]　2次方程式 $ax^2 + bx + c = 0$ の解は

$$x = \frac{-b \pm \sqrt{b^2 - 4ac}}{2a}$$

により求めることができます．整数 a, b, c をキーボードから入力させて，その方程式の解2つを表示する `main` メソッドのみからなるクラス `SolveQE` を作成してみましょう．とりあえず，実数解が存在しない場合については考慮する必要はありませんし，重解を持つ場合は同じ解を2回表示するので構いません．

平方根の計算には `Math.sqrt` メソッドを利用すればよいでしょう．

[演習 3]

`SolveQE` を，2次方程式の実数解が存在しない（判別式の値が負）場合はその旨を表示し，重解を持つ（判別式の値が0）場合にはその解を1回だけ表示するように書き直してみましょう．

[演習 4]

キーボードから単価，個数（いずれも整数とする）を交互に入力させ，「=」が入力されると，それまでに入力された「単価×個数」の総和を表示するクラス `CashRegister` を作成してみましょう．たとえば，以下のような実行結果が得られるように作りましょう．

```
─ 実行例 ─
10
2
20
3
400
2
=
880
```

[演習 5]

m 個の異なる要素から n 個を選んで並べる順列の数 $_mP_n$，m 個の異なる要素から n 個を選ぶ組合せの数 $_mC_n$ は以下の式によって求めることができます．

$$_mP_n = m \cdot (m-1) \cdot \ldots \cdot (m-n+1),$$
$$_mC_n = \frac{m \cdot (m-1) \cdot \ldots \cdot (m-n+1)}{n \cdot (n-1) \cdot \ldots \cdot 2 \cdot 1}$$

2 つの整数をキーボードから入力させて，順列，組合せの数を求めて表示するクラス Permutation,
Combination を作成してみましょう．

[演習 6]

自然対数の底 e は，Taylor 展開あるいは Maclaurin 展開と呼ばれる以下の近似式で表すことができます

$$e = 1 + 1 + \frac{1}{2} + \frac{1}{2 \cdot 3} + \ldots + \frac{1}{2 \cdot 3 \cdot \ldots \cdot k} + \ldots$$

この近似式に基づいて（展開式を適当なところで打ち切って），e の値を求めるクラス FindE を作成してみましょう．なお，$e = 2.718281828459\ldots$ です．

[演習 7]

キーボードから文字列 2 つを入力させ，1 つめの文字列の最後の文字と，2 つめの文字列の最初の文字が等しいかどうか（しりとりが成立しているかどうか）判定するクラス ShiritoriJudge を作成してみましょう．たとえば，以下のような実行結果が得られるように作りましょう．

```
─ 実行例その 1 ─────────
  1 つめの文字列を入力してください： たぬき
  2 つめの文字列を入力してください： きつね
  たぬきの最終文字ときつねの最初の文字は等しい
```

```
─ 実行例その 2 ─────────
  1 つめの文字列を入力してください： たぬき
  2 つめの文字列を入力してください： くま
  たぬきの最終文字とくまの最初の文字は等しくない
```

[演習 8]

ソースコード 4.12 の show メソッドを，以下のような表示がなされるように書き換えてみましょう．

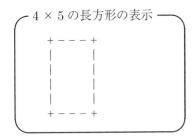

[演習 9]

2 次関数 $ax^2 + bx + c$ に関する以下の仕様を満たすクラス QuadraticFunction を作成してみましょう．

フィールド 2 次関数の 3 つの係数を保持する double 型のフィールド 3 つ
コンストラクタ 引数で 3 つの係数を受け取り，フィールドに代入する．

メソッド

- **double valueOf(double x)** 引数で与えられた値に対する関数値を返す
- **double maxValue(int from, int until)** `valueOf(from), valueOf(from+1),…, valueOf(until)` の中で最大の値を返す
- **double minValue(int from, int until)** `valueOf(from), valueOf(from+1),…, valueOf(until)` の中で最小の値を返す

クラスが作成できたら，意図どおりの動作をすることを確認するための main メソッドを作成して，実行してみましょう．

5章　さまざまなデータ構造

[ねらい]

　プログラムを作成していると，多くのデータを取り扱う必要が生じる場合があり，同じ型のデータがいくつか組になってひとまとまりのデータとみなして，それらをまとめて一つの名前をつけた方が都合のよい場合があります．数列やベクトル，行列，集合はその典型と言っていいでしょう．

　ほとんどのプログラミング言語では，ひとまとまりのデータを扱うための手段が提供されています．この章では，データをまとめて取り扱うデータ構造として，配列，ArrayList，Hashmapを学びます．

[この章の項目]

- 配列の生成，配列要素の参照とその値の変更の方法について学びます．
- 配列の持っているフィールドやメソッドなどについて学ぶとともに，配列を使用するうえで注意すべきことについても学びます．
- ArrayListやHashMapの生成や，そこに格納されたデータを効率よく取り出す方法について学びます．

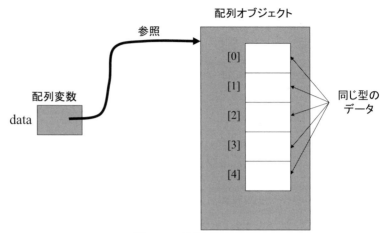

図 5.1 配列と配列変数

5.1 配列

配列 (array) とは，同じ型のデータを一まとまりのデータとみなし，個々のデータは添字を用いて区別するものです．

添字を使った表現は数学でも普通に用いられており，ベクトル **v** 中の個々の要素を v_1 や v_2，行列 M 中の個々の要素を $m_{2,3}$ といった形で表したりします．配列を用いることで，ベクトルや行列など一つのまとまりとして取り扱いたいデータを，プログラム中でうまく表現することができます．

整理すると，配列というのは以下のようなものです．

- 同じ型のデータの集まりからなるオブジェクトである．
- いったん配列オブジェクトが作成されると，その配列の大きさを変更することはできない．

また，5.2 節で詳しくみるように配列はオブジェクトですので，図 5.1 に示すように配列を参照型変数（図 5.1 では data）で参照することができます．配列は複数の要素を含んでいますので，配列中の個別の要素を指定するために **添字** (index) を用います．添字には 0 から始まる非負整数を用い，変数名のあとに「[」と「]」」でくくって記述します．

たとえば大きさ 5 の配列変数 data で参照されている配列の個々の要素は data[0], data[1], data[2], data[3], data[4] という形で参照することができます．

▶ ［添字］
添字が 0 から始まることに最初はとまどうかもしれません．0 から始まるほうが色々と都合がよいためです．とりあえずは慣れるしかありません．

5.1.1 配列の基本的な使用方法

ソースコード 5.1 は配列の基本的な使用方法を表すものとなっています．

ソースコード 5.1 配列の基本的な使用法

```java
1  public class ArrayOfEvenNumbers {
2    public static void main(String[] args) {
3      int[] even;
4      even = new int[4];
5
6      even[0] = 0;
7      even[1] = 2;
8      even[2] = 4;
9      even[3] = 6;
10
11     System.out.print("4番目までの偶数: ");
12     for (int i = 0; i < 4; i++ ) {
13       System.out.printf("%4d", even[i]);
14     }
15     System.out.println();
16   }
17 }
```

▶ [ソースコード 5.1 の補足]
ソースコード 5.1 のクラス名，プログラム中の変数で用いられている even は偶数を表す英単語です．

―― ソースコード 5.1 の実行結果 ――
4番目までの偶数: 　 0 　 2 　 4 　 6

このプログラムを例に配列の使用方法をみていくことにします．

まず，3 行目で配列変数の宣言を行っています．配列変数の宣言は一般に以下の形で行います．

― 配列変数の宣言 ―
　　型名 [] 　配列変数名;

▶ [配列を用いない場合]
ソースコード 5.1 で，配列を用いずに
int even0 = 0;
int even1 = 2;
int even2 = 4;
int even3 = 6;
と個別の変数を宣言したとします．この場合，名前だけを見ると関連がありそうにみえますが，プログラム中では全く別の変数として取り扱われるため，ソースコード 5.1 の 12 行目のように for 文を用いた表示ができないなどさまざまな不便さが生じます．

型は基本データ型，参照型（クラス名を指定）の両方が使えます．

4 行目では配列の生成を行っています．さきほど述べたように配列はオブジェクトですので，キーワード new を使って生成します．基本的な配列の生成方法は以下の通りです．

― 配列の生成 ―
　　new 型名 [要素数];

「要素数」の部分は配列のサイズを指定するもので非負の整数値を持つ任意の式が記述できます．負の値を指定すると，以下のような実行時エラー（例外）が発生してしまいます．

▶ [例外]
詳しくは 10.2 節で説明しますが，不適切なプログラム記述があると例外 (exception) が発生します．

配列生成時のエラーメッセージ

```
Exception in thread "main" java.lang.NegativeArraySizeException
  at ArrayIntroduction.main(PPP.java:NNN)
```

エラーメッセージ中のPPP，NNNの部分はそれぞれ，エラーの発生したクラス名と行の番号が表示されます．

6〜9行目では配列要素を変数のように扱って，値の代入を行っています．また，12〜14行目では，各配列要素を84ページで説明したfor文を用いて参照・画面表示しています．13行目では，配列の添字にfor文のカウンタ変数iを用いてeven[i]と表記しています．これにより，i=0のときはeven[0]，i=1の時はeven[1]といった流れで，各配列要素を順に参照することができます．

配列変数の宣言と配列の生成はまとめて記述することができます．たとえばソースコード5.1の3行目と4行目をまとめて

    3'   int[] even = new int[4];

と書くことができます．

さらに，ソースコード5.1の3〜9行目で行っている配列変数の宣言，配列の生成，配列要素への初期値の設定を全部まとめて

    3''   int[] even = {0, 2, 4, 6};

と書く方法もあります．このような書き方の一般的な書式は以下のようになります．

初期値を指定した配列の生成

　　型名[] 配列変数名 = {初期値0, 初期値1, ..., 初期値(n-1) } ;

型名で指定した型の，要素数 n の配列が生成され，変数名[0], ..., 変数名[n-1]にそれぞれ初期値0, ..., 初期値(n-1)が初期値として与えられます．ここで初期値0, ..., 初期値(n-1)は型名で指定した型を持つ式でなければなりません．数値を直接記述するのではなく，0, 2, 4, 6という値を持つ変数，even0, ..., even3を用いて

    3''' int[] even = {even0, even1, even2, even3};

と書いても結果は同じです．

5.1.2 配列の特性を活用した例

ソースコード 5.1 は配列の基本的な利用方法を例示するものとなっていますが，配列の特性を十分活用したものとはなっていません．ここでは配列の特性を活用した標準的な例をみることにします．ソースコード 5.2 は奇数（英語で odd）を扱うプログラムになっています．このプログラムはソースコード 5.1 と比べると，作成する配列の要素数を実行時にキーボードから入力させる点が異なっています．

ソースコード 5.2 for 文を用いた配列の例

```
1   import java.util.Scanner;
2
3   public class ArrayOfOddNumbers {
4       public static void main(String[] args) {
5           int[] odd;
6           Scanner keyBoardScanner = new Scanner(System.in);
7           System.out.print("配列サイズを入力してください: ");
8           int size = keyBoardScanner.nextInt();
9           odd = new int[size];
10          for (int i = 0; i < size; i++) {
11              odd[i] = i * 2 + 1;
12          }
13
14          System.out.printf("%d 番目までの奇数: ", size);
15          for (int i = 0; i < size; i++) {
16              System.out.printf("%4d", odd[i]);
17          }
18          System.out.println();
19          keyBoardScanner.close();
20      }
21  }
```

─── ソースコード 5.2 の実行結果 ───
配列サイズを入力してください: 8
8 番目までの奇数: 1   3   5   7   9 11 13 15

それではプログラムをみていくことにしましょう．

5〜9 行目ではキーボード入力で指定した要素数の配列を生成しています．配列生成の記述では，「要素数」の部分には任意の式が記述できますので，入力された数値を 7 行目でいったん変数 size に収容しておき，9 行目の配列生成のところで size という式によって配列の要素数を指定しているわけです．ですから

```
9'      odd = new int[size*2];
```

というような書き方も可能です．ただし，「要素数」のところに記述した式の値が負になった場合，このプログラムでいうとキーボードから負の値が入力された場合，実行時エラーが発生するので注意が必要です．

10～12 行目は for 文と配列の特性を活用して，繰り返しを用いて配列要素への値の代入を行っています．配列の全要素に対して何か処理をしようとする場合には，このような形で for 文を使うのが常套手段ですので，この後の説明をよく理解して使用法を身に付けるようにしましょう．同様に 15～17 行目でも for 文を用いて配列の全要素の表示を行っています．

ソースコード 5.1 でもみたように，プログラム中で配列要素を参照するときには添字として任意の整数型の式を書くことができます．そして，実行時にその時点での式の値に従って配列要素が参照されます．すなわち，10～12 行目の for 文の繰り返しの 1 回目 (i=0) では odd[0] に i * 2 + 1 の値（この場合は 1）が代入され，その後順次 odd[1], odd[2], odd[3] に i * 2 + 1 の値（3, 5, 7 と変わっていく）が代入されます．ただし，配列要素の参照の際に，添字として記述した式の値が負や配列の大きさ以上の値になってしまうと以下のような実行時例外（エラー）が発生するので注意が必要です．

配列の範囲を超えた参照に対するエラーメッセージ
```
Exception in thread "main" java.lang.ArrayIndexOutOfBoundsException: NNN
    at ArrayIntroduction.main(ArrayIntroduction.java:MMM)
```

▶ [OutOfBounds]
OutOfBounds というのは境界の外という意味で，ゴルフでよく耳にする OB という言葉はそのイニシャルをとったものです．

エラーメッセージ中の NNN，MMM の部分はそのときの添字の式の値とプログラムの行の番号の具体的な値が表示されます．

このような「不正」な配列要素の参照を犯さないためにも，10～12 行目，15～17 行目のように for 文を用いて「0 番目から始めて配列のサイズぶんだけの要素を処理する」ようなプログラムの書き方がよく用いられます．

5.2 オブジェクトとしての配列

前節で配列とはどのようなものか，どのように使うのかについて直観的な理解はほぼ得られたと思います．すでに説明した通り配列はオブジェクトです．以下では配列のオブジェクトとしての側面から生じるいくつかの特徴な点について学ぶことにします．

▶ [length フィールド]
4.7.6 項で説明したように，文字列の長さを得るときに用いる length() は，String クラスで定義されているメソッドです．一方，配列 even の長さを得る場合は，even.length と記述します．この場合の length はメソッドではなく，even という配列（オブジェクト）のフィールドです．これら二つの length は，名前が同じで使われ方が似ているので混乱しやすいのですが，性質は全く異なるものなので，しっかりと使い分けるようにしてください．

5.2.1 length フィールド

配列はオブジェクトですので，フィールドを持つことができます．配列のもつフィールドに，その配列の持つ要素数（大きさ）を表す length があります．これを参照することによってプログラムがうまく作れる場合があります．たとえば，プログラム例 5.2 の各 for ループでは

```
10          for (int i = 0; i < size; i++) {
11              odd[i] = i * 2 + 1;
12          }
```

と記述することにより大きさ size の配列 odd の全要素に対して操作を行うための for ループを構成しました．しかし size は変数ですので，配列生成のサイズの指定に用いられた後でその値が変更されていない保証はありません．そのような心配がある場合には，配列の length フィールドの参照を利用して，10 行目を

> **length フィールドを用いた繰返し**
> ```
> 10              for (int i = 0; i < odd.length; i++) {
> ```

上述のように書き換えることができます．このように記述することで，配列 odd の全ての要素に処理を行うことを明示的に表すことができます．

5.2.2 配列変数は参照型変数

配列はオブジェクトなので，配列変数は基本データ型の変数のように直接値を持つのではなく，オブジェクトへの参照を持つだけです．このことを例示するプログラムを以下に示します．

▶ [この章での変数の名前]
この章の残りの部分では配列変数の名前として，あえて「a」，「b」，「c」といった意味の無い単純な名前を使用することにします．これはソースコードが不必要に長くなるのを避けるためであって，皆さんがプログラムを作成する際には，適切な名前を与えるよう心がけてください．

ソースコード 5.3 配列コピーの際の注意点

```
 1  public class ArrayAsObject {
 2      public static void main(String[] args) {
 3          int[] a = new int[10];
 4          int[] b;
 5          for (int i = 0 ; i < a.length; i++) {
 6              a[i] = 2 * i;
 7          }
 8          b = a;
 9          for (int i = 0;  i < b.length; i++) {
10              System.out.printf("%3d", b[i]);
11          }
12          System.out.println();
13          for (int i = 0;  i < a.length; i++) {
14              a[i]++;
15          }
16          for (int i = 0;  i < b.length; i++) {
17              System.out.printf("%3d", b[i]);
18          }
19      }
20  }
```

このプログラムでは，まず 5〜7 行目で a[0], a[1], ..., a[9] に 0, 2, ..., 18 という値を代入しています．そして

```
8            b = a;
```

という処理を行った後，9〜11 行目で b[0], ..., b[9] の値を表示し，次に 13〜15 行目で a[0], ..., a[9] の値を 1 ずつ増やし，16〜18 行目で b[0], ..., b[9] の値を再度表示しようというものです．その実行結果を以下に示します．

```
─ ソースコード 5.3 の実行結果 ─
  0  2  4  6  8 10 12 14 16 18
  1  3  5  7  9 11 13 15 17 19
```

9〜11 行目で表示された b[0], ..., b[9] の値と 16〜18 行目で表示された b[0], ..., b[9] の値が異なっています．13〜15 行目では a[0], ..., a[9] の値を変更したのであって，b[0], ..., b[9] の値を変更したのではないので，「なんでこうなるの？」と思った人もいるかもしれません．

そこで，このプログラムを実行すると何が起こるのかを見てみることにしましょう．図 5.2(1) は 3〜4 行目で変数名の宣言と配列の生成を行った後の状態を示しています．配列変数 a は 3 行目で代入が行われているため，その行で生成した配列を参照していますが，配列変数 b はこの時点では何も参照していません．配列の各要素の値はこの時点ではすべて 0 です．図 5.2(2) は 5〜7 行目の配列の各要素に対する代入が行われた後の状態を示しています．そして，図 5.2(3) は 8 行目の

```
8            b = a;
```

を実行した後の状態で，配列変数 b と配列変数 a が同じ配列を参照するようになったことを表しています．図 5.2(4) は 13〜15 行目で a の参照している配列の各要素の値を 1 ずつ増やした後の状態です．配列変数 b と配列変数 a が同じ配列を参照していますので，b[0], ..., b[9] によって表される値も 1 増えているということになるわけです．参照型変数を使用すると，同じものを複数の名前で参照する場合が生じるので注意が必要なのです．

5.2.3 配列のコピー

ソースコード 5.3 では二つの配列変数が一つの配列を参照するようにした結果，少し奇妙に思えるような実行結果が得られました．作成するプログラムの意図がそのようなものではなく，a で表される配列と同じ値を持つ配列を作成して，それを b という名前で参照しようというのであれば，8 行目を

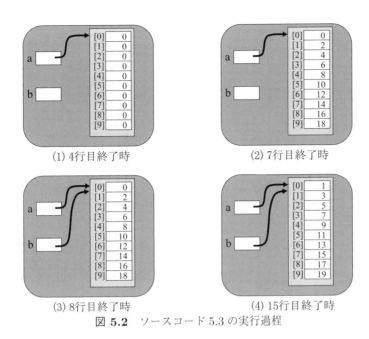

図 5.2 ソースコード 5.3 の実行過程

```
─ 配列のコピーの例 ─────────────
  8'-1        b = new int[a.length];
  8'-2        for (int i = 0; i < a.length; i++)
  8'-3          b[i] = a[i];
```

と書きかえてやればうまくいきます．8'-1 で a と同じ大きさの配列が作成され，8'-2〜3 で値のコピーが行われるわけです．ところで，配列には，そのような操作をするための clone メソッドが用意されています．これを利用して

▶ [clone メソッド]
他の多くのクラス（Cloneable なクラス）で用意されています．

```
─ clone メソッドを用いた配列のコピーの例 ─────
  8''         b = a.clone();
```

と書いてやれば，8'-1〜3 と同じ結果が得られます．clone メソッドは自分自身の複製オブジェクトを新たに生成して，それを戻り値として返すメソッドです．このため，b = a.clone(); で配列変数 b に代入される配列（オブジェクト）は配列変数 a で参照される配列ではなく，その複製となるわけです（図 5.3(1)）．この場合，a[0] で表される配列要素の値を 1 増やしたところで，b[0] で表される配列要素の値は変化しません．

ただし clone メソッドを使ってうまく複製が作成できるのは，複製しようとする配列が基本データ型の場合に限られ，複製しようとする配列が参

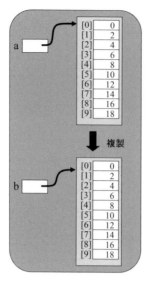 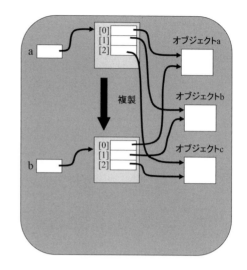

(1) 基本型配列の複製　　　(2) 参照型配列の複製

図 5.3　配列の複製

$$A = \begin{pmatrix} a_{11} & a_{12} & \ldots & a_{1n} \\ a_{21} & a_{22} & \ldots & a_{2n} \\ & & \ldots & \\ a_{m1} & a_{m2} & \ldots & a_{mn} \end{pmatrix}$$

図 5.4　$m \times n$ 行列

照型の配列である場合，図 5.3(2) のようになってしまい，少しややこしい事態が生じてしまうので注意が必要です．この場合 a[0] で参照されるオブジェクトと b[0] で参照されるオブジェクトは同じになってしまいます．

5.3　多次元配列

配列を使えばベクトルや数列，あるいはもっと一般的に同種のデータが 1 次元状にずらっと並んだデータのかたまりをうまく表現できることが理解できたと思います．行列（図 5.4）のように 2 次元状に要素が並んだものについても，行列の各要素は $a_{2,2}$ という形で 2 つの添字を使って表されるのと同じように，Java でも 2 次元状に並んだデータ全体を一つの名前（たとえば matrix）で参照し，その個々のデータは matrix[2][2] というような形で 2 つの添字を書くことで参照できます．

このようなものを **2 次元配列** と呼びます．これは配列の配列と考えればよく，同様に 3 次元配列，4 次元配列，... を考えることができ，これらを総称して **多次元配列** と呼びます．

ソースコード 5.4 で 2 次元配列の例をみることにします．

ソースコード 5.4 2 次元配列の例

```
1  public class Matrix {
2      public static void main(String[] args) {
3          int[][] a = new int[3][4];
4          int[][] b = new int[3][4], c = new int[3][4];
5  
6          for (int i = 0; i < 3; i++) {
7              for (int j = 0; j < 4; j++) {
8                  a[i][j] = i + j;
9                  b[i][j] = 10 - (i * j);
10             }
11         }
12  
13         for (int i = 0; i < 3; i++) {
14             for (int j = 0; j < 4; j++) {
15                 c[i][j] = a[i][j] + b[i][j];
16             }
17         }
18  
19         for (int i = 0; i < 3; i++) {
20             System.out.print("(");
21             for (int j = 0; j < 4; j++) {
22                 System.out.printf("%3d", a[i][j]);
23             }
24             System.out.print(")");
25  
26             if (i == 1) System.out.print(" + ");
27             else
28                 System.out.print("   ");
29  
30             System.out.print("(");
31             for (int j = 0; j < 4; j++) {
32                 System.out.printf("%3d", b[i][j]);
33             }
34             System.out.print(")");
35  
36             if (i == 1) System.out.print(" = ");
37             else System.out.print("   ");
38  
39             System.out.print("(");
40             for (int j = 0; j < 4; j++) {
41                 System.out.printf("%3d", c[i][j]);
42             }
43             System.out.println(")");
44         }
45     }
46 }
```

```
┌─ ソースコード 5.4 の実行結果 ──────────────────┐
│  (  0   1   2   3)      ( 10  10  10  10)     ( 10  11  12  13)  │
│  (  1   2   3   4)  +   ( 10   9   8   7)  =  ( 11  11  11  11)  │
│  (  2   3   4   5)      ( 10   8   6   4)     ( 12  11  10   9)  │
└──────────────────────────────────────────────┘
```

このプログラムでは 6〜11 行目で 2 つの行列 a, b を定義し，13〜17 行目でそれらの和を求めて c に代入し，19 行目以降ではそれらの内容を表示しています．

3 行目で 2 次元配列の変数宣言と生成を行っています．

```
3            int[][] a = new int[3][4];
```

int[][] という書き方によって int の配列の配列（すなわち 2 次元配列）という型を表しています．3 次元配列の場合ならば配列の配列の配列なので，int[][][] によって表すことができます．一般に n 次元配列は [] を n 個書き連ねることで表します．

2 次元配列の生成は new int[3][4] という形で 2 つの次元それぞれの大きさを指定して行います．この場合生成される 2 次元配列は $3 \times 4 = 12$ 個の int 型のデータを含みます．普通の配列の場合と同様に大きさの指定は任意の式で記述することができますが，生成時の値が負の場合には実行時エラーが発生します．

4 行目のように複数の配列の宣言と生成をまとめて書くこともできます．

6 行目以降の部分では 2 重ループが多用されています．2 次元配列中の全データについてなんらかの計算をしようという場合はこのような 2 重ループを構成するのが常套手段です．より外側のループの制御変数にはアルファベット順で先にくる文字を使うのも常套手段になっています．

5.4 配列の応用

5.4.1 コマンドライン引数

今まで解説してきた main メソッドを持つプログラムでは，main メソッドは必ず以下のように記述されていました．

```
public static void main(String[] args)
```

この中の String[] args をみると，これまで学習してきた配列の形をしていることが分かります．args は main メソッドの引数で，**コマンドライン引数**と呼ばれます．プログラム実行時には，以下で示すように任意の文字列を引数として与えることができ，これが，main メソッドの引数として配列 args に格納されます．

ターミナル上で，main メソッドに引数を与えてソースコード 5.4 のプロ

グラムを実行するには次のようにします．

```
main メソッドに引数を与えて実行する方法
    $ java Matrix 引数1 引数2
```

このとき String 型配列 args には以下のように，引数として与えられた文字列が代入されます．

```
args[0] = "引数1"
args[1] = "引数2"
```

このように args を利用すると，プログラムの実行時に，任意の文字列を入力データとして与えることができます．

5.4.2　CSV 形式のデータの取り扱い

事務的な処理を行うプログラムでは，一行がひとまとまりのデータとなっているような入力ファイルを扱うことがあります．たとえば図 5.5 のように，学生の個人データである学籍番号，名前，学年，欠席日数，そして席次がコンマで区切られ一行に書かれたファイルを処理する場合などです．

```
0001,山田太郎,2,3,42
0002,田中一郎,2,6,31
0003,斎藤花子,2,2,4
```

図 5.5　文字列による初期データ

人間が見れば，各行は 5 つのデータからなっている複合的なデータであることがわかりますが，プログラムから見れば各行はそれぞれ一つの文字列であり，このままではその中の各データを有効に使用できません．図 5.5 に示すような，データとデータをカンマで区切って記述するデータフォーマットのことを CSV(comma-separated values) と呼びます．

4.7 節で紹介した String クラスと配列を組み合わせると，文字列を特定の区切り文字（図 5.5 の場合はカンマ「,」）で分割し，配列に格納することができます．文字列を特定の区切り文字で複数の文字列に分割するには，split メソッドを用います．まず簡単な例で，文字列の分割方法を説明します．

▶ [Eclipse でコマンドライン引数を与えて実行する方法]
統合開発環境 (IDE) の一種である Eclipse でコマンドライン引数を与えて実行する方法については本書のサポートページを参照してください．

▶ [CSV]
CSV 形式のファイルは Microsoft Excel をはじめ，多くの表計算ソフトやデータベースソフトでサポートされています．

ソースコード 5.5 split メソッドの使用例

```java
1  import java.util.Scanner;
2
3  public class SplitTest {
4    public static void main(String[] args) {
5      Scanner keyBoardScanner = new Scanner(System.in);
6      System.out.print("コンマで区切られた文字列を入力して下さい: ");
7      String inputString = keyBoardScanner.nextLine();
8
9      String[] token = inputString.split(",");
10     for (String word : token)
11       System.out.println(word);
12     keyBoardScanner.close();
13   }
14 }
```

ソースコード 5.5 の実行例

```
コンマで区切られた文字列を入力して下さい: 0001,yamada,2,3,42
0001
yamada
2
3
42
```

▶ [正規表現]
　正規表現 (regular expression) は，文字 (a～z など) とメタキャラクタと呼ばれる特殊文字 ($や*など) を用い，複数の異なる文字列の集合を1つの文字列で表現するためのものです．たとえば正規表現 J.*a は J で始まり a で終わる 2 文字以上の文字列を表します．

▶ [split メソッドの引数]
　split メソッドの引数には正規表現も使用できますが，区切りとなる文字列リテラルをそのまま指定することもできます．たとえば"num1 num2 num3"という文字列を"num1", "num2", "num3"という 3 つの文字列に分割したい場合，区切りとして半角スペースの文字列リテラルを指定し，文字列.split(" ") とします．

　このプログラムでは，分割する文字列を Scanner を用いて実行中にキーボードから入力するので，1 行目で Scanner クラスを import し，4 行目で Scanner クラスのオブジェクト keyBoardScanner を生成しています．6 行目で Scanner クラスのメソッド nextLine を用いてキーボードから文字列を入力し，変数 inputString に代入しています．

■ 文字列の分割（split メソッド）

　ある文字列を正規表現 regex で区切り分割するには，以下のように記述します．ここで正規表現 regex は文字列リテラルで記述するか，String クラスのオブジェクトを指定する必要があります．

---
split メソッドの使用法

　　文字列.split(regex)

　正規表現が利用できるのでさまざまな条件で文字列を分割することができるのですが，ここでは簡単な例での説明にとどめます．

7行目で区切り文字を「,」として，inputString に代入されている文字列を複数の文字列に分割し，String 型の配列 token に格納しています．token の各要素は以下のようになります．

  token[0]:"0001", token[1]:"yamada", token[2]:"2",
     token[3]:"3", token[4]:"42"

8行目では結果を確認するために，拡張 for 文を用いて，分割された各文字列を順に表示しています．

■ split メソッドの応用

split メソッドを用いた少し実践的な文字列処理のプログラムをみることにします．次に示すソースコード 5.6 は，図 5.5 に示すような文字列を切り分けて，図 5.6 のように 2 次元配列 students に格納し直し，各データを個別に扱えるようにするものです．

	[0]	[1]	[2]	[3]	[4]
students[0]:	"0001"	"山田太郎"	"2"	"3"	"42"
students[1]:	"0002"	"田中一郎"	"2"	"6"	"31"
students[2]:	"0003"	"斎藤花子"	"2"	"2"	"4"

図 5.6　2 次元配列に格納し直された個人データ

こうすれば，たとえば student[1][1] で，"田中一郎" という文字列を簡単に参照できるようになります．なお，ファイル入出力に関しては後の 10 章で学習するので，ここでは図 5.5 のような文字列データを，ファイルではなく配列 lines で与えることにします．

ソースコード 5.6 split メソッドの応用例

```java
1   public class SplitString {
2       public static void main(String[] args) {
3           String[] lines = { "0001,山田太郎,2,3,42",
                               "0002,田中一郎,2,6,31",
                               "0003,斎藤花子,2,2,4" };
4           int numOfStudents = lines.length;
5           String[][] students = new String[numOfStudents][];
6   
7           for (int i = 0; i < numOfStudents; i++)
8               students[i] = lines[i].split(",");
9   
10          for (int i = 0; i < numOfStudents; i++) {
11              System.out.printf("%s の欠席日数は %s 日です\n",
                                   students[i][1], students[i][3]);
12          }
13      }
14  }
```

ソースコード 5.6 の実行結果

山田太郎の欠席日数は 3 日です
田中一郎の欠席日数は 6 日です
斎藤花子の欠席日数は 2 日です

■ 初期データとしての文字列配列

3 行目では配列 lines を文字列データで初期化してあります．lines[0]，lines[1]，lines[2] にそれぞれ学籍番号 0001 山田，学籍番号 0002 田中，学籍番号 0003 斎藤に関するデータが保存されています．しかしこの段階では，これらは図 5.5 に示したようなただの文字列であり，各行の中のデータを有効に活用することはできません．

■ データ活用のための 2 次元文字列配列

そこで，それぞれの文字列からデータを切り出して，図 5.6 に示したような String 型の 2 次元配列 students に格納することを考えます．まず，lines に何人分の文字列が入っているかを，int 型変数 numOfStudents に記憶させます．そのために，4 行目では，配列の長さを記憶したフィールド length を用いて，変数 numOfStudents に代入しています．配列 lines の持つ文字列の数だけ学生がいるので，こうしておくことで，lines の行数が後で増えたとしても，プログラムの他の部分を変更する必要はありません．

そしてこの numOfStudents を用いて，5行目では2次元配列 students を生成しています．各行が含むデータの個数も用途によって変る可能性があるので，2次元配列の2つ目の [] は空にしてあります．

■ 文字列の分割

6, 7行目では，split メソッドを用いて各文字列 lines[i] を単語に分割し，2次元配列 students に格納し直しています．

たとえば i = 0 の場合，lines[i] は "0001, 山田太郎, 2, 3, 42" という文字列であり，7行目ではこの文字列を，コンマ「,」を区切り記号として分割し，students[i] に代入しています．

```
 ─ 文字列の分割と配列への代入の例 ─
    7        students[i] = lines[i].split(",");
```

これにより自動的に，students[0][0] = "0001"，students[0][1] = "山田太郎"，students[0][2] = "2"，… となります．
students[1][]，students[2][] にも同じ手順でデータが代入され，117 頁に示した図 5.6 のようになります．

■ 取り出されたデータの利用

このように，データが個別にアクセスできる形で記憶されると，あとは自由にそれらのデータを利用できるようになります．このプログラムでは 8, 9行目で，学生の名前を記憶している students[i][1] と欠席日数を記憶している students[i][3] を利用して，各学生の名前と欠席日数を表示しています．もちろん他のデータを利用するプログラムも簡単に作ることができます．

5.5 ArrayList

ここまでみてきたように，配列を用いることで複数のデータをまとめて扱うことができます．しかし，配列はあらかじめ取り扱うデータの数を決めておく必要があり，後から配列の大きさを変更することはできません．

そこで Java 言語では，複数のデータ（オブジェクト）を取り扱うためのクラス群（コレクションフレームワーク）が用意されています．コレクションフレームワークで提供されるオブジェクトを**コレクション**と呼びます．この本では，コレクションのうち ArrayList と HashMap について説明します．

ArrayList には，クラスを指定して，特定のクラスのオブジェクトのみを格納する使い方（図 5.7）と，任意のクラスのオブジェクトを格納する使

▶ [任意のクラスのオブジェクトを格納する使い方]

この場合，どのようなクラスのオブジェクトも，Objectクラスのインスタンスとして格納されます．Objectクラスとは，すべてのクラスのスーパークラス，つまり継承関係の頂点に位置するクラスです．継承に関しては7章で学習します．

い方（図5.8）があります．

この章では前者の方法に限定してArrayListの使用方法を学習します．

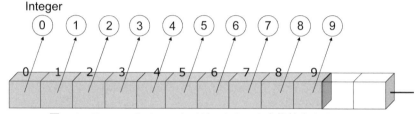

図 5.7　Integerクラスのオブジェクトのみを格納するArrayList

まずArrayListの基本的な使い方からみていきましょう．ソースコード5.7では，ArrayListを大きさを指定せずに生成し，それに任意の個数の要素（この例の場合は図5.7に示すように整数）を後から追加する方法や，格納されている要素を参照する方法を示しています．

ソースコード 5.7　ArrayListの例

```
1   import java.util.ArrayList;

2   public class ArrayListInt {
3       public static void main(String args[]) {
4           int numFirst, numLast;
5           int size;
6           ArrayList<Integer> intList = new ArrayList<Integer>();

7           for (int i = 0; i < 100; i++)
8               intList.add(i);
9           size = intList.size();
10          numFirst = intList.get(0);
11          numLast = intList.get(size - 1);
12          System.out.printf("%d + %d = %d",
                        numFirst, numLast, numFirst + numLast);
13      }
14  }
```

```
─ ソースコード5.7の実行結果 ─
  0 + 99 = 99
```

以下，ソースコード5.7の内容を順に見ていきましょう．

5.5.1 ArrayListクラスのimportとArrayListの生成方法について

ArrayListを利用するには，1行目で示したようにArrayListクラスをimportしなければなりません．

配列と同様に，6行目でArrayListクラスのオブジェクトを生成し，変数intListで参照しています．ArrayList生成の書式は以下の通りです．

ArrayList 生成の書式

　　new ArrayList<クラス名>(初期サイズ)

「<クラス名>」の部分はジェネリクス(generics)と呼ばれるものであり，ジェネリクスを記述すると< >内で指定されたクラスのオブジェクトのみが格納可能なArrayListが生成されます．6行目ではArrayList生成の際，Integerというクラスがジェネリクスで指定されています．

「初期サイズ」の部分では，ArrayList生成時の大きさが指定できます．しかし配列と違い，この初期サイズは省略可能です．この章では初期サイズを省略したソースコードで説明を続けます．

▶ [ArrayListの初期サイズ]
初期サイズを指定せずに生成すると，デフォルト値10の大きさのArrayListが生成されます．詳しくは5.5.9項で説明します．

5.5.2 ダイアモンド演算子

ソースコードの7行目では

```
6    ArrayList<Integer> intList = new ArrayList<Integer>();
```

のように，両辺にジェネリクスのクラス名を記述しているため，少々冗長です．そこでJava SE 7以降では，以下のように簡略化した表記ができるようになりました．

ダイアモンド演算子を用いたジェネリクスの簡略化表記

```
6    ArrayList<Integer> intList = new ArrayList<>();
```

右辺のジェネリクスのクラス名が省略されていることが分かります．この<>はダイアモンド演算子と呼ばれています．左辺でジェネリクスのクラス名が明記されているなど右辺のジェネリクスのクラス名が推測可能な場合，ダイアモンド演算子が利用可能です．これ以降はダイアモンド演算子を用いたソースコードで説明を行います．

5.5.3 ジェネリクスを指定しない場合

ジェネリクスは省略することもでき，その場合，任意のクラスのオブジェ

クトを格納できます．図5.8では，1つのArrayListに，Integerクラス，Rectangleクラス，Bookクラスのオブジェクトを格納した様子を示しています．しかしこの方法では，そのオブジェクトをArrayListから取り出して使用するときに，元の型にキャスト（4.5.2項参照）しなければならず，記述が煩雑になりミスに繋がりやすいので，本章では主にジェネリクスを用いた例題を使用します．

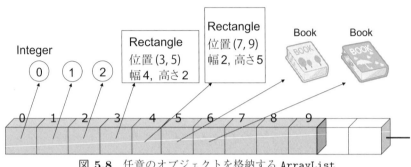

図 5.8 任意のオブジェクトを格納するArrayList

5.5.4 基本データ型を格納する場合（ラッパークラスの利用）

ArrayListで格納可能なのはオブジェクト（の参照）だけです．int型やdouble，char型などの基本データ型をジェネリクスで指定することはできません．これらのデータを格納するためには，そのラッパークラス (wrapper class) を指定する必要があります．ラッパークラスを用いて<Integer>，<Double>，<Character>等のようにジェネリクスを記述します．

5.5.5 ArrayListクラスの主なメソッド

ArrayListの主なメソッドを表5.5.5に示します．これら以外にもさまざまなメソッドが存在します．すべてのメソッドに関する詳しい情報は，ArrayListクラスのAPI仕様を参考にしてください．

5.5.6 要素の格納方法（addメソッド）

ソースコード5.7の7，8行目ではArrayListにaddメソッドを用いて0〜99の整数を格納しています．ArrayListへ要素を格納するには，このようにaddメソッドを用います．ところで，8行目ではintList.add(i)となっておりint型のデータを格納しているようにみえます．しかし実際にはコンパイル時に自動的にそのラッパークラスであるIntegerクラスのオブジェクトを格納するように変換されます．したがってプログラマは「addできるのはオブジェクトだけ」とか「ラッパークラスが必要」などと

▶ [ラッパークラス]
ラッパークラスとは，int型のような基本データ型を，参照型のデータとして扱うためのクラスです．基本データ型とラッパークラスの対応は下表の通りです．

基本データ型	ラッパークラス
boolean	Boolean
char	Character
byte	Byte
short	Short
int	Integer
long	Long
float	Float
double	Double

表 5.1 ArrayList クラスの主なメソッド

メソッド名	説明
add(データ)	ArrayList に引数で指定したデータを追加します
add(int i, データ)	インデックス i の位置にデータを追加します
get(int i)	インデックス i の位置にある要素を取り出します
remove(int i)	インデックス i の位置にある要素を削除し，戻り値としてその削除した要素を返します
size()	ArrayList の大きさを返します
clear()	ArrayList 内からすべての要素を削除します
indexOf(Object elem)	elem と同じ要素があるかどうか ArrayList の先頭から検索し，あればそのインデックスを，なければ −1 を返します
contains(Object elem)	elem が ArrayList に含まれている場合は true を，含まれていない場合は false を返します
isEmpty()	ArrayList が空ならば true，なにか要素が入っていれば false を返します
set(int i, データ)	インデックス i の位置にある要素を，引数で指定したデータで置き換えます

いうことはあまり気にしなくてかまいません．

5.5.7 ArrayList の要素数（size メソッド）と，要素の取り出し（get メソッド）

ソースコード 5.7 の 9 行目では，ArrayList の持つメソッド size を利用して，intList の持つ要素数が得られる様子を示しています．この例の場合は変数 size に 100 が代入されます．

10, 11 行目では，ArrayList に格納されている任意の箇所の要素を取り出す方法を例示しています．intList のインデックス i の位置にある要素（以降インデックス i の要素と呼びます）を取り出したければ，ArrayList クラスのメソッド get を利用して intList.get(i) とします．ここでは最初の要素と最後の要素を取りだし，それぞれ int 型の変数 numFirst と numLast に代入しています．ここでも，実際に格納している要素は Integer クラスのオブジェクトなのですが，格納時と同様に型の自動変換が行なわれるので，int 型の変数を使うことができます．

なお，配列と同様 ArrayList のインデックスは 0 から始まるので，ArrayList の最後のインデックスは size-1（この例の場合は 99）となります．

5.5.8 要素の削除（remove メソッド）と挿入（add メソッド）

ArrayList は配列と違って，要素の削除と挿入を簡潔に記述するためのメソッドを備えています．ソースコード 5.8 では，1〜100 の整数を ArrayList

▶ [オートボクシングとアンボクシング]

基本データ型を ArrayList などのコレクションに格納する際，自動的にラッパークラスに変換してくれる機能をオートボクシング（Autoboxing）と呼びます（ラッパークラスに詰める（box）の意味です）．一方，コレクションから取り出す際に自動的に基本データ型に変換してくれる機能をアンボクシングと呼びます．

に格納し，その後 remove メソッドと add メソッドを用いて要素の削除，挿入を行っています．またそれらの操作の結果 ArrayList がどのように変化するかを示しています．

▶ [ソースコード 5.8 の補足]
9 行目の remove メソッドは削除した値を戻り値として返します．そのため，int element = intList.remove(4) とすることで，削除した値を参照することも可能です．

ソースコード 5.8 ArrayList での要素の挿入と削除

```java
1  import java.util.ArrayList;
2  public class ArrayListRemoveAdd {
3      public static void main(String args[]) {
4          ArrayList<Integer> intList = new ArrayList<>();
5          for (int i = 0; i < 100; i++)
6              intList.add(i);
7          System.out.printf("初めはインデックス 50 の要素は %d です. \n",
                              intList.get(50));
8          System.out.printf("大きさは %d です. \n", intList.size());
9          intList.remove(4);
10         System.out.printf("インデックス 4 の要素削除後のインデックス 50"
                              + "の要素は %d です. \n", intList.get(50));
11         System.out.printf("削除後の大きさは %d です. \n",
                              intList.size());
12         intList.add(3, 20);
13         System.out.printf("インデックス 3 に %d を挿入した後の"
                              + "インデックス 50 の要素は %d です. \n",
                              intList.get(3), intList.get(50));
14     }
15 }
```

ソースコード 5.8 の実行結果

初めはインデックス 50 の要素は 50 です．
大きさは 100 です．
インデックス 4 の要素削除後のインデックス 50 の要素は 51 です．
削除後の大きさは 99 です．
インデックス 3 に 20 を挿入した後のインデックス 50 の要素は 50 です．

ソースコード 5.8 の 6 行目までは ArrayList の準備です．4 行目で生成した ArrayList に 0〜99 の整数を格納し（5，6 行目），削除や挿入操作ができるようにしています（図 5.9）．その後確認のため，7 行目でインデックス 50 の要素を表示しています．

9 行目で，この ArrayList のインデックス 4 の要素を削除しています．要素の削除にはメソッド remove を用います（図 5.10）．

削除された要素より後ろにあった要素のインデックスが，図 5.10 に示すように一つずつ前にずれます．10 行目では，インデックス 50 の要素を表示していますが，実行結果の 3 行目を見ると 51 が表示されています．つ

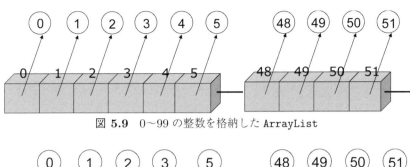
図 5.9　0〜99 の整数を格納した ArrayList

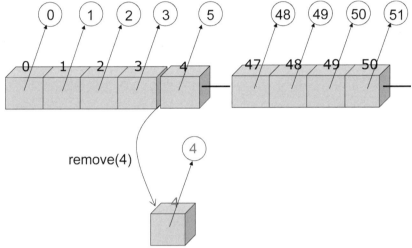
図 5.10　インデックス 4 の要素を削除

まり元のインデックス 5 以降の要素が前に一つずつずれている事を示しています．

一方，12 行目ではインデックス 3 の位置に整数 20 を挿入しています（図 5.11）．要素の追加で使用した add メソッドは，要素の挿入にも使用できます．intList の インデックス 3 の位置に要素を挿入したければ，intList.add(3, 格納したいデータ) とします．

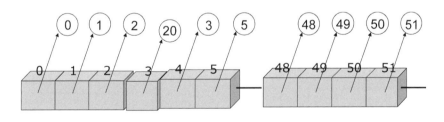
add(3, 20)
図 5.11　インデックス 3 の位置に要素を挿入

13 行目では，インデックス 50 の要素を表示していますが，実行結果の5 行目を見ると 50 が表示されています．つまり元のインデックス 3 以降の

要素が後ろに一つずつずれている事を示しています．

5.5.9 ArrayList 生成の際の大きさ指定

この章で説明したソースコードでは，ArrayList を大きさを指定せずに生成していました．その場合の ArrayList の大きさの初期値は 10 となります．要素を追加し続け大きさが足りなくなると，ArrayList の大きさは自動的に拡大され，任意の個数の要素が追加できます．

しかし，配列のように大きさを指定して生成することもできます．上記のような自動的な大きさの変更は効率が悪く，何度も変更を行なうと処理速度が遅くなるからです．格納される要素のおおよその個数があらかじめ分かっている場合は，大きさを指定して生成したほうが実行効率がよくなります．むろんその場合でも，その大きさ以上の個数の要素も追加可能です．ソースコード 5.9 の 4 行目において，大きさ 70 を指定して ArrayList を生成するには，次のようにします．

```
4'      ArrayList<Rectangle> listOfRectangles
                    = new ArrayList<>(70);
```

大きさの自動変更は 1 回につき 50% の拡大になるので，この例の場合 100 個の要素を格納するための大きさの自動変更は 1 回ですみます．

5.5.10 拡張 for 文

ArrayList や配列等に格納されたすべての要素に対して，順に同じ処理を施す**逐次処理** (sequential processing) が Java 言語では簡潔に記述できます．この節では ArrayList を代表例として，Java 言語に用意された簡潔な逐次処理の方法についてみていきましょう．

■ 拡張 for 文を用いた，逐次処理の簡潔な記述方法

ソースコード 5.9 では，ArrayList に対する逐次処理の方法を示しています．なお，まったく同じ方法が配列や，Iterable インタフェースを実装したクラス（この中には ArrayList クラスも含まれる）のオブジェクトで使用できます．

▶ [ArrayList の大きさ]
ここでいう大きさとは，ArrayList が要素を格納するために内部に持っている配列の大きさのことです．size メソッドで得られる要素数とは異なります．

ソースコード 5.9 拡張 for 文の例

```java
1   import java.util.ArrayList;
2   public class ArrayListAndExtFor {
3       public static void main(String args[]) {
4           ArrayList<Rectangle> listOfRectangles
                                = new ArrayList<>();

5           for (int i = 0; i < 100; i++)
6               listOfRectangles.add(new Rectangle(i, i, 1, 1));

7           for (Rectangle rect : listOfRectangles)
8               rect.showState();
9       }
10  }
```

ソースコード 5.9 の実行結果

```
x 座標: 0, y 座標: 0, 幅: 1, 高さ: 1
x 座標: 1, y 座標: 1, 幅: 1, 高さ: 1
x 座標: 2, y 座標: 2, 幅: 1, 高さ: 1
         .
         .
         .
x 座標: 98, y 座標: 98, 幅: 1, 高さ: 1
x 座標: 99, y 座標: 99, 幅: 1, 高さ: 1
```

以下,ソースコード 5.9 の内容を順にみていきましょう.

■ 処理するデータの準備

4〜6 行目は,単なる準備部分です.ソースコード 3.1 で定義した Rectangle クラスのオブジェクトを,幅と高さはすべて 1,座標 (0, 0) 〜 (99, 99) で 100 個生成して,ArrayList である listOfRectangles に格納しています(図 5.12).Rectangle クラスのオブジェクトを格納するので,ジェネリクスは<Rectangle>となっています.

■ 拡張 for 文の構文

7, 8 行目が,この例の主題である拡張 for 文を使用している部分です.拡張 for 文の構文は以下の通りです.

拡張 for 文の構文

    for (クラス名 変数名 : 式)
        文

▶ [拡張 for 文の補足]
ArrayList に格納されているのが Integer クラスなど基本データ型のラッパークラスの場合は
for(int 変数名 : 式)
などのように記述できます.

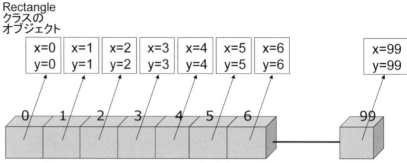

図 5.12　Rectangle クラスのオブジェクトを ArrayList に格納

「式」の部分に，要素を格納している ArrayList や配列などの参照を記述します．「クラス名」には，格納されているオブジェクトのクラス名を記述します．格納されているオブジェクトが，ループごとに「変数名」のところに記述された変数によって次々と参照されます．

ソースコード 5.9 の場合，式として Rectangle クラスのオブジェクトを格納するための ArrayList である listOfRectangles が使われていますが，配列や Iterable インタフェースを実装したクラスが使用可能です．複数の文を記述したい場合は，「文」をブロックにします．

■　拡張 for 文の使い方

8 行目にあるように，式の部分に処理したい ArrayList（この例の場合は listOfRectangles）を書いておくだけで，listOfRectangles の先頭から順に要素を取り出して，変数（この場合は rect）で参照されます．

図 5.13 に示すように，1 回目のループで rect はインデックス 0 の要素を，…，3 回目のループではインデックス 2 の要素を参照します．そして，取り出した要素に対する処理を文の中で記述します．たとえば 8 行目のように，rect.showState() として，変数 rect で参照されるオブジェクトに対し showState() メソッドを呼び出しています．

■　データ構造の種類ごとに異なる処理方法と，拡張 for 文の利点

while 文や普通の for 文を用いて配列や ArrayList 等のデータ構造中に格納されている全要素にアクセスするには，データ構造の種類ごとにアクセス方法を変えなければなりません．配列の場合は length フィールド，ArrayList の場合は size メソッドを用いて大きさを取得し，配列の場合は添字を使って，ArrayList の場合は get メソッドを使って先頭から順番にアクセスすることになります．しかしこれらの方法では少々記述が煩雑になり，データ構造の種類ごとにその操作をプログラマが意識しなければなりません．ミスの可能性も高くなります．単に全要素を順に処理するだ

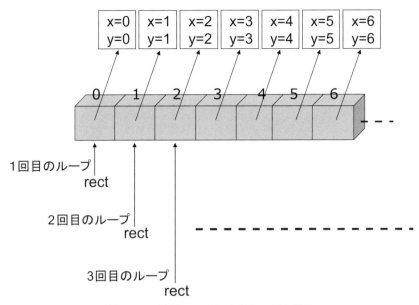

図 5.13 拡張 for 文によるループの様子

けなら，そもそも要素数やデータ構造の種類などをプログラマが意識する必要さえないはずです．

拡張 for 文を使うことで，要素を格納しているオブジェクトが ArrayList であっても配列であっても，その中に格納されている全要素に対する処理をまったく同じ方法で記述できます．

ただし拡張 for 文は先頭から一つずつ処理をする場合にのみ利用できるので，2 つとばしとしたい場合などは普通の for 文にしなければなりません．

5.6 HashMap

これまでみてきた ArrayList は 0 から順番に増えていくインデックスと値（データ）とを対応付けて格納する仕組みでした．一方，連想配列の一種であるハッシュテーブルは，任意のキーと，キーに対応する値（データ）を対応付けて格納することができます（図 5.14）．キーと値の組のことをエントリと呼びます．Java 言語では，このハッシュテーブルを実装したクラスとして HashMap クラスが用意されています．HashMap では値の重複は可能ですが，キーは一意に決まる必要があります．

HashMap を利用するには，HashMap クラスを import しなければなりません（import java.util.*; でもかまいません）．HashMap 生成の書式は次の通りです．

▶ [連想配列]
5.1 節で説明した配列では 0 から始まる非負整数のみ添字として使用できます．一方，連想配列では文字列など非負整数以外を添字として使用することができます．

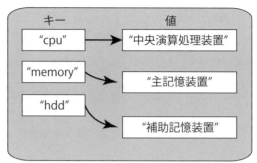

図 5.14　ハッシュテーブルのイメージ

表 5.2　HashMap クラスの主なメソッド

メソッド名	説明
put(キー, 値)	HashMap に引数で指定したキーと値を追加します
get(キー)	指定されたキーに対応する値を取り出します
remove(キー)	指定されたキーのエントリを削除します
size()	HashMap のキーの個数を返します
clear()	HashMap 内から全てのエントリを削除します
containsKey(キー)	HashMap に指定されたキーが含まれていたら true, そうでなければ false を返します
containsValue(値)	HashMap に指定された値が, キーと対応づいて含まれていたら true, そうでなければ false を返します
isEmpty()	HashMap が空ならば true, そうでなければ false を返します
keySet()	HashMap に含まれる全てのキーを返します

HashMap 生成の書式

　　new HashMap<キーのクラス名, 値のクラス名>(初期サイズ, 負荷係数)

　ArrayList では格納する値のクラス名をジェネリクスで指定していましたが, HashMap ではキーのクラス名と格納する値のクラス名を記述します.
　「初期サイズ」の部分では HashMap 生成時のハッシュテーブルの大きさを,「負荷係数」の部分ではハッシュテーブルにどれくらいデータが格納されればハッシュテーブルの大きさを拡張するか指定します. これら初期サイズと負荷係数は省略可能です. 以降は, 初期サイズと負荷係数を省略したソースコードで説明を続けます.
　ソースコード 5.10 では, String 型のキー, String 型の値を格納する HashMap を大きさを指定せずに生成し, それにキーと値の組（エントリ）を追加する方法や, 格納されているエントリを参照する方法を示しています.

▶ [HashMap の初期サイズと負荷係数]
　初期サイズと負荷係数を省略した場合, 初期サイズは 16, 負荷係数は 0.75（75%のハッシュテーブルにデータが格納された時点でハッシュテーブルの大きさが拡張）の HashMap が生成されます.

―― ソースコード 5.10 HashMap の例 ――
```
1   import java.util.HashMap;
2
3   public class HashMapPut {
4       public static void main(String[] args) {
5           HashMap<String, String> map
                        = new HashMap<String, String>();
6           map.put("cpu", "中央演算処理装置");
7           map.put("memory", "主記憶装置");
8           map.put("hdd", "補助記憶装置");
9           System.out.println(map.get("cpu"));
10          System.out.println(map.get("memory"));
11          System.out.println(map.get("hdd"));
12          // hdd キーの上書き
13          map.put("hdd", "ハードディスク");
14          System.out.println(map.get("hdd"));
15      }
16  }
```

―― ソースコード 5.10 の実行結果 ――

中央演算処理装置
主記憶装置
補助記憶装置
ハードディスク

以下，ソースコード 5.10 の内容を順にみていきましょう．5 行目で HashMap クラスのオブジェクトを生成し，変数 map で参照しています．この箇所はダイアモンド演算子を用いて，以下のように省略して表記することも可能です．

```
5'      HashMap<String, String> map = new HashMap<>();
```

6 行目から 8 行目では，put メソッドを用いて変数 map で参照される HashMap にキーと値の組を追加しています．そして，9 行目から 11 行目で get メソッドを用いて，キーに対応するデータを map から取り出しています．次に 13 行目で「"hdd"というキーと"ハードディスク"という値の組」を追加していますが，先述の通り HashMap ではキーは一意である必要があります．そのため 8 行目で追加した「"hdd"というキーと"補助記憶装置"という値の組」が 13 行目の「"hdd"というキーと"ハードディスク"という値の組」で上書きされ，11 行目と 14 行目の出力が異なる結果となっています．

HashMap のエントリを削除するには，ソースコード 5.11 の 11 行目のよ

うに remove メソッドを用います．

ソースコード 5.11 HashMap のエントリ削除の例

```
1   import java.util.HashMap;
2
3   public class HashMapRemove {
4       public static void main(String[] args) {
5           HashMap<String, String> map = new HashMap<>();
6           map.put("cpu", "中央演算処理装置");
7           map.put("memory", "主記憶装置");
8           map.put("hdd", "補助記憶装置");
9
10          System.out.println(map.keySet()); // map の全てのキーを表示
11          map.remove("cpu");
12          System.out.println(map.keySet()); // map の全てのキーを表示
13      }
14  }
```

ソースコード 5.11 の実行結果

```
[memory, cpu, hdd]
[memory, hdd]
```

　ソースコード 5.11 でもソースコード 5.10 と同様，6 行目から 8 行目で 3 つのエントリを追加しています．10 行目で keySet メソッドを用いて map に含まれるすべてのキーを表示すると，[memory, cpu, hdd] と 3 つのキーが表示されます．一方，11 行目で remove メソッドを用いて cpu というキーおよび対応する値を削除した結果，12 行目の keySet メソッドの結果は [memory, hdd] となっていることが分かります．
　次ページのように HashMap でも，拡張 for 文を用いることができます．

ソースコード 5.12 HashMap での拡張 for 文の使用例

```java
1  import java.util.HashMap;
2
3  public class HashMapFor {
4      public static void main(String[] args) {
5          HashMap<String, String> map = new HashMap<>();
6          map.put("cpu", "中央演算処理装置");
7          map.put("memory", "主記憶装置");
8          map.put("hdd", "補助記憶装置");
9
10         for (String str : map.keySet() ) {
11             System.out.printf("キー:%s に対応するのは値:%s\n",
                                    str, map.get(str));
12         }
13     }
14 }
```

ソースコード 5.12 の実行結果

キー:memory に対応するのは値:主記憶装置
キー:cpu に対応するのは値:中央演算処理装置
キー:hdd に対応するのは値:補助記憶装置

ソースコード 5.12 では，10 行目で

```
10    for (String str : map.keySet() ) {
```

としています．ここでは，keySet メソッドで map に含まれるキーを取得し，それを順々に変数 str に代入しています．そして 11 行目で

```
11 System.out.printf("キー:%s に対応するのは値:%s\n",
                                    str, map.get(str));
```

として，str のキーと対応する値を get メソッドで取得し，画面に出力しています．

[5 章のまとめ]

この章では，データをまとめて取り扱うデータ構造として，配列，ArrayList，Hashmap を学びました．

1. 配列の生成，配列要素の参照とその値の変更の方法について学びました．
2. ArrayList や HashMap の生成や，そこに格納されたデータを効率よく取り出す方法について学びました．

5章 演習問題

[演習 1]

以下の仕様を満たすクラス MaxAndMinOfInt を作成してみましょう.

フィールド int 型の配列（名前は numbers とします）のみ.

コンストラクタ 引数で与えられた Scanner から整数を順次読み取る．最初に読み取った整数を配列サイズとみなして，int 型の配列を生成し，numbers で参照する．その後，整数を読み取っては numbers[0], numbers[1], ... へ順に代入していき，配列サイズ分だけ読み取れば終了.

メソッド

    void showAll() numbers 中の全要素を分りやすく表示する
    int max() numbers 中の最大値を返す
    int min() numbers 中の最小値を返す

クラスの動作を確認するために，以下の main メソッドを追加して，実行してみましょう．

ソースコード 5.13 MaxAndMinOfInt クラスの動作確認用プログラム

```
1  public static void main(String[] args) {
2    Scanner kbScanner = new Scanner(System.in);
3    MaxAndMinOfInt array = new MaxAndMinOfInt(kbScanner);
4    array.showAll();
5    System.out.printf("最小値は%dです．\n", array.min());
6    System.out.printf("最大値は%dです．\n", array.max());
7    kbScanner.close();
8  }
```

[演習 2]

以下の仕様を満たすベクトルのためのクラス VectorOfInt を作成してみましょう.

フィールド ベクトルデータを収容するための int 型の配列（名前は data とします）のみ.

コンストラクタ ベクトルのサイズを表す int 型の引数を受け取り，そのサイズの配列を生成して，data で参照する．data 中の値はすべて 0 で初期化する．

メソッド

    void setElement(int index, int value) data の index 番目の要素に値 value を設定する．
    int getElement(int index) data の index 番目の要素の値 value を返す．
    String toString() numbers 中の全要素を順に分りやすく表示する文字列を返す．
    int innerProduct(VectorOfInt peer) 自分自身と peer との内積を求め，戻り値として返すメソッド．
    ベクトル $A = (a_1, a_2 \ldots a_n)$ と $B = (b_1, b_2 \ldots b_n)$ の内積 P は以下の式により求めることができます．

$$P = a_1 \cdot b_1 + a_2 \cdot b_2 + \ldots a_n \cdot b_n$$

int convolution(VectorOfInt peer)　自分自身と peer との畳込みを求め，戻り値として返すメソッド．ベクトル $A = (a_1, a_2 \ldots a_n)$ と $B = (b_1, b_2 \ldots b_n)$ の畳込み P は以下の式により求めることができます．
$$C = a_1 \cdot b_n + a_2 \cdot b_{n-1} + \ldots a_n \cdot b_1$$

void add(VectorOfInt incVector)　自身のベクトルデータ data に incVector の data を加算する．

作成できたらクラスの動作を確認するための main メソッドを作成して，実行してみましょう．

[演習 3]
キーボードから3行3列の行列と3行2列の行列を入力させて，それらの行列の積を求めて表示するプログラムを作成してみましょう．

[演習 4.1]
ArrayList を使って，スタックを実現するプログラム，MyStack.java を作成してみましょう．スタックとは複数のデータを格納するためのデータ構造のことで，最後に格納したデータが最初に取り出されるという性質を持ちます．図92に示すように，push という命令でデータを追加し，最後に追加されたデータを pop という命令で取り出します．

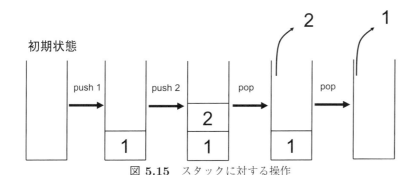

図 5.15　スタックに対する操作

MyStack クラスのフィールドは Integer 型の ArrayList である stack のみとし，stack にアクセス修飾子 private をつけてください．MyStack クラスのメソッドは以下の通りとします．

public void push(int item)　stack に要素を追加します．ArrayList のメソッド add を使えば簡単に実現できます．

public int pop()　stack の最上段（最後に追加された要素）の値を返します．また，その要素を stack から削除します．ただし stack が空ならば「スタックは空です」と表示し，System.exit(1) を実行して，プログラムを停止させます．ArrayList のメソッド size, remove とその戻り値, isEmpty をうまく活用してください．

さらに，次のような main メソッドを持つクラス，MainForMyStack.java を作成してください．

- このクラスのインスタンスに整数0〜4を push させます．
- その後5回の pop を実行させ，次のような実行結果を得られるようにします．

```
―― 実行結果 ――
  4 3 2 1 0
```

[演習 4.2]
MyStack クラスに，次のメソッドを追加してみましょう．

public void add() stack の最上段の要素とその前の要素を足し，それら2つの要素を削除し，足した値を stack に追加する．ただし stack の要素数が2未満ならばその旨を表示し，System.exit(1) を実行して，プログラムを停止させます．

さらに，MainForMyStack.java の main メソッド内で，このクラスのインスタンスに push と add を実行させ，次のような結果が追加で表示されるようにしてください．push, pop, add の各メソッドをうまく組み合わせればよいでしょう．

```
―― 実行結果 ――
  1 と 2 を push します
  合計: 3
```

[演習 4.3] MyStack クラスに，次のメソッドを追加してみましょう．

public void sigma() stack に格納されている全要素の値を足し，それらの要素を削除し，足した値を stack に追加する．ただし，add と for 文を利用してください．

さらに，MainForMyStack.java の main メソッドを拡張し，次のような実行結果が，追加で表示されるようにして下さい．push, pop, sigma の各メソッドをうまく組み合わせればよいでしょう．

```
―― 実行結果 ――
  合計: 3
  1 2 3 4 5 6 7 8 9 10 を push します
  合計: 55
```

[演習 4.4] MyStack クラスに，次のメソッドを追加してみましょう．

public void pi() stack に格納されている全要素の値を掛け合わせ，すべての要素を stack から削除し，掛け合わせた値を stack に追加する．ただし，全要素のアクセスには拡張 for 文を，すべての要素を削除するには ArrayList の clear メソッドを利用してください．

さらに，MainForMyStack.java の main メソッドを拡張し，下記のような実行結果が，追加で表示されるようにして下さい．push, pop, pi の各メソッドをうまく組み合わせればよいでしょう．

```
―― 実行結果 ――
  1 2 3 4 5 6 7 8 9 10 を push しました．
  全てを掛け合わせた結果: 3628800
```

6章 メッセージパッシング・委譲

[ねらい]

　3章や4章で，長方形を表すRectangleというクラスを用いて，オブジェクト指向プログラミングについて簡単に触れてきました．ところで，オブジェクト指向プログラミングとは本来，アプリケーションをいくつものオブジェクトから構築するためのプログラミング技法です．それぞれ固有の属性や操作を持った独立したオブジェクト単位にアプリケーションを分割し，それらのさまざまなオブジェクトが，互いに相互作用しながら処理を進めるように構築します．これにより，アプリケーションの保守性，信頼性を高めることができるのです．

　この章では，このようなさまざまな種類のオブジェクトからなるアプリケーションを構築する方法を学習します．

[この章の項目]

- オブジェクト指向プログラミングの考え方：ポリモーフィズムやカプセル化など，今後出てくる諸概念を学びます．
- メッセージパッシング：オブジェクト間のメッセージパッシング，つまり相互作用について学習します．
- 委譲：他のオブジェクトに処理を委ねることにより機能拡張を行う方法です．

6.1 オブジェクト指向プログラミングの考え方

■ メッセージパッシングと委譲

これまで出てきた例題では，main メソッド内でオブジェクトを生成し，そのオブジェクトに対しメソッド呼出しを行ってきました．オブジェクト指向プログラミングでは，このメソッド呼出し，ならびに，戻り値の返送をオブジェクトに対してメッセージを送っているとしています．

オブジェクト指向プログラミングによって構築されるアプリケーションでは，さまざまなクラスから多数のオブジェクトが生成され，これらのオブジェクトが互いにメッセージを送り合いながら処理を進めていきます．つまりあるオブジェクトに，他のオブジェクトがメッセージを送って（メソッド呼出しを行い），そのオブジェクトに仕事を依頼し，呼び出されたオブジェクトは必要であれば戻り値を返します．このようなオブジェクト間のメッセージの送受信のことを，**メッセージパッシング** (message passing) と呼びます．

特に，他のクラスのオブジェクトを参照している参照型変数をフィールドとして保持して，そのフィールドが参照しているオブジェクトにメッセージパッシングすることを **委譲** (delegation) と呼びます．委譲を用いることにより，クラスの操作を拡張できます．

■ 「インタフェース」

オブジェクトの受け付けることのできるメッセージのシグネチャの集合を，「インタフェース」と呼びます．同じ「インタフェース」を持ったオブジェクトに対して，同一のメッセージを送付しても，オブジェクトの型，つまり，オブジェクトを生成したクラスに応じて処理が変わります．このことをポリモーフィズムといいます．

Java 言語では，仮に，二つのクラスに同じシグネチャを持つメソッドを定義したとしても，それらのクラスはたまたま同一のシグネチャを持つメソッドがあるというだけで，同じ「インタフェース」を持っているとはみなされません．同一のシグネチャを持つメソッドが複数のクラスに存在し，それらが同じ「インタフェース」を共有していることを明示的に示す必要があります．「インタフェース」の共有化を明示するために，Java 言語では，**継承**と"インタフェース"という文法的枠組みが用意されています．

■ 継承と"インタフェース"

継承は，二つのクラスが「上位概念 – 下位概念」にあたるときに用いるものです．上位概念にあたる親クラスの「インタフェース」を下位概念にあたる子クラスに引き継ぐことができます．継承では，さらに，親クラス

▶ ［メソッド呼出し・シグネチャ］
メソッドの呼出し方法やシグネチャについては，4 章を参照してください．

▶ ［プログラムをクラスに分割して記述する意義］
肥大化したクラスを作るのではなく，関連する操作毎にクラスを設計し，メッセージパッシングを行いながら全体のシステムを作り上げて行きます．クラス毎に分けて記述することにより，プログラムの保守（デバッグ・変更）が容易になります．

▶ ［委譲］
6.3 節で説明します．

▶ ［8 章との違い］
本節で述べている「インタフェース」は，8 章で述べている Java 言語の文法として定義されている"インタフェース"とは異なります．本節の語用に対しては鉤括弧をつけた「インタフェース」という表記を用いてます．8 章の Java 言語の文法として定義されている"インタフェース"は二重引用符で囲んで表記します．
8 章の"インタフェース"は，本節で述べている「インタフェース」の共有化という考え方を明示的にプログラム中で利用するためのものです．本節の「インタフェース」の共有化という考え方は，継承を用いても実現できます．本節で紹介した「オブジェクトが受け付けることのできるメソッドのシグネチャの集合」というオブジェクト指向プログラミングの用語としての「インタフェース」は，誤解を避けるために，他の章・節では用いていません．

▶ ［継承］
7 章で説明します．

の「インタフェース」だけでなく，メソッドの処理内容も引き継ぐことができます（「インタフェース」の共有化）．つまり，子クラスでは，新たなメソッドを追加したり，引き継いたメソッドの処理を書き換えることによりクラスの操作を拡張できます（機能拡張）．

一方，8章の"インタフェース"は，複数のクラスが同一のシグネチャを持つメソッド（「インタフェース」）を有していることを示すために用いられます．継承と同じように，複数のクラス間で「インタフェース」だけでなく，メソッドの処理内容も共有化したければ，"インタフェース"と委譲を組み合わせてクラス設計を行います．

継承は一度に「インタフェース」の共有化と機能拡張ができるので，便利に思えるかも知れません．しかし，複数の親クラスを持つようなクラスの定義（多重継承）が Java 言語ではできないこと，そして，本質的に「上位概念 – 下位概念」とならない複数のクラスを継承による「親子」にしてしまうと混乱が生じたり拡張性が損なわれることがあります．

クラスは複数の"インタフェース"を実装できます．オブジェクトがさまざまな側面・機能を持つことはよくあるので，複数の"インタフェース"を実装できることは，クラス設計に有用です．"インタフェース"＋委譲によるクラス設計では，"インタフェース"による「インタフェース」の共有化と委譲による機能拡張と役割分担ができています．このため，継承よりは，"インタフェース"＋委譲を用いたクラス設計の方が，柔軟なクラス設計ができます．

▶ [上位概念 – 下位概念]
たとえば，車，トラックで考えた場合，スポーツカーや RV など他の車種も含められる，より一般的な概念である車が上位概念となります．トラックは車の一種であるので，車の下位概念ということができます．

■ カプセル化

オブジェクト指向プログラミングでは，オブジェクトが受け付けられるシグネチャを持つメソッド（「インタフェース」）と，それ以外のメソッド・フィールドを区別することができます．これは 9.3 節で紹介するアクセス修飾子を指定することにより実現できます．つまり，クラスの利用者から参照・呼出しを行わせないようにしたいメソッド・フィールドに対して，**private** 修飾子を付与します．このように，利用者から特定のフィールド・メソッドを隠蔽することを**カプセル化**といいます．

上述のオブジェクト指向プログラミングの考え方は，後の章で学ぶことも含んでおり，現時点では何をいっているのかよく分からないところもあるかも知れません．しかし，とても大切な考え方なので，次節以降を学んでゆくことでしっかりと理解してください．

6.2 メッセージパッシング

この節では，皆さんにとって身近な「学校」に関する話題を使って，オブジェクト間のメッセージパッシングの具体例をみてみましょう．

図 6.1 成績を管理するクラスの概念図

次に示す3つのソースコードは，学校の内部で行われている成績を管理するための仕組みを，単純にモデル化したクラスです．ソースコード 6.1 が成績を，ソースコード 6.2 が事務室を，ソースコード 6.3 が教員を，それぞれ表すクラスになっています．図 6.1 に示すように，教師が学生の成績をつけて事務室に送り，事務室はそれらの成績を管理します．そして他の教員からの問合わせに答えます．

6.2.1 成績クラス Score

まず，成績を表すクラス Score から見てみましょう．

▶ [アクターに基づいたクラス設計]
オブジェクト指向プログラミングでは，プログラムをいきなり書き始めるのではなく，図 6.1 の登場人物・登場アイテム（アクター）が覚えておくべき事柄（属性，フィールド）と，できること（操作，メソッド）を洗い出してからクラスを設計します．クラス設計に際してメソッドやフィールドの詳細が決まれば，仕様としてまとめます．そして，仕様を実現するプログラミングを行います．

▶ [ArrayList の活用]
本節では，Office クラスが，学生の成績 Score を要素に持つ ArrayList を用いていました．複数の Teacher クラスのオブジェクトを管理したり，Student クラスを定義し，そのオブジェクトに複数の科目を覚えさたりすると，4つしかクラスはありませんが，高機能なアプリケーションが構築できます．

ソースコード 6.1 成績クラス Score

```
1  public class Score {
2      private String studentID;
3      private int point = 0;
4
5      public Score(String studentID, int point) {
6          this.studentID = studentID;
7          this.point = point;
8      }
9
10     public String getStudentID() {
11         return studentID;
12     }
13
14     public int getPoint() {
15         return point;
16     }
17
18     public void setPoint(int point) {
19         this.point = point;
20     }
21 }
```

ソースコード 6.1 では，二つのフィールド studentID（学生番号）と point（得点）が宣言されています．また，これらのフィールドに対して 10～16 行目までにフィールドの値を返すためのメソッド（ゲッター）が宣言されています．

このクラスのオブジェクトを生成するためのコンストラクタが 5～8 行目の部分です．引数 studentID, point を，それぞれ対応するフィールドに代入します．

6.2.2　事務室クラス Office

ソースコード 6.2 は事務室を表すクラスです．Score クラスのオブジェクトを管理するための ArrayList をフィールド scoreList として持ち，成績の登録や問合わせに答えるためのメソッドを備えています．

▶ [初期化子]
　フィールド point は，3 行目のフィールドの宣言時に，0 が代入され初期化しています．フィールドはこのように宣言と同時に初期化が可能です．このような代入のことを，フィールドの**初期化子**といいます．

▶ [アクセサ]
　3.3.2 項でも説明したように，フィールドの値を読み出すためのメソッドを特に，ゲッター (getter) と呼びます．各フィールドに値を書き込むメソッドを，セッター (setter) と呼びます．そしてゲッターとセッターを総称してアクセサ (accessor) と呼びます．

ソースコード 6.2 事務室クラス Office

```
1   import java.util.ArrayList;
2
3   public class Office {
4       private ArrayList<Score> scoreList;
5       private ArrayList<String> studentIDList;
6
7       public Office() {
8           scoreList = new ArrayList<>();
9           studentIDList = new ArrayList<>();
10      }
11
12      public void registerScore(Score score) {
13          scoreList.add(score);
14      }
15
16      public void addStudent(String studentID) {
17          studentIDList.add(studentID);
18      }
19
20      public ArrayList<String> getStudentIDList() {
21          return studentIDList;
22      }
23
24      public int retrievePoint(String studentID) {
25          int point = -1;
26          for (Score score: scoreList) {
27              if (studentID.equals(score.getStudentID())) {
28                  point = score.getPoint();
29                  break;
30              }
```

▶ [フィールド studentIDList]
　フィールド studentIDList は学生番号のリストを表しており，getStudentIDList メソッドはそのゲッターです．

```
31          }
32          return point;
33       }
34  }
```

▶ [引数なしコンストラクタ]
コンストラクタはソースコード 6.2 のように，必ずしも引数をとる必要はありません．

7〜10 行目がこのクラスのコンストラクタですが，引数がありません．コンストラクタの本体で Score クラスのオブジェクトを収容するための ArrayList のオブジェクトを生成し，フィールド scoreList で参照しています．

成績を登録するためのメソッド registerScore は，引数で受け取った Score クラスのオブジェクトを，フィールド scoreList に追加 (add) します．

ソースコード 6.3 教員クラス Teacher

```
1   public class Teacher {
2      private String name;
3
4      public Teacher(String name) {
5         this.name = name;
6      }
7
8      public void askScore(Office office, String studentID) {
9         int point = office.retrievePoint(studentID);
10        if (point >= 0)
11           System.out.printf("(%s) 学籍番号 %s の成績は %d 点です。\n",
12                             name, studentID, point);
13        else
14           System.out.printf("(%s) 学籍番号 %s の成績は未登録です。\n",
15                             name, studentID);
16     }
17
18     public void inputScore(Office office) {
19        int point = 80;
20        for (String studentID: office.getStudentIDList()) {
21           office.registerScore(new Score(studentID, point));
22           point += 7;
23        }
24     }
25  }
```

24〜33 行目は成績の問い合わせに答えるためのメソッド retrievePoint です．引数で与えられた学籍番号を持つ成績オブジェクトが scoreList の中から見つかれば，そのオブジェクトにクラス Score のメソッド getPoint

メソッドを実行させ，得られた値を戻り値として問合わせ元に返します．見つからなければ -1 を返すようにしています．

6.2.3 教員クラス Teacher

ソースコード 6.3 は教員を表すクラスです．事務室に得点を伝えるためのメソッドと，事務室に得点を問い合わせるメソッドを持ちます．

21 行目を見てください．メソッド inputScore の引数（参照型変数 office）で与えられる事務室クラスのオブジェクトに対し，メソッド registerScore を呼び出しています．これが図 6.2 に示すように，Teacher クラスのオブジェクトから Office クラスのオブジェクトへのメッセージパッシングです．これにより Office クラスのオブジェクトは自身のフィールド scoreList に，メッセージによって送られてきた Score クラスのオブジェクトを追加することができます．

▶ [ソースコード 6.3 について]
20 行目は ArrayList<String> array = office.getStudentIDList();
for (String studentID: array) { としてもよいです．
また，21, 22 行目では，簡単化のために点数を 80, 87, 94 としています．

▶ [ソースコード 6.3 の 21 行目]
21 行目は見慣れない書き方をしています．メソッド registerScore の呼出しの引数部分でクラス Score のオブジェクトを生成しています．
これまでと同様に 21 行目は以下のように書けますが，
Score score = new Score(studentID, point);
office.registerScore(score);
メソッド内で生成したオブジェクトをこの後で再度参照する必要がないので，21 行目では変数を使用せず 1 行にまとめて書いてあります．

図 6.2　教員から事務室へのメッセージパッシング（戻り値なし）

8〜16 行目では，事務室オブジェクトに対し，得点を問い合わせるためのメソッドを定義しています．9 行目で Office クラスの参照型変数 office に対し，学籍番号 studentID 番の得点を探してもらうようメッセージ（メソッド retrievePoint の呼出し）を送っています（図 6.3）．

図 6.3　教員から事務室へのメッセージパッシング（戻り値あり）

メソッド retrievePoint は戻り値の型が int 型で，問合わせのあった番号を持つ成績オブジェクトの得点を返します．メッセージの送り手は，メッ

セージに対する返答を受け取ることができます．受け取った値が0以上ならば得点として表示し（11行目），−1ならばその学籍番号の成績は未登録であることを表示しています（14行目）．

6.2.4 各クラスの動作

この節で紹介してきた成績クラス，事務室クラス，教員クラスを利用して，実際に動作させるためのプログラムをみてみましょう．

ソースコード6.4 動作確認のためのテストプログラム

```
1   public class ScoreAdministration {
2       public static void main(String[] args) {
3           Office office1 = new Office();
4           Teacher aoki = new Teacher("青木");
5           Teacher endo = new Teacher("遠藤");
6   
7           office1.addStudent("0001");
8           office1.addStudent("0002");
9           office1.addStudent("0003");
10  
11          aoki.inputScore(office1);
12  
13          endo.askScore(office1, "0001");
14          endo.askScore(office1, "0002");
15          endo.askScore(office1, "0004");
16      }
17  }
```

ソースコード6.4の実行結果

（遠藤）学籍番号 0001 の成績は 80 点です．
（遠藤）学籍番号 0002 の成績は 87 点です．
（遠藤）学籍番号 0004 の成績は未登録です．

ソースコード6.4では，3行目で事務室オブジェクトを生成し，参照型変数office1で参照しています．簡単のため以降このオブジェクトのことをoffice1オブジェクトと呼びます．他のオブジェクトに対する呼称も同様とします．4, 5行目で教員オブジェクトを生成し，それぞれ参照型変数aokiとendoで参照しています．

11行目ではaokiオブジェクトが，メソッドinputScoreを実行しています．Teacherクラスの項で説明したように，inputScoreメソッドの中でoffice1オブジェクトに成績オブジェクトを伝えるメッセージを送っています．office1オブジェクトは，このメッセージ（メソッド呼出し）に

より自身のメソッド registerScore を実行し，フィールド scoreList に，送られてきた成績オブジェクトを追加します．

次に 13〜15 行目では他の教員を表す endo オブジェクトがメソッド askScore を実行し，そのなかで，指定した学籍番号の成績を探してくれというメッセージ（メソッド retrievePoint の呼出し）を office1 オブジェクトに送っています．その学籍番号を持った成績オブジェクトが見つかれば，office1 オブジェクトは得点を戻り値として返します．見つからなければ −1 を戻り値として返します．返ってきた数値を基に，endo オブジェクトは実行結果にあるような表示を行っています．

6.3 委譲

> **委譲**
> ・他のクラスの参照型変数をフィールドに持ち，メソッドが呼び出されたときに，フィールドが参照しているオブジェクトにメソッド呼出しを行い処理を委ねること

▶ ［委譲］
　委譲に対して，Java 言語として文法的な枠組みが存在しません．委譲とは囲みで書いたとおりです．しかしながら，7.5.3 節や 8.4 節で紹介するように，フィールドとしてもつ参照型変数がポリモーフィズムを実現できるとき，委譲は柔軟なクラス設計の枠組みを提供しつつ，将来の仕様変更に対して開発システムを頑健にします．非常に重要な概念ですので，その使い方・考え方を必ずマスターしましょう

本節では，ソースコード 6.2 のクラス Office を拡張することを考えます．現在の仕様では，複数の教員が学生の点数を登録できるような形になっています．複数教員で担当する実習のような科目では違和感がありませんが，各教員がそれぞれの講義を一人で担当する講義科目では現実的な設計ではないと思われます．そこで，これまでのクラス Office を科目クラス Subject として再定義し，新しいオフィスクラス NewOffice を導入します．クラス NewOffice では，学生の点数を直接的に管理するのではなく，科目を管理することとします．

6.3.1 科目クラス Subject

ソースコード 6.5 の科目クラス Subject の機能は，クラス Office とほとんど同じです．科目名を表すフィールド name の追加や，履修している学生 ID のリストを返すメソッドなどが追加されています．

▶ ［クラス Subject の仕様］
　各科目は一人の教員が担当しているとしています．また，あまり現実的ではありませんが，各教員は一つの科目しか担当していないという仕様にしました．

ソースコード 6.5 科目クラス Subject

```java
1   import java.util.ArrayList;
2
3   public class Subject {
4       private ArrayList<Score> scoreList;
5       private String name;
6
7       public Subject(String name) {
8           scoreList = new ArrayList<>();
9           this.name = name;
10      }
11
12      public int retrievePoint(String studentID) {
13          int point = -1;
14          for (Score score: scoreList) {
15              if (studentID.equals(score.getStudentID())) {
16                  point = score.getPoint();
17                  break;
18              }
19          }
20          return point;
21      }
22
23      public void setPoint(String studentID, int point) {
24          for (Score score: scoreList)
25              if (score.getStudentID().equals(studentID))
26                  score.setPoint(point);
27      }
28
29      public String getName() {
30          return name;
31      }
32
33      public void addStudentID(String studentID) {
34          scoreList.add(new Score(studentID,-1));
35      }
36
37      public ArrayList<String> getStudentIDList() {
38          ArrayList<String> ret = new ArrayList<>();
39          for (Score score: scoreList)
40              ret.add(score.getStudentID());
41          return ret;
42      }
43  }
```

6.3.2 新しいオフィスクラス NewOffice

ソースコード 6.6 の新しいオフィスクラス NewOffice はソースコード

6.2 のクラス Office と比較すると以下の点が異なります．フィールドが ArrayList から HashMap に変更されています．これは新しいオフィスの仕事が，各科目を束ねて管理すること，そして各教員には一つずつ科目が割り当てられていることによります．個々の成績は科目に紐づけられており，成績の管理は科目をとおして行います．

12, 13 行目と 17 行目は，最終的に委譲する処理が異なっています．委譲を行う前までの処理は同じですが，書き方によって，2 行で表現されたり，1 行で表現されたりしています．初学者にとっては，12, 13 行目のような書き方の方がわかりやすいかも知れません．teacher が担当する科目を subjects から取り出し，そのオブジェクトに次の行でメソッド呼出しをしています．17 行目はその処理を 1 行にまとめたものです．メソッド呼出しに使われるドット．は，左から右へと評価されます．つまり，17 行目は，subjects.get(teacher) を実行し，その戻り値であるオブジェクトに対して addStudentID(studentID) を実行しています．

▶ [擬人化]
「科目」に人格があるような書き方になっています．オブジェクト指向プログラミングでは，各オブジェクトにメッセージを送ることにより処理が進められます．擬人化により，本来メッセージを送らないような主体がクラス化されることもしばしばあります．

▶ [本項の委譲]
フィールドの HashMap のキーとして格納されている「オブジェクト参照」に対してメソッドを呼び出しています．少しわかりにくいかもしれませんね．

ソースコード 6.6 新しいオフィスクラス NewOffice

```
1  import java.util.HashMap;
2  import java.util.ArrayList;
3
4  public class NewOffice {
5      private HashMap<Teacher, Subject> subjects;
6
7      public NewOffice() {
8          subjects = new HashMap<>();
9      }
10
11     public void registerScore(Teacher teacher, String studentID, int point) {
12         Subject subject = subjects.get(teacher);
13         subject.setPoint(studentID, point);
14     }
15
16     public void registerStudent(Teacher teacher, String studentID) {
17         subjects.get(teacher).addStudentID(studentID);
18     }
19
20     public ArrayList<String> getStudentIDList(Teacher teacher) {
21         Subject subject = subjects.get(teacher);
22         return subject.getstudentIDList();
23     }
24
25     public int retrievePoint(Teacher teacher, String studentID) {
26         return subjects.get(teacher).retrievePoint(studentID);
27     }
28
```

```
29      public void generateNewSubject(String subjectName, Teacher teacher) {
30          subjects.put(teacher, new Subject(subjectName));
31      }
32
33      public String askSubjectName(Teacher teacher) {
34          return subjects.get(teacher).getName();
35      }
36  }
```

6.3.3 クラス Teacher の修正

Teacher クラスの修正点を下に記述します．8 行目と 19 行目のメソッド定義における第 1 引数の型が，新しいオフィスクラス NewOffice に変わっています．また，新しいオフィスクラス NewOffice では，9 行目のメソッド retrievePoint，10 行目のメソッド askSubjectName，22 行目メソッド registerScore は，第 1 引数としてクラス Teacher のオブジェクト参照を要求するようになりましたので，自身のオブジェクトを参照する特別な参照型変数 this を与えています．

─ クラス Teacher の修正 ─
```
 8      public void askScore(NewOffice office, String studentID) {
 9          int point = office.retrievePoint(this, studentID);
10          String subjectName = office.askSubjectName(this);
11          if (point >= 0)
12              System.out.printf("(%s:%s) 学籍番号 %s の成績は %d 点です。\n",
13                       name, subjectName, studentID, point);
14          else
15              System.out.printf("(%s:%s) 学籍番号 %s の成績は未登録です。\n",
16                       name, subjectName, studentID);
17      }
18
19      public void inputScore(NewOffice office) {
20          int point = 80;
21          for (String studentID: office.getStudentIDList(this)) {
22              office.registerScore(this, studentID, point);
23              point += 7;
24          }
25      }
26  }
```

6.3.4 実行の確認

ソースコード 6.7 は，6, 7 行目で各教員が「新しいオフィス」に自身の科目を作るように依頼しています．9〜14 行目で事務室が，学生の履修登録をしています．16, 17 行目で各教員は，自身が担当する科目に関する成

績登録をしています．そして，19～22行目で成績を照会しています．実行結果からわかるように，20行目と22行目で同じ`studentID`を持つ学生の成績を照会していますが，各教員の科目の点数が出力されていることが分かります．

```
─ 実行結果 ───────────────────────────────
  （青木:情報実習）学籍番号 0001 の成績は 80 点です．
  （青木:情報実習）学籍番号 0004 の成績は 94 点です．
  （遠藤:オブジェクト指向設計）学籍番号 0003 の成績は 80 点です．
  （遠藤:オブジェクト指向設計）学籍番号 0004 の成績は 87 点です．
```

まとめますと，本節では`Subject`クラス（これは前節の`Office`クラスの名前を変え，メソッドをいくつか追加したものでした）の参照型変数を`HashMap`としてフィールドに持つ`NewOffice`クラスを作成しました．もともとの前節の`Office`クラスは一つの科目にしか対応していませんでしたが，`NewOffice`クラスは複数の科目に対応できるように機能拡張を行なったものでした．前節の`Office`クラスが最小限の機能しかなかったので，本節で，いくつかのメソッドを追加することになりました．一般的に，委

ソースコード 6.7 本節の修正を確認するためのテストプログラム

```
1   public class NewScoreAdministration {
2     public static void main(String[] args) {
3       NewOffice office1 = new NewOffice();
4       Teacher aoki = new Teacher("青木");
5       Teacher endo = new Teacher("遠藤");
6       office1.generateNewSubject("情報実習",aoki);
7       office1.generateNewSubject("オブジェクト指向設計",endo);
8
9       office1.registerStudent(aoki, "0001");
10      office1.registerStudent(aoki, "0002");
11      office1.registerStudent(aoki, "0004");
12
13      office1.registerStudent(endo, "0003");
14      office1.registerStudent(endo, "0004");
15
16      aoki.inputScore(office1);
17      endo.inputScore(office1);
18
19      aoki.askScore(office1, "0001");
20      aoki.askScore(office1, "0004");
21      endo.askScore(office1, "0003");
22      endo.askScore(office1, "0004");
23    }
24  }
```

譲の場合，既存のクラスを変更せずに新しい機能を追加することができます．つまり，既存のクラス (`Subject`) が有している操作は，フィールドにメソッド呼出しを行うことにより実現し，拡張したい機能を新しいクラス (`NewOffice`) のメソッドに記述します．既存のクラスを包む（ラッピング）ことにより，すべて最初からコーディングして新しいクラスを実装することによりも時間の短縮になるほか，同じコードを複数のクラスで点在させることがないので，保守性が向上します．

[6章のまとめ]

この章では，オブジェクト指向プログラミングの考え方に触れ，メッセージパッシングならびに委譲について学びました．

1. 7章・8章で学ぶ継承やインタフェースなどの諸概念について簡単に触れました．
2. オブジェクト間でメッセージを送受信させることで，より複雑なプログラムを構成する方法について学びました．
3. フィールドに他のクラスの参照型変数を持ち，その参照型変数が参照しているオブジェクトに処理を委ねる委譲について学びました．

6章 演習問題

[演習 1]

学生を表すクラスを定義するプログラム Student.java を作成してみましょう．Student.java は次に示す仕様を満たすものとします．

フィールド 次の3つのフィールドを持ちます．
　　学籍番号を表す String 型のフィールド studentID
　　学年を表す int 型のフィールド grade
　　氏名を表す String 型のフィールド name
ただしすべてのフィールドには private 修飾子を付けるものとします．

コンストラクタ すべてのフィールドに値を代入するための引数をとるコンストラクタを持ちます．

メソッド 下に示す実行結果が得られるよう，すべてのフィールドの状態を表示するメソッド showInfo を持ちます．また，フィールド studentID のゲッターを実装してください．

main メソッド オブジェクトの生成やメソッドの動作確認のため，次のような main メソッドを定義します．まず次の3人の学生を表すオブジェクトを生成して下さい．

　　studentID: 0001，grade: 1，name: 山田太郎
　　studentID: 0002，grade: 2，name: 斉藤花子
　　studentID: 0003，grade: 3，name: 田中一郎．

そのうえで，それぞれのオブジェクトにメソッド showInfo を実行させ，次のような実行結果が得られるようにして下さい．

実行結果

学籍番号 0001，1 年の山田太郎です．
学籍番号 0002，2 年の斉藤花子です．
学籍番号 0003，3 年の田中一郎です．

[演習 2]

学生が教員に，自分の成績を教えてもらうことができるようなアプリケーションを作成してみましょう．具体的には，これまでに作成してきた Student.java や Teacher.java を改良し，このアプリケーションを動作させるための main メソッドを持つクラスを作成します．Office.java は，ソースコード 6.2 をそのまま利用できます．

Teacher.java を変更して NewTeacher クラスを作成します．NewTeacher クラスを，ソースコード 6.8 に示しました．これをそのまま使ってください

まず，Student.java に，自分の成績を教員に問い合わせるためのメソッド askScore を追加してください．

ソースコード 6.8 クラス NewTeacher

```
1   public class NewTeacher {
2       private String name;
3       /** 新たに追加したフィールド．自分の所属する学科の事務室 */
4       private Office office;
5       /** 追加したコンストラクタ．所属する学科の事務室も指定して，
6              オブジェクトを生成します．*/
7       public NewTeacher(String name, Office office) {
8           this.name = name;
9           this.office = office;
10      }
11      public void inputScore() {
12          int point = 80;
13          for (String studentID: office.getStudentIDList()) {
14              office.registerScore(new Score(studentID, point));
15              point += 7;
16          }
17      }
18      public int askScore(String studentID) {
19          return office.retrievePoint(studentID);
20      }
21  }
```

```
public void askScore(NewTeacher teacher) {
    この問題で追加した NewTeacher クラスのメソッド askScore を利用し，
    自分の学籍番号を teacher に伝え，自分の得点を教えてもらいます．
        また，その得点を実行結果にあるように表示します．
}
```

次に，このアプリケーションを実行するための main メソッドを持つクラスの半完成品を，ソースコード 6.9 に示します．11〜13, 18, 19 行目を考えて完成させ，実行結果にあるような表示が得られるようにしてください．

― 実行結果 ―

学籍番号 0001，1 年の山田太郎です．
今回の得点は 80 点です．
学籍番号 0004，1 年の鈴木次郎です．
今回の得点は 未登録です．

ソースコード 6.9 演習 2 のテストプログラム

```java
/** NewTeacher クラスのオブジェクトを介して，Student
    クラスのオブジェクトが自分の成績を知るための
    main メソッドを持つクラス */
public class ScoreAdministrationForStudents {
    public static void main(String[] args) {
        /* 準備．office クラスと NewTeacher クラスのオブジェクト生成 */
        Office office1 = new Office();
        NewTeacher aoki = new NewTeacher("青木", office1);
        NewTeacher endo = new NewTeacher("遠藤", office1);
        /* 準備．Student クラスのオブジェクト生成 */
        //"山田太郎","0001",1 という引数で，yamada オブジェクトを生成
        //"鈴木次郎","0004",1 という引数で，suzuki オブジェクトを生成
        //yamada オブジェクトを office1 に登録する
        /* aoki 先生が成績をつけて，Office クラスのオブジェクトに送る */
        aoki.inputScore();
        /* NewTeacher クラスのオブジェクト endo を介して，
           yamada と suzuki が自分の成績を問い合わせる */
        // yamada の動作を記述
        // suzuki の動作を記述
    }
}
```

7章　継承・抽象クラス

[ねらい]

　この章では，オブジェクト指向プログラミングの重要な概念である継承について学びます．継承を用いることにより，いくつかのクラスに共通する操作を一箇所にまとめて記述できるようになります．複数のクラスに同じ操作を点在させて書くと，その操作に修正があった場合，その操作を記述しているすべてのクラスで修正をしないといけません．継承を用いれば，再利用性，拡張性，および柔軟性が高いプログラムを作成することができるようになります．この性質は，長らく，オブジェクト指向プログラミングが用いられたきた理由の一つです．本章では，4章で紹介した長方形クラスに，正方形，三角形，および楕円を表すクラスを追加していきながら，再利用性，拡張性，および柔軟性が高いプログラムを作成する方法を学びましょう．

[この章の項目]

- 継承：スーパークラスの属性・操作をサブクラスに引き継ぐ継承概念について学びます．
- 抽象化：いくつかのクラス間に共通する属性・操作を取り出して抽象的なクラスを作成する方法です．
- ポリモーフィズム：スーパークラスの参照型変数に対してメソッド呼出しをした際に，参照しているオブジェクトの型（サブクラス）に応じて呼び出されるメソッドが変化する機能です．
- 抽象クラス：具体的な操作が実装されていない抽象メソッドを持つクラスです．

7.1 既存クラスの再利用

4章演習問題の演習8では，メソッドを書き換えることで，長方形を視覚的に表示させるようにしました．本節では，この視覚的な表示機能の追加を継承を用いて実現しましょう．

演習8では，widthが横でheightが縦となるように画面を表示していました．これを，タブレットのように画面の回転に応じて，表示の際の縦横を入れ替えたいという要求があったものとします（座標を記したフィールドの値は変更しないものとします）．

7.1.1 コピーによって作成したクラス CopyOfRectangle

ソースコード7.1に示すように，クラスRectangleを参考にして，画面表示を付加した長方形クラスCopyOfRectangle作成します．

Rectangle クラスと異なるのは，メソッド showState，フィールド orientation の追加と，追加に伴いコンストラクタも修正されています．フィールド orientation は縦向きに図形を表示するか，横向きに表示をするかを決める boolean 型の変数です．メソッド showState の中を書き換えて，長方形を図示しています．クラス CopyOfRectangle は Rectangle クラスをコピーして作成したので，Rectangle のソースコードは残っています．つまり，これまでの Rectangle クラスはそのまま利用できます．しかしながら，側注に記述したように，このような方法でプログラムの拡張を行なうべきではありません．ソースコード7.1では，修正があった箇所（メソッド showState，depiction とコンストラクタ）を記しましたが，クラス CopyOfRectangle にはメソッド move のように，クラス Rectangle からいくつかの操作（メソッド）が複製されているはずです．

このようなメソッドの複製が，コピーによって生成されたクラス，たとえば，「画像を生成する長方形クラス ImageGenerationRectangle」や「GUIで画面表示を行うための長方形クラス GUIRectangle」にもあったとします．さらに，メソッド move に仕様変更があった場合，すべてのクラスの move に変更を加えないといけません．この変更は，労力がかかるだけでなく，変更漏れによるバグを生み出す可能性があります．

▶ [コピーによる操作の拡張]
本項で例示するコピーによる新たなクラスの作成は，ついやりがちなアプローチです．このアプローチは，結果として，同じ操作を行うソースコードを複数のクラスに点在させてしまうため，プログラムの保守性を著しく損ないます．本項のコピーによる操作の拡張は，継承のメリットを効果的に示すための例であり，望ましくない例であることを理解してください．

▶ [点在化されたソースコードの保守の難しさ]
コピーによる複製を多用して，複数のクラスに同じメソッドがある場合，皆さんはすべての変更を管理できるでしょうか？プロジェクトの誰かが，さらなる修正を行っているかも知れません．そして，その修正は，あるクラスにおいて，メソッドの中身が一部だけ書き換えられているかもしれません．さらに，とんでもないことに，そのような書き換えがドキュメント化されていないことも（よく）あります．

▶ [DRY]
DRY (Don't Repeat Yourself) という格言が知られています．これは，同じ操作を行うコードをできるだけ一つにまとめようという意味です．

▶ [コピーの潜在的な問題点]
変更漏れだけでなく，コピーをした操作が，完全な複製ではなく，操作が一部書き換えられている場合があります．その場合，以前の書き換えと今回の修正が整合するようにしないといけません．

ソースコード 7.1 クラス CopyOfRectangle：クラス Rectangle をコピーして変更点を修正．フィールド，コンストラクタ，変更のあったメソッド showState, depiction のみ記載

```
 1 public class CopyOfRectangle {
 2    private int xPosition;
 3    private int yPosition;
 4    private int width;
 5    private int height;
 6    private boolean orientation;
 7
 8    public CopyOfRectangle(int xPosition, int yPosition,
 9                   int width, int height, boolean orientation) {
10       this.xPosition = xPosition;
11       this.yPosition = yPosition;
12       this.width = width;
13       this.height = height;
14       this.orientation = orientation;
15    }
16    public void showState() {
17       System.out.print("x 座標: " + xPosition + ", y 座標: " + yPosition);
18       System.out.println(", 幅: " + width + ", 高さ: " + height);
19       depiction();
20    }
21    private void depiction() {
22       int endX = width  - 2;
23       int endY = height - 2;
24       if (orientation) {
25          endX = height - 2;
26          endY = width  - 2;
27       }
28       System.out.print("+");
29       for (int i = 0; i < endX; i++)
30          System.out.print("-");
31       System.out.println("+");
32       for (int j = 0; j < endY; j++) {
33          System.out.print("|");
34          for (int i = 0; i < endX; i++)
35             System.out.print(" ");
36          System.out.println("|");
37       }
38       System.out.print("+");
39       for (int i = 0; i < endX; i++)
40          System.out.print("-");
41       System.out.println("+");
42    }
```
　　　以下，省略

7.2 継承

継承を利用すれば，スーパークラスと異なる部分だけを記述してサブクラスを作成することができます．共通部分はサブクラスで記述しなくても，スーパークラスから引き継がれます．

▶ [IS-A 関係]
　継承のことを IS-A 関係と呼ぶこともあります．これは，オブジェクト指向プログラミングが，人工知能の知識表現，フレーム理論で使用された継承を取り込んだことによります．

> **継承**
> ・あるクラスの属性（フィールド）と操作（メソッド）が
> 　別のクラスに引き継がれること．
> ・スーパークラス：引き継がれるクラス
> ・サブクラス：引き継ぐクラス

▶ [親クラス，子クラス]
　スーパークラスのことを親クラス，サブクラスのことを子クラスと呼ぶこともあります．

7.2.1 継承の書式

> **継承を用いたクラス定義の書式**
> 　アクセス修飾子　class　サブクラス名　extends　スーパークラス名　{
> 　　クラスの中身
> 　}

▶ [extends]
　キーワード extends の末尾の "s" は英語でいうところの三単元の "s" を表しています．class RectangleWithDepiction extends Rectangle という表記は，クラス RectangleWithDepiction は Rectangle を拡張するという意味になります．

ソースコード 7.2 は，クラス Rectangle を継承した RectangleWithDepiction クラスです．6 行目の super でスーパークラスのコンストラクタを呼び出しています．この継承を行うために Rectangle クラスの 4 つのフィールドのアクセス修飾子を private から protected に変更してください．スーパークラスのフィールドをサブクラスで利用することを許すためです．

図 7.1 は Rectangle クラスと RectangleWithDepiction クラスの継承関係を表しています．RectangleWithDepiction クラスは，スーパークラ

▶ [super を用いたスーパークラスのコンストラクタの呼出し]
　ソースコード 7.2 の 3 行目のスーパークラスのコンストラクタ呼出しでは，引数を 4 つ指定しています．もし，スーパークラスのコンストラクタに引数が 4 つで，すべての引数の型が int 型であるようなコンストラクタが定義されていない場合，エラーになります．

▶ [protected]
　アクセス修飾子 protected については，9.3.2 節で説明します．

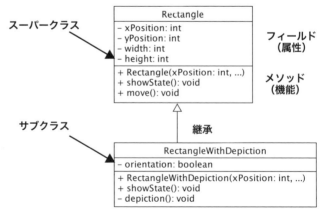

図 **7.1**　Rectangle クラスと RectangleWithDepiction クラスの継承関係

ス Rectangle のサブクラスであり，Rectangle クラスのフィールドとメソッドを継承しています．

ソースコード 7.2 のテストプログラム RectangleWithDepictionTestDrive を実行すると出力結果は次ページのようになります．

ソースコード 7.2 クラス RectangleWithDepiction：クラス Rectangle を継承，10 行目からのメソッド showState はソースコード 7.1 のものを用いること．move などの他のメソッドは記述する必要はない．

```
1  public class RectangleWithDepiction extends Rectangle{
2    private boolean orientation;
3
4    public RectangleWithDepiction(int xPosition, int yPosition,
5               int width, int height, boolean orientation) {
6      super(xPosition, yPosition, width, height);
7      this.orientation = orientation;
8    }
9
10   public void showState() {
11     System.out.print("x 座標: " + xPosition + ", y 座標: " + yPosition);
12     System.out.println(", 幅: " + width + ", 高さ: " + height);
13
14     depiction();
          以下省略

21 public class RectangleWithDepictionTestDrive {
22   public static void main(String[] args) {
23     RectangleWithDepiction rectangle1;
24     rectangle1 = new RectangleWithDepiction(2, 1, 5, 6, true);
25     rectangle1.showState();
26     rectangle1 = new RectangleWithDepiction(2, 1, 5, 6, false);
27     rectangle1.showState();
28   }
29 }
```

▶[ソースコード 7.2 の注意点]
 クラス RectangleWithDepiction と RectangleWithDepictionTestDrive は，別々のファイルで記述してください．

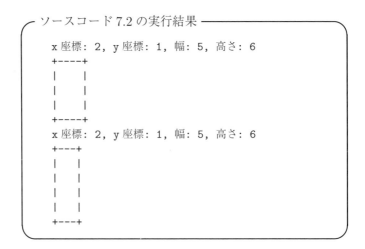

7.2.2 オーバーライド

ソースコード 7.2 の RectangleWithDepiction クラスで，継承を用いれば，スーパークラスのフィールドとメソッドを再利用でき，プログラムが簡単に作れることを学びました．メソッド showState では，スーパークラスから継承したメソッドをそのまま用いるのではなく，サブクラスに特化した操作，拡張した操作，および例外的な操作を持つように再定義しました．このように，スーパークラスのメソッドをサブクラスで再定義することを，メソッドの**オーバーライド** (override) と呼びます．

7.2.3 super を用いたスーパークラスのメソッド呼出し

ソースコード 7.2 の 11, 12 行目はスーパークラスのメソッド showState と同じ操作です．同じコードが複数のクラスに存在していても，2 行ほどの操作なのであまり気にしなくてもいいように思われるかも知れません．しかしながら，Rectangle クラスのサブクラスが数十個あり，それらすべてで 11, 12 行目で書いたような操作があったとします．仕様変更で画面の出力様式を変更する場合，すべてのクラスのメソッド showState で操作を書き換えないといけません．書換えの作業に手間がとられるだけでなく，変更漏れなどによってバグを生み出すことになります．

> **super を用いたスーパークラスのメソッド呼出し**
> super.スーパークラスのメソッド名 (引数リスト)

解決策としては，サブクラスからスーパークラスのメソッドを呼び出すことが考えられます．このことにより，修正があった場合でも，スーパークラスの当該メソッドを書き換えるだけでよくなります．下の 11 行目でスーパークラスのメソッド showState を呼出しています．

▶ [オーバーロード]
　3.4 節で説明したオーバーロードはメソッド名が同じで，引数リストが異なるメソッドを作成することを意味しています．オーバーライドと混同しないようにしましょう．

```
10      public void showState() {
11          super.showState();
12
13
14          int endX = width  - 2;
15          int endY = height - 2;
```

このようにsuperを使用するとスーパークラスのメソッドを再利用できます．スーパークラスのメソッドをサブクラスでオーバーライドしたからといって，スーパークラスのメソッドが無くなってしまうわけではありません．

7.2.4 スーパークラスのコンストラクタの呼出し

サブクラスのオブジェクト生成について考えます．これには，図7.2のように，superを用いて，スーパークラスのコンストラクタが呼び出されます．これは最上位に位置するクラスjava.lang.Objectのコンストラクタが呼び出されるまで繰り返されます．最上位のコンストラクタが実行され，次に順次，その直下のサブクラスのコンストラクタに制御が戻り，実行されます．

先述のように，スーパークラスのコンストラクタは，super文で呼び出すことができます．ただしコンストラクタ内の最初の文として与える必要があります．

> コンストラクタの呼出し順序
> 1. 初期化子と初期化ブロックが記述されていれば，それらによりフィールドを初期化する．
> 2. スーパークラスのコンストラタクを呼び出す．
> 3. コンストラクタ本体を実行する．

では，ソースコード7.2で詳細にオブジェクトの生成過程を追ってみましょう．図7.2は，RectangleWithDepictionクラスのオブジェクトの生成過程を表しています．図中の番号がコンストラクタの実行順序になります．

① 24行目のnew演算子でRectangleWithDepictionクラスのオブジェクトを生成します．このとき，このRectangleWithDepictionクラスのオブジェクトを格納するためのメモリ領域が確保されます．そして，スーパークラスから継承したフィールドを含むすべてのフィールドのためのメモリ領域を割り当て，型に応じた初期値に設定します．また，

▶ [コンストラクタは上位のクラスから順番に実行される]
これは，サブクラスでスーパークラスのフィールドを使う可能性があるからです．

▶ [java.lang.Object]
他のクラスを継承をしていない，通常のクラスは，キーワードextendsが用いられていなくてもjava.lang.Objectがスーパークラスとなります．

▶ [デフォルトコンストラクタ]
サブクラスのコンストラクタの最初の文に，super文が記述されていなければ，コンパイラは，スーパークラスの引数なしのコンストラクタを使用すると解釈し，引数なしのsuper文があるものとして解釈してくれます．super文の書法は，7.2.3項を参照してください．
クラスにコンストラクタが一つも定義されていない場合，デフォルトコンストラクタ(default constructor)が定義されているものとして解釈されます．デフォルトコンストラクタは，引数のないコンストラクタで，具体的な操作が1行もないコンストラクタです．クラス名をAとすると，クラスAにコンストラクタが定義されていな場合，public A() { }のようなデフォルトコンストラクタがあるものとされます．

▶ [型に応じた初期値]
29ページに書かれているように，数値なら0，boolean型ならfalse，参照型変数ならnullが代入されます．

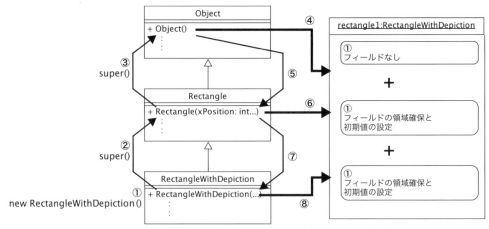

図 7.2 サブクラスのオブジェクト生成過程

各クラスで定義されたメソッドが実行できるように，メソッドを登録します．その後，指定したコンストラクタの実行が開始されます．

② まず，スーパークラスのコンストラクタを呼び出します．コンストラクタの最初の行（6行目）に super 文が書かれていますので，Rectangle クラスの 4 つの引数（すべて int 型）を持つコンストラクタが呼び出されます．

③ Rectangle クラスのコンストラクタには super 文の記述はありませんので，最上位のスーパークラス java.lang.Object クラスの引数なしコンストラクタが呼び出されます．

④ java.lang.Object クラスの引数なしコンストラクタが実行されます．プログラムをコーディングしていく上で留意しておくべきことは，ここでは行われません．

⑤ Rectangle クラスのコンストラクタに戻ります．

⑥ Rectangle クラスのフィールドには初期化子などの記述はありませんので，コンストラクタの実行を再開します．コンストラクタの定義に従い，xPosition などの 4 つのフィールドが初期化されます．

⑦ RectangleWithDepiction クラスのコンストラクタに戻ります．

⑧ 同様に，フィールドに初期化子の記述がないためフィールドの初期化は行われることなく，RectangleWithDepiction クラスのコンストラクタの実行を再開します．

本節の最後に，継承を用いた再利用のメリットを挙げておきましょう．

> **継承を用いて再利用するメリット**
>
> **[プログラムの重複を防ぐ]** この節で用いたクラスでは，メソッド move などの実装が同じでした．継承を用いなければ，プログラムが重複します．継承を用いれば，Rectangle クラスの一ヶ所に書くだけで済みます．
>
> **[実装の間違いは一ヶ所だけ修正]** メソッド move の実装が間違っていたことが判明したとします．コピー・修正して作成した場合は，すべて修正しなければなりません．継承を用いている場合は，Rectangle クラスのみ修正するだけで済みます．また，RectangleWithDepiction クラスは再コンパイルすら必要ありません．
>
> **[コードの再利用性を高める]** 似たようなプログラム（同じ役割を担うクラスのバージョンアップなど）を再開発する場合，新しいクラスをサブクラスとして作成し，サブクラスでは，メソッドの追加や修正（オーバーライド）だけを行えばよくなります

7.3 よく似たクラスの抽象化

長方形とよく似た性質をもつクラスとして，三角形クラスと楕円クラスを追加してみましょう．図 7.3 は，三角形と楕円の定義と面積の計算式です．

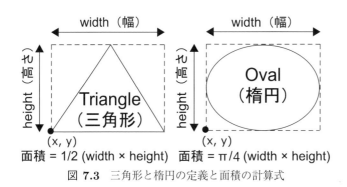

図 7.3 三角形と楕円の定義と面積の計算式

まず，面積の計算です．面積を計算するというメソッドの操作はこれらのクラスで同じです．しかし計算式は，図 7.3 に記述したように，長方形，三角形，および楕円で異なりますので，メソッド calcArea はすべて異なります．次に，移動です．移動するというメソッドの操作は，左上の位置の x 座標と y 座標を起点として，引数で指定しただけ平行移動させることですので，これらのクラスですべて同じです．つまり，メソッド move の実装はすべて同じとなります．

ソースコード 7.3, 7.4 は，三角形クラスと楕円クラスのプログラムです．

▶ [メソッドの実装]
メソッド本体のプログラム．より一般的には，記述されたプログラムを指します．

ソースコード 7.3 Triangle クラス

```
1  public class Triangle {
2      private int xPosition;
3      private int yPosition;
4      private int width;
5      private int height;
6      private int area;
7
8      public Triangle(int xPosition, int yPosition, int width, int height) {
9          this.xPosition = xPosition;
10         this.yPosition = yPosition;
11         this.width = width;
12         this.height = height;
13     }
14
15     public int getArea() {
16         return area;
17     }
18
19     public void calcArea() {
20         area = (width * height) / 2;
21     }
22
23     public void move(int xMove, int yMove) {
24         xPosition += xMove;
25         yPosition += yMove;
26     }
27 }
```

ソースコード 7.4 Oval クラス

```
1  public class Oval {
2      private int xPosition;
3      private int yPosition;
4      private int width;
5      private int height;
6      private int area;
7
8      public Oval(int xPosition, int yPosition, int width, int height) {
9          this.xPosition = xPosition;
10         this.yPosition = yPosition;
11         this.width = width;
12         this.height = height;
13     }
14
15     public int getArea() {
16         return area;
```

```
17      }
18
19      public void calcArea() {
20          area = (int) (Math.PI * width * height) / 4;
21      }
22
23      public void move(int xMove, int yMove) {
24          xPosition += xMove;
25          yPosition += yMove;
26      }
27  }
```

7.3.1 抽象化

長方形クラス，三角形クラス，および楕円クラスの操作について，共通する部分を分析してみましょう．ここまでみてきたように，長方形，三角形，および楕円は，面積を計算する，移動するという共通の操作を持っています．これら共通する操作は，図7.4のように表現できます．また，これらクラスは，左上の位置，幅，高さ，および面積という共通の属性を持ちます．

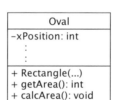

図 **7.4** クラスに共通する操作

抽象化
　　複数のクラスに共通する属性と操作を取り出して新しいクラスを作ること．

▶ [クラス名の命名の重要性]
抽象化においては，共通部分を持つクラスにふさわしい名前を付けることが重要となります．命名された名前から容易に共通部分を持つことが想像できれば，そのクラスを設計した人でなくとも，その名前を手がかりとしてそのクラスの属性や操作が理解しやすくなります．そのため，そのクラスの開発者以外の人がプログラムの変更を行う必要が生じたとしても，比較的容易にプログラムの修正を行うことができるようになります．つまり，適切にクラスを命名することは，プログラムの保守性の向上に寄与します．

抽象化を行い，新しいクラスを作ってみましょう．共通部分を持つ新たなクラスの名前を，図 7.5 のように，Figure2D（2 次元図形）とします．既存のクラスと Figure2D クラスは継承を用います．Figure2D クラスは，Rectangle, Triangle, および Oval クラスのスーパークラスです．

メソッドの継承について考えてみましょう．Rectangle, Triangle, および Oval クラスのメソッド move の実装は同じで，メソッド calcArea の実装は異なりました．実装が同じであるメソッド move を Figure2D クラスで定義し，サブクラスは継承させるようにしました．このことにより，サブクラスの同じ実装のメソッドを一ヶ所のスーパークラスにまとめて，サブクラスから使用できるようになりました．

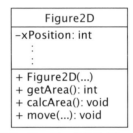

図 7.5　スーパークラス Figure2D

7.4　抽象クラス

抽象クラスを定義するときに，キーワード class の左隣にキーワード abstract を付けてクラスを定義すれば，そのクラスは抽象クラスになります．メソッドの本体を持たないメソッドを，**抽象メソッド** (abstract method) といいます．抽象メソッドも，abstract をキーワードに用いて表現します．

```
抽象クラスと抽象メソッドの書式
    ・抽象クラス
        アクセス修飾子 abstract class クラス名 {
            クラスの中身
        }
    ・抽象メソッド
        アクセス修飾子 abstract 戻り値の型　メソッド名(引数リスト);
```

抽象クラスのサブクラスは，必ず，抽象メソッドをオーバーライドしなければなりません．抽象クラスは new 演算子によってオブジェクトを生成することはできません．ただし，抽象クラスの参照型変数を宣言することはでき，その参照型変数はサブクラスのオブジェクトを参照することができます．

2 次元図形は必ず面積を特性として持つので，Figure2D クラスのサブクラスには，必ず面積を計算するメソッドを実装させる必要があります．抽象メソッドを定義しておけば，もしサブクラスでこのメソッドを実装し忘れたとしても，コンパイラがエラーとして発見してくれます．以下では，Figure2D クラスに抽象メソッド calcArea を定義しています．

ソースコード 7.5 は，抽象クラスとして定義された Figure2D です．1 行目のキーワード class の左隣に abstract が使われています．30 行目で，抽象メソッド calcArea を定義しています．30 行目がセミコロン「;」で終わっており，メソッドの処理が記述されていないことに留意しましょう．

▶ [抽象メソッドが存在しない抽象クラス]
クラス定義の先頭行にキーワード abstract を用いれば，抽象クラスとなります．抽象メソッドが一つもなくてもエラーにはなりません．
一方，一つでも抽象メソッドを定義すれば，必ず，クラス定義の先頭行にキーワード abstract をつける必要があります．

▶ [抽象クラスのサブクラスが抽象クラスであった場合]
スーパークラスの抽象メソッドをオーバーライドしていなくてもエラーにはなりません．

▶ [抽象クラスのメリット]
抽象クラスはポリモーフィズムを実現するときに便利です．次節で詳細を述べます．

ソースコード 7.5 抽象クラスとして定義された Figure2D クラス

```
1   public abstract class Figure2D {
2       protected String shape;
3       protected int xPosition;
4       protected int yPosition;
5       protected int width;
6       protected int height;
7       protected int area;
8
9       public Figure2D(int xPosition, int yPosition, int width, int height) {
10          this.xPosition = xPosition;
12          this.yPosition = yPosition;
13          this.width = width;
14          this.height = height;
15      }
16
17      public void move(int xMove, int yMove) {
18          xPosition += xMove;
19          yPosition += yMove;
20      }
21
22      public int getArea() {
23          return area;
24      }
25
26      public void showArea() {
27          System.out.printf("%s の面積は %d です。\n", shape, area);
28      }
```

```
29
30    public abstract void calcArea();
31 }
```

　ソースコード 7.6 は，抽象クラス Figure2D をスーパークラスに持つサブクラス Rectangle です．8〜10 行目で，Figure2D クラスの抽象メソッド calcArea を実装しています．

　また，ソースコード 7.5 ではフィールド shape とメソッド showArea が追加されています．これは現在のオブジェクトの形状とその面積を表示するためのものです．Figure2D ではフィールド shape は値が設定されていませんが，具象クラス（サブクラス）のコンストラクタで設定されます．

ソースコード 7.6 抽象クラス Figure2D のサブクラス Rectangle

```
1 public class Rectangle extends Figure2D {
2
3    public Rectangle(int xPosition, int yPosition, int width, int height) {
4       super(xPosition, yPosition, width, height);
5       shape = "長方形";
6    }
7
8    public void calcArea() {
9       area = width * height;
10   }
11 }
```

　5 行目で，スーパークラス Figure2D のフィールド shape の値を設定しています．この Rectangle クラスのオブジェクトは長方形であることは明白です．一方，スーパークラスのプログラムでは，どの形状であるか特定できません．同様に，ソースコード 7.7, 7.8 にサブクラス Triangle, Oval を示します．

ソースコード 7.7 抽象クラス Figure2D のサブクラス Triangle

```
1 public class Triangle extends Figure2D {
2
3    public Triangle(int xPosition, int yPosition, int width, int height) {
4       super(xPosition, yPosition, width, height);
5       shape = "三角形";
6    }
```

```
 7
 8    public void calcArea() {
 9        area = (width * height) / 2;
10    }
11 }
```

ソースコード 7.8 抽象クラス Figure2D のサブクラス Oval

```
 1 public class Oval extends Figure2D {
 2
 3    public Oval(int xPosition, int yPosition, int width, int height) {
 4        super(xPosition, yPosition, width, height);
 5        shape = "楕円";
 6    }
 7
 8    public void calcArea() {
 9        area = (int) (Math.PI * width * height) / 4;
10    }
11 }
```

ソースコード 7.9 は，ソースコード 7.5〜7.8 のテストプログラムです．

ソースコード 7.9 抽象クラス Figure2D のサブクラスとして定義した Rectangle，Triangle，Oval のテストプログラム

```
 1 public class AbstractTestdrive {
 2    public static void main(String[] args) {
 3        Rectangle rectangle = new Rectangle(1, 1, 10, 15);
 4        rectangle.calcArea();
 5        rectangle.showArea();
 6        Triangle triangle = new Triangle(1, 1, 10, 15);
 7        triangle.calcArea();
 8        triangle.showArea();
 9        Oval oval = new Oval(1, 1, 10, 15);
10        oval.calcArea();
11        oval.showArea();
12    }
13 }
```

このテストプログラムの実行結果を以下に示します．

```
―― ソースコード 7.9 の実行結果 ――
長方形 の面積は 150 です。
三角形 の面積は 75 です。
楕円 の面積は 117 です。
```

7.5 継承におけるポリモーフィズム

プログラムの変更や拡張を容易に行うには，プログラムを柔軟に作成しておくことが重要です．ポリモーフィズムは，プログラムを柔軟に作成するために是非とも習得したい技術です．前節までに使用してきた図形に関するクラスを用いて紹介します．

7.5.1 参照型変数の型とオブジェクトの型

参照型変数の型とオブジェクトの型

・参照型変数の型
　　参照型変数を宣言するときに指定した型
　　（例）`Rectangle rectangle;` の Rectangle
・オブジェクトの型
　　new 演算子によりオブジェクトを生成するときに指定した型
　　（例）`new Rectangle(3, 2, 4, 5)` の Rectangle

　参照型変数はオブジェクトの所在を示しています．参照型変数を宣言するときに指定された型は，メソッド呼出しが可能なのかどうかを，コンパイラが検査するために使用されています．たとえば，Rectangle クラスには，メソッド length() は定義されていません．Rectangle 型の参照型変数に，メソッド length() を呼び出そうとすると，コンパイラは Rectangle クラスで定義されたメソッドを検査してエラーを検出します．エラーでない場合は，コンパイラは，この型検査が合格したメソッド呼出しが実行時に受理されることを保証してくれています．

　オブジェクトの型は，メソッド呼出し時に実行されるメソッドを決定するために用いられます．本章では，継承により同じシグネチャのメソッドがオーバーライドできることを学びました．親子関係のあるクラス間で同一のシグネチャを持つメソッドが複数あったときに，どのクラスのメソッドが呼び出されるのかを決めるのがオブジェクトの型です．

7.5.2 型の違う参照型変数の代入

型の異なる参照型変数の代入
- スーパークラスの参照型変数は，サブクラスのオブジェクトを参照できる
- サブクラスの参照型変数は他のクラスのオブジェクトを参照できない

本章までは，参照型変数にオブジェクトを参照させるとき，参照型変数の型とオブジェクトの型が一致しないといけませんでした．たとえば，Rectangle rectangle = new Rectangle(3,2,5,4); とあった場合，左辺の参照型変数の型は Rectangle で右辺のオブジェクトの型（new 演算子の右隣）も Rectangle になっています．

型の違う参照型変数の代入
```
1   Figure2D figure2D;
2   Rectangle rectangle = new Rectangle(1, 1, 10, 15);
3   Triangle triangle = new Triangle(1, 1, 10, 15);
4   Oval oval = new Oval(1, 1, 10, 15);
5   figure2D = rectangle;
6   figure2D = triangle;
7   figure2D = oval;
```

▶ [サブクラス]
　上の定義における「サブクラス」とは，自身をスーパークラスとするようなクラスが存在しない，クラスを指しています．あるクラス B が，別のクラス A の「サブクラス」でかつ，さらに別のクラス C の「スーパークラス」であった場合，定義の上の文により，クラス B の参照型変数はクラス C のオブジェクトを参照することができます．しかし，下の文により，クラス B の参照型変数は，他の全く関係ないクラスのオブジェクトを含め，クラス A のオブジェクトを参照することはできません．

1 行目は，抽象クラス Figure2D の参照型変数 figure2D を宣言しています．2～4 行目は，各サブクラスのオブジェクトを作成し，各参照型変数に代入しています．代入により，各参照型変数はメソッド呼出しが可能になります．ただしこれらサブクラスを型に持つ参照型変数は，自身と同じのクラスの型のオブジェクトにしかメソッド呼出しをすることはできません．

5～7 行目では，Figure2D クラスの参照型変数 figure2D に，各サブクラスの参照型変数を代入しています．これは，「参照型変数 figure2D は，サブクラス Rectangle, Triangle, Oval の型を持つオブジェクトのメソッド呼出しが可能である」ということを意味しています．

▶ [抽象クラスのオブジェクト]
　抽象クラスはオブジェクトを生成することはできません．そのため，1 行目は参照型変数を宣言するだけの文になっています．

7.5.3 ポリモーフィズム

継承におけるポリモーフィズム
　スーパークラスの参照型変数に対してメソッド呼出しを行った際に，
　参照しているサブクラスのオブジェクトのメソッドが呼び出されること

前項で述べたように，スーパークラスの参照型変数は，自身を継承しているサブクラスのオブジェクトを参照することができます．スーパークラスの参照型変数にメソッド呼出しをした場合，どのメソッドが呼ばれるかは，メソッド呼出しを行った時点でのオブジェクトの型に依存します．

ソースコード 7.10 はポリモーフィズムの例を示しています．5, 8, 11 行目で，スーパークラスの参照型変数 figure2D に対してメソッド calcArea を呼び出しています．それぞれ，Rectangle クラス，Triangle クラス，Oval クラスで定義されたメソッド calcArea が呼び出されます．

ソースコード 7.10 ポリモーフィズムの例

```
 1 public class PolymorphismTestDrive {
 2   public static void main(String[] args) {
 3     Figure2D figure2D;
 4     figure2D = new Rectangle(1, 1, 10, 15);
 5     figure2D.calcArea();
 6     figure2D.showArea();
 7     figure2D = new Triangle(1, 1, 10, 15);
 8     figure2D.calcArea();
 9     figure2D.showArea();
10     figure2D = new Oval(1, 1, 10, 15);
11     figure2D.calcArea();
12     figure2D.showArea();
13   }
14 }
```

▶ [参照型変数の型（クラス）で定義されていないメソッドの呼出し]
呼び出せるメソッドは参照型変数の型（クラス）で定義されたメソッドのみです．
クラス Oval に，焦点を表示するメソッド showFocus があったとします．ソースコード 7.10 の 10 行目以降は，参照型変数 figure2D はクラス Oval のオブジェクトを参照しています．しかしながら，11 行目で figure2D.showFocus(); と書くことはできません．参照型変数の型である Figure2D では，メソッド showFocus が定義されていないからです．
オブジェクトの型が Oval であることを確認した上で，参照型変数をキャストし，メソッド showFocus を呼び出す場合は以下のように記述します．
```
if (figure2D instanceof
Figure2D) {
  ((Oval) figure2D)
        .showFocus();
}
```

実行結果は以下のようになります．

ソースコード 7.10 の実行結果

長方形 の面積は 150 です．
三角形 の面積は 75 です．
楕円 の面積は 117 です．

ポリモーフィズムは，設計者に柔軟な設計（拡張・修正）の枠組みを提供します．「拡張」に関して，まだ定義されていない台形クラスを将来定義することになったとします．この場合，メソッド呼出しを行っているソースコード 7.10 の 5, 8, 11 行目の変更は必要がありません．オブジェクトを参照している 4, 7, 10 行目の変更だけが必要となります．「修正」に関して，たとえば，長方形クラス Rectangle のメソッド showArea の実装で GPU に特化した新しい計算方法が考案されたとします．このとき，RectangleGPU というようなクラスを作成して，そのオブジェクトを参照させることによ

り，簡単に GPU に特化したプログラムを実現することができます．このような「修正」は，新しい操作への対応だけでなく，バグフィックスを行った修正版のクラス作成にも対応できます．

▶ [GPU]
　Graphical Processing Unit の略で，画面描写を行うための計算を行うハードウェアを指します．近年，数値計算に GPU を用いることもあります．

▶ [new 演算子の問題点]
　新しいクラスができるたびに，オブジェクトを生成している箇所の変更は必ず必要となります．ソースコード 7.10 の 4, 7, 10 行目のように，オブジェクトを生成している箇所を別のクラスの中で実行するようにすると，ソースコード 7.10 の変更が必要としない実装を実現することもできます．既存のソースコードの変更を少なくすることが，オブジェクト指向プログラミング・設計を行う重要な意義の一つです．

[7 章のまとめ]

　この章では，オブジェクト指向プログラミングの主要なプログラミング技法である継承について学び，抽象化・抽象クラスについても学びました．

1. 継承の書式，オーバーライド，super を用いたスーパークラスのメソッド・コンストラクタ呼出しについて学びました．
2. 抽象クラスとポリモーフィズムについて学びました．

7章　演習問題

［演習 1］
　円は，幅と高さが同じ楕円です．円クラス `Circle` を，楕円クラス `Oval` のサブクラスとして，継承を用いて定義して下さい．また，円の面積を計算するメソッド `calcArea` はオーバーライドして下さい．オーバーライドは幅を表すフィールドを円の半径とみなして面積を計算するようにして下さい．

［演習 2］
　ソースコード 7.9 を抽象クラス `Animal` と具象クラス `Cat` に書き直して下さい．ただし，フィールド，メソッド `introduction` はスーパークラスで定義してください．また，メソッド `makeSound` は抽象メソッドとしてください．

ソースコード 7.11 演習 2 の問題

```
 1 public class Cat {
 2    private String name;
 3    public Cat(String name) {
 4        this.name = name;
 5    }
 6    public void introduction() {
 7        System.out.printf("私の名前は%s です\n", name);
 8    }
 9    public void makeSound() {
10        System.out.printf("%s は鳴きます：にゃー\n");
11    }
12 }
```

［演習 3］
　ソースコード 7.9 のクラス `AbstractTestDrive` を拡張 for 文とポリモーフィズムを用いて書き直して下さい．参照型変数の型は `ArrayList<Figure2D>` とすること．

8章 インタフェース

[ねらい]

　インタフェースでは（抽象）メソッドの集合を定義します．インタフェースは（カプセル化された）オブジェクトが受信できるメッセージ（シグネチャ）のプロトコルです．このインタフェースを実装したクラス（実装クラス）が複数あれば，それらは機能的に同じメソッドを持ったクラスであるということを明示することができます．そして，継承のときのスーパークラスの参照型変数と同様に，インタフェースの参照型変数は実装クラスのオブジェクトが参照でき，ポリモーフィズムを用いることができます．

[この章の項目]

- インタフェースの定義方法を理解します
- インタフェースの実装クラスについて学習します
- インタフェースの参照型変数とオブジェクトの参照について理解します
- デフォルトメソッドについて学びます

8.1 インタフェース

継承関係にない複数のクラスが同じシグネチャのメソッドが定義されていたとします．これらが，「たまたま」同じシグネチャを有していたのか，それとも，機能的に必然に同じシグネチャになったのかを区別する方法がJava言語で提供されています．インタフェースでは（抽象）メソッドの集合を定義します．このインタフェースの実装クラスが複数あれば，それらは 機能的に同じメソッドを持ったクラスであるということを明示することができます．そして，継承のときのスーパークラスの参照型変数と同様に，インタフェースの参照型変数は実装クラスのオブジェクトが参照でき，ポリモーフィズムを用いることができます．

以下の節では，それぞれ，「インタフェースの定義」，「インタフェースの実装」そして，「インタフェースにおけるポリモーフィズム」を説明しています．

8.2 インタフェースの定義

▶ [同じシグネチャのメソッド]
　メソッド名，引数の個数，それぞれの引数の型が同じであるメソッドです．

▶ [実装クラス]
　インタフェースを実装したクラスのことを実装クラスといいます．次節で説明します．

インタフェースの定義
　　アクセス修飾子　interface　インタフェース名　{
　　　　メソッドの宣言;
　　}

インタフェースの定義はクラスの定義と書式が似ています．違いは，キーワードが class から interface に変わっていること，そして，抽象メソッドと同様に，メソッドには具体的な処理を書かずにメソッドの宣言のみを行なっていることです．

ソースコード 8.1 は，インタフェース CalcArea を定義しています．このインタフェースではシグネチャ calculation-int-int と getName-引数無しであるようなメソッドを持っています．

▶ [インタフェースの修飾子]
　インタフェースにおけるメソッド宣言の修飾子は public abstract です．つまり，ソースコード 8.1 の 2 行目を，int calculation(int width, int height); と記述しても，public abstract int calculation(int width, int height); として解釈されます．

ソースコード 8.1 インタフェースの定義の例

```
1  public interface CalcArea {
2      public int calculation(int width, int height);
3      public String getName();
4  }
```

8.3 インタフェースの実装

> **実装クラスの定義**
> アクセス修飾子 class クラス名 implements インタフェース名 {
>   クラスの記述
> }

インタフェースの実装は，キーワード implements を用います．ソースコード 8.2 は，長方形の面積を計算するインタフェース CalcArea の実装クラス CalcRectangle です．

ソースコード 8.2 インタフェースの実装の例：クラス CalcRectangle はインタフェース CalcArea を実装 (implement) している

```
1  public class CalcRectangle implements CalcArea {
2      public int calculation(int width, int height) {
3          return width * height;
4      }
5      public String getName() {
6          return "長方形の面積の計算";
7      }
8  }
```

ソースコード 8.3 は，三角形の面積を計算する実装クラス CalcTriangle です．楕円の面積を計算する実装クラス CalcOval も同様に定義します．

ソースコード 8.3 インタフェースの実装の例：クラス CalcTriangle

```
1  public class CalcTriangle implements CalcArea {
2      public int calculation(int width, int height) {
3          return (width * height) / 2;
4      }
5      public String getName() {
6          return "三角形の面積の計算";
7      }
8  }
```

▶ ［メソッドの実装］
メソッドの実装は，インタフェースに書かれたすべてのメソッドに対して行わなければなりません．たとえば，5 行目からのメソッド getName の定義がなければ，エラーとなります．

8.4 インタフェースにおけるポリモーフィズム

インタフェースは参照型変数を宣言できますが，インタフェースのオブ

ジェクトを生成することはできません．インタフェースの参照型変数は，実装クラスのオブジェクトを参照することができます．つまり，インタフェースの参照型変数を用いて，ポリモーフィズムが実現できます．

ソースコード 8.4 インタフェース CalcArea におけるポリモーフィズム

```
1  public class CalcAreaTestDrive {
2      public static void main(String[] args) {
3          CalcArea calcArea = new CalcRectangle();
4          System.out.println(calcArea.calculation(10,15));
5          calcArea = new CalcTriangle();
6          System.out.println(calcArea.calculation(10,15));
7          calcArea = new CalcOval();
8          System.out.println(calcArea.calculation(10,15));
9      }
10 }
```

▶ [抽象に対するコーディング]
抽象クラスを含む親クラスやインタフェースの参照型変数に対して，プログラミングを行うことを抽象に対するコーディングといいます．サブクラスや実装クラスが，抽象メソッドの設計者が意図した操作を実装している限り，具体的なコーディングを先送りしてプログラミングができます．仕様書やコメントに記載されたメソッドの期待される操作に関する記述を「契約」と呼びます．

インタフェースにおけるポリモーフィズムの例をソースコード 8.4 に示します．4, 6, 8 行目で参照型変数 calcArea が参照している実装クラスのオブジェクトに対してメソッド呼出しをしています．

次に，インタフェース CalcArea と実装クラスを，これまでの各図形クラスに適用してみましょう．ソースコード 8.5 は 2 次元図形の抽象クラス AbstractFigure です．30 行目に，インタフェース CalcArea の参照型変数 calcArea に対してメソッドを呼び出しています．インタフェース CalcArea の実装クラスのオブジェクトは，クラス AbstractFigure 内では生成されていません．クラス AbstractFigure 内では，どの実装クラスのオブジェクトを参照しているかを気にせずに，メソッド呼出しをしています．

ソースコード 8.5 インタフェース CalcArea を用いたクラス AbstractFigure

```
1  public abstract class AbstractFigure {
2      protected String shape;
3      private int xPosition;
4      private int yPosition;
5      private int width;
6      private int height;
7      private int area;
8      protected CalcArea calcArea;
9  
10     public AbstractFigure(int xPosition, int yPosition, int width,
11                           int height, CalcArea calcArea) {
12         this.xPosition = xPosition;
```

```
13              this.yPosition = yPosition;
14              this.width = width;
15              this.height = height;
16              this.calcArea = calcArea;
17              setArea();
18          }
19
20          public void move(int xMove, int yMove) {
21              xPosition += xMove;
22              yPosition += yMove;
23          }
24
25          public int getArea() {
26              return area;
27          }
28
29          public void setArea(){
30              area = calcArea.calculation(width, height);
31          }
32
33          public void showArea() {
34              System.out.printf("%s の面積は %d です。\n", shape, area);
35          }
36      }
```

ソースコード8.6は，3行目のsuperの第5引数で，インタフェースCalcAreaの実装クラスCalcRectangleのオブジェクトを生成しています．また，4行目で，名前を「長方形」にセットしています．

ソースコード8.6 サブクラスRectangle: 3行目のsuperの呼出しの第5引数で，インタフェースCalcAreaの実装クラスのオブジェクトを渡している．

```
1   public class Rectangle extends AbstractFigure {
2       public Rectangle(int xPosition, int yPosition, int width, int height) {
3           super(xPosition, yPosition, width, height, new CalcRectangle());
4           shape = "長方形";
5       }
6   }
```

同様に，三角形のクラスTriangleでは，実装クラスCalcTriangleのオブジェクトを生成して，スーパークラスのコンストラクタを呼び出すでしょう．楕円のクラスOvalではCalcOvalクラスのオブジェクトを渡すことになります．

最後にポリモーフィズムのテストプログラムをソースコード8.7に示します．このプログラムは，典型的なポリモーフィズムの例です．5行目で，クラスAbstractFigureを，ArrayListのジェネリクスとして指定しています．7～9行目は，クラスAbstractFigureの各サブクラスのオブジェクトを生成して，ArrayListに追加しています．12行目が，典型的なポリモーフィズムの記述です．ArrayListの各要素が，面積の計算をしています．

ソースコード8.7 クラスAbstractFigureのテストプログラム

```
1   import java.util.ArrayList;
2
3   public class StrategyTestDrive {
4       public static void main(String[] args) {
5           ArrayList<AbstractFigure> figureList = new ArrayList<>();
6
7           figureList.add(new Oval(1, 1, 10, 15));
8           figureList.add(new Rectangle(1, 1, 10, 15));
9           figureList.add(new Triangle(1, 1, 10, 15));
10
11          for (AbstractFigure figure: figureList)
12              figure.showArea();
13      }
14  }
```

▶ [デザインパターン]
ここでのパターンとは，特定の状況に対してよく用いられる問題解決の方法を指します．デザインパターンとはソフトウェアの分野において，典型的なクラスの設計方法を，その設計方法が使われる文脈も考慮してまとめられたものです．代表的なものにGoFのデザインパターンがあります[2]．

▶ [Strategyパターン]
一連のアルゴリズムを定義し，それぞれをカプセル化してそれらを交換可能にします．Strategyパターンを利用することで，アルゴリズムを，クラスの利用者（クライアント）から独立に変更できるようになります．

▶ [インタフェースのクラスメソッド]
インタフェースのクラスメソッドは，通常のクラスにおけるクラスメソッドと同様に，定義・呼出しができるので，9.5節を参照してください．

また，この節で紹介したプログラムのように，サブクラスの異なる動きを定義したインタフェースの実装クラスに委譲するような設計のことをデザインパターンの**Strategy**パターンと呼びます．

8.5 デフォルトメソッド

8.5.1 デフォルトメソッドの定義

Java SE 8より，インタフェースにも，具体的な処理が書かれたメソッドを定義できるようになりました．クラスメソッドと，本節で説明するデフォルトメソッドです．

デフォルトメソッドの定義

アクセス修飾子　default　戻り値の型 メソッド名(引数リスト)　{
　　メソッドの処理;
}

ソースコード 8.8 は，デフォルトメソッドとして，メソッド explainCalcMethod を追加しています．このメソッドは具体的な計算例を説明しています．

ソースコード 8.8 デフォルトメソッドの定義の例

```
1  public interface CalcArea {
2     public int calculation(int width, int height);
3     public String getName();
4     public default void explainCalcMethod() {
5        System.out.printf("%s では，幅3，高さ5の時，面積は%dになります\n",
6                          getName(), calculation(3, 5));
7     }
8  }
```

デフォルトメソッドは実装クラスで実装しなくても，そのメソッドを呼び出すことができます．

8.5.2 デフォルトメソッドのオーバーライド

ソースコード 8.10 のように，デフォルトメソッドはオーバーライドすることもでき，その場合，デフォルトメソッドに書かれたコードは実行されません．

インタフェースの実装クラスは，複数のインタフェースを実装することができます．実装した複数のインタフェースで，同じシグネチャのデフォルトメソッドがあった場合，オーバーライドしないとエラーになってしま

▶［アクセス修飾子］
デフォルトメソッドのアクセス修飾子は省略可能です．省略された場合，public として解釈されます．

ソースコード 8.9 デフォルトメソッドを実装クラスで実装しなくても動作する

```
1  public class CalcRectangle implements CalcArea {
2     public int calculation(int width, int height) {
3        return (width * height) / 2;
4     }
5     public String getName() {
6        return "長方形の計算方法";
7     }
8  }

11 public class DefaultMethodTestDrive {
12    public static void main(String[] args) {
13       CalcArea calcArea = new CalcRectagnle();
14       calcArea.explainCalcMethod();
15    }
16 }
```

ソースコード 8.10 デフォルトメソッドを実装クラスでオーバライドすると，デフォルトメソッドは実行されない

```
1   public class CalcRectangleOverride implements CalcArea {
2      public int calculation(int width, int height) {
3         return (width * height) / 2;
4      }
5      public String getName() {
6         return "長方形の計算方法";
7      }
8      public void explainCalcMethod() {
9         System.out.println("長方形の面積は縦×横で求めます．");
10     }
11  }
```

▶ [同じシグネチャの抽象メソッド]
ソースコード 8.11 にはインタフェース CalcArea と同じシグネチャのメソッド getName が存在しています．抽象メソッドは具体的な処理を書いていないので，複数のインタフェースに同じシグネチャとなるメソッドがあっても問題になりません．

います．なぜなら，どちらのデフォルトメソッドを用いれば良いのか，コンパイラには分からないからです．

インタフェース CalcArea と別のインタフェースとして，周の長さを求めるためのインタフェース ClacPerimeter を考えます．ソースコード 8.11 では，インタフェース CalcArea と同じシグネチャのデフォルトメソッド explainCalcMethod が存在しています．

ソースコード 8.11 周の長さを求めるためのインタフェース CalcPerimeter

```
1   public interface CalcPerimeter {
2      public int calcLength(int width, int height);
3      public String getName();
4      public default void explainCalcMethod() {
5         System.out.printf("%s では，幅 3，高さ 5 の時，周の長さは%d になります\n",
6                           getName(), calcLength(3, 5));
7      }
8   }
```

> インタフェースのデフォルトメソッドの呼出し
> 　　インタフェース名.super.メソッド名（引数リスト）

複数のインタフェースを実装して，デフォルトメソッドをオーバーライドするときに，実装しているインタフェースで定義されたデフォルトメソッドを呼び出したいことがあります．継承のときは，キーワード super を用いれば，スーパークラスのメソッドを呼び出すことができました．複数のイ

ンタフェースを実装している場合，superだけでは，どちらのインタフェースを指しているか分かりません．そこで，上の囲みにあるように，インタフェース名をつけてデフォルトメソッドを呼び出します．

ソースコード 8.12 複数のインタフェースで同じシグネチャのデフォルトメソッドが定義されていたときに，両方のデフォルトメソッドを呼ぶようにした例

```
1   public class CalcRectangle2 implements CalcArea, CalcPerimeter {
2       public int calculation(int width, int height) {
3           return (width * height) / 2;
4       }
5       public int calcLength(int width, int height) {
6           return (width + height) * 2;
7       }
8       public String getName() {
9           return "長方形の計算方法";
10      }
11      public void explainCalcMethod() {
12          CalcArea.super.explainCalcMethod();
13          CalcPerimeter.super.explainCalcMethod();
14      }
15  }

21  public class DefaultMethodTestDrive2 {
22      public static void main(String[] args) {
23          CalcRectangle2 calcRectangle = new CalcRectangle2();
24          calcRectangle.explainCalcMethod();
25      }
26  }
```

ソースコード 8.12 を実行すると，以下の出力が得られます．

```
─ ソースコード 8.12 の実行結果 ─────────

  長方形の計算方法 では，幅 3，高さ 5 の時，面積は 7 になります
  長方形の計算方法 では，幅 3，高さ 5 の時，周の長さは 16 になります
```

[8章のまとめ]

この章では，オブジェクト指向プログラミングのいくつかのクラスに共通するメソッドのシグネチャを明示化するためのインタフェースについて学びました．

1. インタフェース定義・実装の書式について学びました．
2. インタフェースにおけるポリモーフィズムについて学びました．
3. デフォルトメソッドについて学びました．

8章　演習問題

[演習1]

　インタフェース Printable を作成して下さい．メソッドは一つだけで，ソースコード 3.1 のクラス Rectangle のメソッド showState と同じシグネチャ，戻り値の型とすること．また，楕円クラスや三角形クラスをインタフェース Printable の実装クラスとなるように書き換えて下さい．

[演習2]

　ソースコード 8.7 のクラス InterfaceTestDrive について，演習 1 のインタフェース Printable を用いるように書き直して下さい．参照型変数の型を ArrayList<Printable>で，拡張 for 文中の呼び出されるメソッドも変わるはずです．

[演習3]

　演習 2 のインタフェース Printable にデフォルトメソッド decoratedShowState を追加してください．また，演習 2 で変更したクラス InterfaceTestDrive の拡張 for 文中でメソッド decoratedShowState を呼び出すようにしてください．また，メソッド decoratedShowState の処理は以下のようにしてください．

```
System.out.println("**********************");
showState();
System.out.println("**********************");
```

9章 クラス定義に関する諸技術

[ねらい]

本章では，これまでの章で触れませんでしたが，クラス定義に頻出・必須な事項について学びます．具体的には，パッケージ，アクセス修飾子，クラス変数・クラスメソッド，列挙型です．それぞれ，重要な事項ですので，きちんと理解するようにしましょう．

[この章の項目]

- パッケージの書式・使い方を学びます
- アクセス修飾子によるアクセス制御について理解します
- クラスで共用するメソッド・変数である，クラス変数・クラスメソッドを学びます
- 列挙型について理解します

9.1 クラス定義の補足
9.1.1 メソッド toString

これまでに出てきたプログラム例において，なにかの文字列を表示する場合，まずオブジェクトを生成し，そのオブジェクトのメソッドを用いて文字列を表示していました．

すべてのクラスには toString というメソッドが備わっているため，すべてのオブジェクトは，println などの表示用メソッドの引数として渡すことができ，何らかの情報を簡単に表示できます．たとえばクラス Score の参照型変数 score で参照されるオブジェクトがあった場合，System.out.println(score) と書くことができます．しかしこれで得られる表示はあまり有益なものではありません．

▶ [実行結果の表示内容]
参照型変数 score が参照しているオブジェクトの型が Score で，そのハッシュ化された位置が 1fc4bec であることを示しています．

```
実行結果
    Score@1fc4bec
```

この表示は，次に示すソースコード 9.1 で例示するように，クラスの中にメソッド toString を定義し，java.lang.Object クラスで定義されていた toString をオーバーライドすることで，自由に変更できます．

ソースコード 9.1 メソッド toString の例

```
1  public class Score {
2      private String studentID;
3      private int point;
4      public Score(String studentID, int point) {
5          this.studentID = studentID;
6          this.point = point;
7      }
8      public String getStudentID() {
9          return studentID;
10     }
11     public int getPoint() {
12         return point;
13     }
14     public String toString() {
15         return "学籍番号:" + studentID +", 得点: " + point;
16     }
17     public static void main(String[] args) {
18         Score score = new Score("0001",62);
19         System.out.println(score);
20     }
21 }
```

実行結果
学籍番号：0001，得点：62

9.1.2 final 修飾子

変数の値を完全に書き換え不能，つまり定数として扱うためには，final 修飾子 を用います．たとえば以下のように変数を宣言します．

`public final static int MAXPOINT = 1000;`

このように定数として扱うフィールドの変数名は，すべて大文字にするという慣習があります．

final 修飾子は，クラスやメソッドにもつけることができます．クラスにつけた場合，そのクラスのサブクラスが作れないことを意味し，メソッドにつけた場合，サブクラスでそのメソッドをオーバーライドできないことを意味します．

9.2 パッケージ

6.2 節で紹介したアプリケーションは，いくつものクラスからなっています．このように複数のクラスからなるアプリケーションを構成する場合，パッケージ (package) と呼ばれる単位にまとめた方が便利です．また，Java 言語の処理系である JDK には，プログラマが利用できる便利なパッケージが豊富に用意されています．本節ではパッケージの利用方法や作成方法について解説します．

9.2.1 パッケージの利用方法

```
import 文による他のパッケージにあるクラスの利用
    import    パッケージ名．クラス名；
```

これまでもいくつかのソースコードで他のパッケージにあるクラスを利用してきました．たとえばソースコード 4.4 では，プログラム実行中にキーボードからデータを入力するために，プログラムの先頭に以下のような import 文を書いて，Scanner クラスを利用しました．

`1 import java.util.Scanner;`

これは，java.util という名前のパッケージに含まれる Scanner クラスを利用するという宣言です．

また，以下のように書くことで，java.util に含まれる任意のクラスを

▶ [final のついたローカル変数]
　final 修飾子のついたローカル変数は定数とみなされません．したがって，4.1 節で説明した命名規則にしたがって変数名を与えます．

▶ [パッケージ名]
　パッケージ名は，パッケージを作成するときに指定します．パッケージの作成方法は，9.2.2 項で説明します．パッケージ名は小文字で始めるコーディング規約が用いられることが多いです．そのことにより，パッケージ名を含む完全修飾名の最後の部分がクラス名で，それより前の部分がパッケージ名であることが分かりやすくなります．
　例をあげると，java.util.Scanner は Scanner クラスの完全修飾名です．Scanner は単純名といいます．パッケージ名は java.util です．

利用できるようになります．

```
1  import java.util.*;
```

9.2.2 パッケージの作成方法

パッケージは自分で作成することもできます．ここでは，6.2.1 項で作成した各クラスをパッケージにまとめてみましょう．今から作成するパッケージのパッケージ名を scoreadmin とします．

▶ [java.util パッケージ]
java.util パッケージは JDK (Java Development Kit) に元々用意されているパッケージです．このパッケージには Scanner や ArrayList のほかにも，乱数や時間，カレンダー等を扱う便利なクラスがまとめられています．

▶ [パッケージの命名時の注意]
パッケージとは本来，他人が作ったクラスと自分が作ったクラスの名前が同じであっても問題なく両者を利用できるように，名前の衝突を防ぐための仕組みです．したがって，第三者が使用するパッケージ（製品など）を作る際には命名方法に気をつけなければならないのですが，ここでは練習のため単純なパッケージ名を使用します．
また，パッケージ名はすべて小文字を用います．

ソースコード 9.2　6.2.1 項のクラス Score をパッケージ scoreadmin に記述した例

```
1  package scoreadmin;
2
3  public class Score {
4      private String studentID;
5      private int point;
6
7      public Score(String studentID, int point) {
8          this.studentID = studentID;
9          this.point = point;
10     }
11
12     public String getStudentID() {
13         return studentID;
14     }
15
16     public int getPoint() {
17         return point;
18     }
19 }
```

何かミスが起きるとよくないので，どこか別のディレクトリに scoreadmin ディレクトリを作成します．クラス Score を scoreadmin ディレクトリにコピーしてから，ソースコード 9.2 の 1 行目にパッケージ文を書き込んでください．同様に，クラス Office, Teacher, ScoreAdministration もパッケージ scoreadmin の中に作って，実行してみてください．

─ パッケージ化されたプログラムの実行方法 ─
```
$ javac scoreadmin/ScoreAdministration.java
$ java scoreadmin.ScoreAdministration
学籍番号 0001 の成績は 62 点です．
学籍番号 0002 の成績は 84 点です．
学籍番号 0004 の成績は未登録です．
```

9.3 アクセス制御

> **Java 言語のアクセス制御**
> クラスやインタフェース，フィールド，メソッドの宣言時に
> 修飾子をつけ，それらを利用できるクラスの範囲を制限すること

これまで public や private 等の修飾子をほとんど説明せずに使用してきました．本節では，ここでこれらの修飾子の持つ意味と，これらの修飾子を利用したアクセス制御，及びカプセル化に関して学習します．

9.3.1 フィールドへの直接的なアクセス

> **フィールドへの直接的にアクセスするための書式**
> オブジェクト参照.フィールド名

まず，フィールドのアクセス制御について説明する前に，フィールドへの直接的なアクセス方法について解説します．ソースコード 9.2 の 6 行目でフィールド point の修飾子が public になっているとします．

```
5   public int point;
```

さらに，6.2 節のソースコード 6.2 の 4 行目で listOfScore の修飾子が public になっていた場合を考えます．

```
4   public ArrayList<Score> listOfScore;
```

このように設定した場合，ソースコード 9.3 で示すように，これらのフィールドに直接アクセスできます．

ソースコード 9.3 public なフィールドへの直接的なアクセス

```
1  public class AccessTest {
2    public static void main(String[] args) {
3      Office office1 = new Office();
4      Score score = new Score("0001",64);
5      System.out.println(score.point);
6      office1.listOfScore.add(score);
7    }
8  }
```

ソースコード 9.3 の 3 行目でクラス Office のオブジェクトを，4 行目で

▶ [アクセス制御]
アクセス制御のことを英語では access control と言います．

▶ [オブジェクト参照]
オブジェクトの所在を表すものの総称です．たとえば，「参照型変数」や，「参照型変数を返すメソッドの呼出し」が相当します．

▶ [アクセス制限]
本項の例では，次項で説明するアクセス制限を受けていない必要があります．たとえば，フィールドに pvivate 修飾子がついていた場合，他のクラスから本項で述べた方法でフィールドにアクセスすることはできません．

▶ [クラス Office について]
ソースコード 9.7 のようにパッケージ scoreadmin に移したクラス Office の利用を考えています．この場合，参照すべき行は 4 行目ではないかも知れません．4 行目付近を探せば，フィールド listOfScore の宣言が見つかります．

表 9.1　アクセス修飾子と情報隠蔽

修飾子	説明
public	どのクラスからでもアクセス可
protected	同じパッケージに属するクラス，およびサブクラスからのみアクセス可
なし	同じパッケージに属するクラスからのみアクセス可
private	自クラスからのみアクセス可

▶ [フィールドへの直接的なアクセス]

本項では，参照型変数にドット「.」をつけることで，フィールドにアクセスできることを示しました．しかしながら，次項以降で説明するように，特に他クラスのオブジェクトに対して，このような直接的なアクセスは極力控えるべきです．

クラス Score のオブジェクトを生成しています．生成されたオブジェクトは，それぞれ，参照型変数 office1 と score で参照しています．

5 行目で，参照型変数 score が参照するオブジェクトのフィールド point を直接読み取って表示しています．6 行目では，office1 が参照するオブジェクトのフィールド listOfScore に対してメソッド add を呼び出し score を追加しています．このように，オブジェクトの持つフィールドに直接アクセスすることで，メソッドを介さなくてもデータのやり取りを記述することは可能です．

9.3.2　アクセス修飾子

この章より前に出てきたプログラムでは，フィールドに private 修飾子が，クラスやコンストラクタ，メソッドには public 修飾子がついていました．またそれら以外にも，Java 言語には protected という修飾子があります．表 9.1 にこれらの意味をまとめます．

▶ [アクセス修飾子]

private, public, protected 修飾子のことをアクセス修飾子 (access modifier) と呼びます．これらはアクセス制御のために用いられます．

たとえば 6.2 節のソースコード 6.2 では，フィールド listOfScore は以下のように宣言されていました．

```
4        private ArrayList<Score> listOfScore;
```

したがって，このような private 修飾子を用いたフィールドの宣言では，ソースコード 9.3 のような，他のクラス AccessTest からこのフィールドへの直接的なアクセスはできません．

これにより，自クラス以外のプログラムからフィールドの値を変更されることを防いでいます．このように，アクセス修飾子を用いてフィールドを外部から隠すことを，**情報隠蔽**と言います．

■ クラス，インタフェース，コンストラクタ，メソッドに対するアクセス制御

▶ [インナークラス]

クラスの中にクラスを定義するインナークラスの場合，インナークラスのクラス定義時に protected 修飾子や private 修飾子を用いることができます．

本節ではフィールドに対しアクセス修飾子を付けた場合について例示しました．アクセス修飾子は，クラスやインタフェース，コンストラクタ，メソッドにもつけることができます．その場合のアクセス修飾子の意味も表 9.1 に示す通りです．ただしクラスとインタフェースでは，protected と

private 修飾子は利用できません．

9.3.3 アクセス制御とカプセル化

> **カプセル化 (encapsulation)**
> フィールドとメソッドの中で外部に公開する必要のないフィールドやメソッドに対してはアクセス制御をし，そのクラスの内部がどのように構成されているかを隠すこと

　これまでに紹介してきたソースコードでは，すべてのフィールドに private アクセス修飾子が付けられていました．フィールドを非公開にし，public 修飾子のついたいくつかのメソッドを公開し，そのクラスを利用する他のクラスやオブジェクトとの相互作用を，これらのメソッドを介したもののみに制限することで，クラスの独立性を高められます．このことにより，保守性の高いアプリケーションが実現できます．

　カプセル化されたクラスやそのオブジェクトは，公開されたメソッドを介して他のクラスやそのオブジェクトと相互作用をします．各クラスをカプセル化してアプリケーションを構築する利点について，具体的な例で説明します．

■ **カプセル化しないとどうなるか**

　カプセル化の効果をみるために，カプセル化しなかった場合にどういう問題が起るかをまず説明します．そのために再び，6.2 節のソースコード 6.2 の 4 行目で listOfScore の修飾子が public になっていた場合を考えます．

```
4   public ArrayList<Score> listOfScore;
```

　この場合，ソースコード 9.3 で説明したように，クラス Office のオブジェクトのフィールド listOfScore は，他のクラスから生成されるオブジェクトから直接アクセスできます．したがって，このフィールド listOfScore を他のクラスのオブジェクトが直接アクセスするような方法で成績管理をするアプリケーションを作ることができます．たとえば，ソースコード 9.4 のようなクラスのオブジェクトからの直接のアクセスです．

　ソースコード 9.4 に示したクラス Teacher2 は，10 行目でクラス Office の参照型変数 office が参照するオブジェクトのフィールド listOfscore に，クラス Score のオブジェクト score を追加しています．このようなクラスはこれ以外にも多数書けるので，さまざまなクラスやオブジェクトからフィールド listOfscore を直接読んだり書いたりしても，問題なく動作するでしょう．

ソースコード 9.4 フィールド listOfScore に直接的にアクセスするクラス Teacher2

```
1  public class Teacher2 {
2    private String name;
3
4    public Teacher2(String name) {
5      this.name = name;
6    }
7
8    public void inputScore(Office office, String studentID, int point) {
9      Score score = new Score(studentID, point);
10     office.listOfScore.add(score);
11   }
12 }
```

■ 内部仕様が変更された場合の影響

ところで，クラス Score のフィールド point は int 型なので，負の整数でも，100万でも代入できます．しかしそのような値は成績としては不自然ですので，フィールド point に 0 以上 100 以下の値を持ったクラス Score のオブジェクトだけしか登録を許さないように，クラス Office のフィールド listOfScore に関する仕様が変更された場合を考えてみましょう．この場合，たとえばソースコード 9.4 のメソッド inputScore を下のソースコードのように変更すればよいです．ただし，このような変更を，フィールド listOfScore を直接参照しているすべてのクラスに施さなければなりません．

── ソースコード 9.4 のメソッド inputScore の修正 ──
```
8    public void inputScore(Office office, String studentID, int point) {
9      if (0 <= point && point <= 100) {
10       Score score = new Score(studentID, point);
11       office.listOfScore.add(score);
12     }
13     else
14       System.out.println(point + "は，得点の範囲外です");
15   }
```

しかし多数のクラスからなるアプリケーションでは，実際どのクラスがフィールド listOfScore を直接参照しているかを特定することは困難なので，変更漏れが起る可能性は高いでしょう．その結果，存在するはずのない 101 点以上の得点を持ったオブジェクトが事務室に登録されるという仕様違反が発生する可能性が残ります．そして，この原因を特定しなけれ

ばならないという困難な作業が発生します．

■ カプセル化した場合

一方，クラス Office のオブジェクトを利用するすべてのクラスが，6.2 節のソースコード 6.2 のクラス Office の公開するアクセッサを利用するようにしていれば，このようなことは起りません．

単に一カ所，クラス Office で定義しているアクセッサメソッドにエラーチェックの処理を付け加えるだけで，そのメソッドを利用するすべてのクラスが，範囲外の値を持つクラス Score のオブジェクトを登録できなくなります．

たとえば，ソースコード 6.2 のクラス Office で定義されているメソッド registerScore を，下のソースコードのように変更するだけで良いでしょう．

―― ソースコード 6.2 のメソッド registerScore の修正 ――
```
10      public void registerScore(Score score) {
11          int point = score.getPoint();
12          if (0 <= point && point <= 100)
13              listOfScore.add(score);
14          else
15              System.out.println(point + "は，得点の範囲外です");
16      }
```

9.4 クラス変数

クラス変数の宣言
アクセス修飾子　static　変数の型 変数名;

クラス変数は，全オブジェクトに共通した値を管理したい場面で用いられます．ソースコード 9.5 は，Score クラスの持つフィールド point に代入することを許される範囲を，クラス変数を用いて管理するものです．

ソースコード 9.5 クラス変数の宣言：省略されている部分はソースコード 9.2 を参照すること．

```
1   public class Score {
2       public static int maxPoint = 100;
3       public static int minPoint = 0;
4
    中略
14      public void setPoint(int point) {
15          if (minPoint <= point && point <= maxPoint)
16              this.point = point;
17          else {
18              System.out.println(point + "は範囲外の値です。");
19              System.out.println(minPoint + "を仮の得点とします。");
20              point = minPoint;
21          }
22      }
    以下，省略
```

▶ [ソースコード 9.5 のフィールドについて]
定数のような使い方をしているので final 修飾子をつけた方がいいソースコードです．また，定数として用いる場合，クラス変数のアクセス修飾子を public とすることもあります (Math.PI など)．本例では，ソースコード 9.6 で他クラスからのクラス変数を参照するソースコードを乗せて

9.4.1 クラス変数とインスタンス変数

```
フィールドの種別
  ・クラス変数
      static 修飾子が付けられて宣言されたフィールド
      クラスに共通のフィールド
  ・インスタンス変数
      static 修飾子が付けられずに宣言されたフィールド
      オブジェクト毎に異なる値を取りうる
```

ソースコード 9.5 の 2, 3 行目に注目してください．maxPoint と minPoint という変数が宣言されているのですが，static という修飾子がついています．フィールドにはこのように static 修飾子のついたものと，この節以前に出てきたフィールドのように static という修飾子がついていないものの 2 種類があります．これらを正確に区別して下さい．

クラス Score から作られる個別の成績を表すオブジェクト score1, score2, score3 は，これまでと同様に studentID や point をインスタンス変数として持ちます．一方，maxPoint や minPoint などのクラス変数は持ちません．直観的には図 9.1 のようになっています．

図 9.1 をみてわかるように，studentID 等のインスタンス変数はこのク

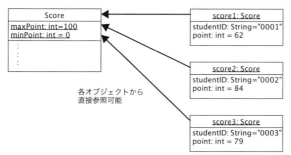

図 9.1 クラス変数とインスタンス変数

ラスから作られたオブジェクトが個別にフィールドとして持ちます．したがって，これらの値はそれぞれ異なるかも知れません．しかし maxPoint 等のクラス変数はオブジェクトには属さず，クラスの中に1つずつしか存在しません．各オブジェクトから参照はできますが，どのオブジェクトから参照しても値は共通です．

ソースコード 9.5 の 15 行目では，各オブジェクトからこの共通の変数の値を参照し，point に代入しようとしている値が許容範囲内かどうかを確認しています．このようにそのクラスのオブジェクトからは，単に変数名を書くだけで，クラス変数にアクセスできます．

9.4.2 他のクラスからのクラス変数参照方法

```
他のクラスからのクラス変数を参照するときの書式
    クラス名.クラス変数名
```

ソースコード 9.6 で実際の使用方法をみてみましょう．4 行目がクラス変数を参照している部分です．上述の書式にしたがって，ClassVariableTestDrive というクラスから，Score クラスのクラス変数の値を参照しています．

ソースコード 9.6 クラス変数の宣言

```
1   public class ClassVariableTestDrive {
2       public static void main(String[] args) {
3           System.out.println("Score クラスで得点として許される範囲は");
4           System.out.printf("%d から %d です。\n", Score.minPoint, Score.maxPoint);
5       }
6   }
```

```
┌─ 実行結果 ─────────────────────────┐
│                                    │
│    Score クラスで得点として許される範囲は │
│    0 から 100 です。                 │
│                                    │
└────────────────────────────────────┘
```

9.5 クラスメソッド

クラス変数と同様に，クラスに共通するメソッドを定義することができます．これを**クラスメソッド** (class method) と呼びます．

```
┌─ メソッドの種別 ──────────────────────┐
│   ・クラスメソッド                    │
│       static 修飾子が付けられて定義されたメソッド │
│   ・インスタンスメソッド              │
│       static 修飾子が付けられずに定義されたメソッド │
└──────────────────────────────────────┘
```

クラスメソッドの使用例をみてみましょう．ソースコード 9.5 で紹介したクラス変数 maxPoint と minPoint は，このクラスの各オブジェクトが生成されるときに参照される値であり，この値はすべてのオブジェクトで共通であるべきなので勝手に変更されるべきではありません．ところが，ソースコード 9.5 の 2 行目と 3 行目の間に以下のような行を挿入すると，

```
Score.maxPoint = 1000;
```

実行結果は以下のようになってしまいます．

```
┌─ 実行結果 ─────────────────────────┐
│                                    │
│    Score クラスで得点として許される範囲は │
│    0 から 1000 です。                │
│                                    │
└────────────────────────────────────┘
```

そこで，他のクラスからクラス変数 maxPoint の書き換えを許さないようにするために，ソースコード 9.7 のようにクラスメソッドを追加します

ソースコード 9.7 クラス変数の宣言

```java
1   package scoreAmin;
2
3   public class Score {
4       private static int maxPoint = 100;
5       private static int minPoint = 0;
6       private String studentID;
7       private int point;
8
9       public Score(String studentID, int point) {
10          this.studentID = studentID;
11          setPoint(point);
12      }
13
14      public Score() {
15          this("0000", 100);
16      }
17
18      public void setPoint(int point) {
19          if (minPoint <= point && point <= maxPoint)
20              this.point = point;
21          else {
22              System.out.println(point + "は範囲外の値です。");
23              System.out.println(minPoint + "を仮の得点とします。");
24              point = minPoint;
25          }
26      }
27
28      public String getStudentID() {
29          return studentID;
30      }
31
32      public int getPoint() {
33          return point;
34      }
35
36      public String toString() {
37          return "学籍番号:" + studentID + ", 得点: " + point;
38      }
39
40      public static int getMaxPoint() {
41          return maxPoint;
42      }
43
44      public static int getMinPoint() {
45          return minPoint;
46      }
47  }
```

ソースコード 9.8 クラスメソッドの利用方法

```
1  public class ClassMethodTest {
2    public static void main(String[] args) {
3      System.out.printf("Score クラスで許される最高得点は %d 点です。",
                        Score.getMaxPoint());
4    }
5  }
```

ソースコード 9.7 の 4 行目では，クラス変数 maxPoint に private 修飾子をつけて宣言しました．自クラスからはこの値を変更できますが，他のクラスからは参照できません．そのかわり，40～42 行目でクラスメソッド getMaxPoint を定義しています．クラスメソッドを定義するにはこのように，static 修飾子をつけます．これにより他のクラスに対し maxPoint 変数の変更を禁止した形で公開したことになります．メソッド定義の際にも，static 修飾子がある場合と無い場合を正確に区別してください．

9.5.1 クラスメソッドの利用方法

クラスメソッドの呼び出し

　クラス名.クラスメソッド名(引数リスト)

　(引数リストは空の場合もある．引数リストには引数の型名はいらない)

▶ [インタフェースのクラスメソッド]
　インタフェースのクラスメソッドを利用する場合，「クラス名」のところを「インタフェース名」に読み替えてください．インタフェースのクラスメソッドの定義方法は，クラスのクラスメソッドの定義方法と同じです．

クラスメソッドの利用方法を，ソースコード 9.8 に示します．このソースコードの 3 行目で，Score クラスのクラスメソッド getMaxPoint を呼び出しています．

■ **JDK に用意されているクラスメソッドの利用**

Java 言語の処理系である JDK に用意されている Math クラスは，数学用のさまざまなメソッドを集めたクラスです．このクラスのメソッドはすべてクラスメソッドです．使用方法をいくつか例示します．

sqrt: 平方根を計算するメソッドです．

```
double data = 4.0;
System.out.println(Math.sqrt(data));
```

などとします．その結果 2.0 が表示されます．

toRadians 度からラジアンへの単位変換を行うメソッドです．たとえば，120 度から 2/3 π ラジアンへの単位変換を行うには，

```
            double sigma = 120.0
            double theta = Math.toRadians(sigma)
```

とします．

sin, cos: サイン，コサイン等の三角関数の計算をするメソッドです．
`double theta = Math.toRadians(sigma)` 等として単位変換してから，

```
            double p = Math.sin(theta);
            double q = Math.cos(theta);
```

とします．

9.6 列挙型
9.6.1 クラス変数を用いた定数定義の問題点

一般的な公式で求められる体積を求める汎用的なクラス CalcVolume を作ります．フィールドとして，底面積を 7.3.1 節の抽象クラス Figure2D の参照型変数で表し，高さを int 型の変数 height で表現します．そして，今から体積を求める物体が，錐体か柱体かもコンストラクタの引数で与えられるものとします．このようなクラス CalcVolume をソースコード 9.9 のように定義したとします．

String クラスは使用者にも分かりやすいという利点があります．問題点は，このクラス CalcVolume のオブジェクトを生成するときに，下のソースコードのようにコンストラクタ呼出し時にスペルミスがあっても，コンパイラのエラーチェックには引っかからないということです．文字列の先頭文字が小文字になっており，"Pyramidal" ではなく，"Pyramid" になってしまっています．

> String 型の引数の場合，コンストラクタ呼出し時に，スペルミスをしてもコンパイルエラーにならない
> ```
>     new CalcVolume("rectangle", "pyramid", 5, 3, 5, 2, 4);
> ```

そこで，ソースコード 9.10 のように，修飾子 final をつけたクラス変数を用いて定数として宣言してみましょう．このように定数を導入することで，スペルミスがあった場合，コンパイル時にエラーとして検出できます．このクラスのオブジェクト生成は以下のようになります．

▶ [main メソッドはクラスメソッド]
　クラスメソッドの中でも，特別な役割を持つものとして，main メソッドがあります．この本の最初から登場していましたが，いつも `public static void main(String[] args)` とおまじないのように書いてきました．このように static 修飾子がついていることから分かるように，main メソッドはクラスメソッドです．

▶ [可変長引数]
　6 行目の `int...` は可変長引数と呼ばれるものです．コンストラクタ呼び出し時に，第 4 引数以降に，いくつでも，int 型の引数を書くことができます．6 行目からのコンストラクタでは，配列オブジェクトに，呼び出し時に渡されたデータが格納されます．

ソースコード9.9 体積を求めるクラスCalcVolumeのフィールドとコンストラクタ

```
1  public class CalcVolume {
2      private Figure2D bottom;
3      private int height;
4      private double coefficient = 1.0;
5
6      public CalcVolume(String bottomType, String bodyType, int height, int... params) {
7          switch(bottomType) {
8            case "Rectangle":
9              bottom = new Rectangle(params[0], params[1], params[2], params[3]);
10             break;
11           case "Oval":
12             bottom = new Oval(params[0], params[1], params[2], params[3]);
13             break;
14           case "Triangle":
15             bottom = new Triangle(params[0], params[1], params[2], params[3]);
16             break;
17         }
18         this.height = height;
19         if (bodyType.equals("Pyramidal"))
20             coefficient = 1.0/3;
21     }
22     public int calculation() {
23         return (int) (bottom.calcArea() * height * coefficient);
24     }
25 }
```

> static修飾子を用いることにより，コンストラクタ呼出し時の
> スペルミスが検出できる
>
> ```
> new CalcVolume(CalcVolume.RECTANGLE,
>                CalcVolume.PYRAMIDAL, 5, 3, 5, 2, 4);
> ```

定数にすることによって，たとえば，第2引数で"CalcVolume.PYRAMDAL"とスペルを間違えた場合，コンパイル時に，そのような定数はないことが検出されます．

しかしながら，依然，ソースコード9.10は問題が潜んでいます．それは，コンストラクタの第1引数，第2引数の型がString型であることによります．定数を宣言したということは，しかるべきドキュメントに，「このクラスのオブジェクトを生成するときにはこのクラスで宣言された定数を使うように」という文言が書かれていると考えられます．しかしながら，ドキュメントをよく読まずに，

ソースコード 9.10 定数を導入して，スペルミスがあった場合にコンパイル時に検出する．省略されている部分はソースコード 9.9 を参照すること．

```
1   public class CalcVolume2 {
2       private Figure2D bottom;
3       private int height;
4       private double coefficent = 1.0;
5
6       public final String RECTANGLE = "Rectangle";
7       public final String OVAL = "Oval";
8       public final String PYRAMIDAL = "Pyramidal";
    中略
13      public CalcVolume2(String bottomType, String bodyType, int height, int... params) {
14          switch(bottomType) {
15              case RECTANGLE:
16                  bottom = new Rectangle(params[0], params[1], params[2], params[3]);
17                  break;
18              case OVAL:
    以下，省略
```

Stringクラスでは，定数を用いなくてもコンパイルが通ってしまう

```
new CalcVolume2("Rectangle", "Pyramidal", 5, 3, 5, 2, 4);
```

と，定数を使わずに文字列を代入してもコンパイルは通ります．また，誤解から以下のように，引数を入れ替えてオブジェクトを生成してしまうかも知れません．

Stringクラスでは，引数を入れ替えてもコンパイルが通ってしまう

```
new CalcVolume2(CalcVolume.PYRAMIDAL,
                CalcVolume.RECTANGLE, 5, 3, 5, 2, 4);
```

クラス CalcVolume では，底面の種類について定義した定数群と物体の形状（錐体，柱体）について定義した定数群がありましたが，それらは同じ型であったため，混同してしまう恐れがありました．また String 型であったため，定数を無視した代入もできてしまいました．

9.6.2 列挙型の定義

列挙型の定義

  アクセス修飾子　enum　enum 名　{
    enum 定数
    フィールド，コンストラクタ，メソッドも定義可能
  }

列挙型は，前項で述べたような，関連のある定数を一つにまとめた特殊なクラスです．列挙型がまとめる定数のことを enum 定数といい，カンマ区切りで列挙します．ソースコード 9.11 に列挙型の定義例を示します．1 行目と 11 行目が列挙型定義の先頭行です．クラス定義時に用いるキーワード class が列挙型定義に用いるキーワード enum に代わっています．BottomType や BodyType が enum 名です．enum 定数は，2 行目のように 3 つの定数を一つの行にまとめて記述してもいいですし，12, 13 行目のように一つずつ記述しても構いません．

▶ [ソースコード 9.11]
 1 行目から始まるソースコードと 11 行目から始まるソースコードは，それぞれ BottomType.java と BodyType.java に記述します．

▶ [アクセス修飾子]
 別のクラスの中に列挙型を定義する場合，アクセス修飾子の省略を含めすべてのアクセス修飾子を用いることができます．通常のクラスと同じように定義する場合，アクセス修飾子を省略するか，public を用いるしかありません．

ソースコード 9.11 列挙型の定義の例

```
 1  public enum BottomType {
 2      RECTANGLE, OVAL, TRIANGLE;
 3  }

11  public enum BodyType {
12      PYRAMIDAL,
13      PRISM;
14  }
```

ソースコード 9.9 のコンストラクタの先頭行はソースコード 9.11 の列挙型を用いて以下のように書き換えることができます．

ソースコード 9.9 のコンストラクタの先頭行の書換え

```
public CalcVolume(BottomType bottomType,
        BodyType bodyType, int height, int... params) {
```

このように記述することで，クラス CalcVolume のコンストラクタ呼出し時に，引数が入れ替わったり適当な文字列が代入されていると，コンパイル時にエラーが検出できます．オブジェクト生成（コンストラクタ呼出し）の例を次に示します．

ソースコード 9.12 列挙型に enum 定数（フィールド），コンストラクタ，メソッドを追加した例

```
1   public enum BodyType {
2       PYRAMIDAL("錐体", 1.0/3),
3       PRISM("柱体", 1.0);
4
5       String name;
6       double coefficent;
7       BodyType(String name, double coefficent) {
8           this.name = name;
9           this.coefficent = coefficent;
10      }
11
12      public String toString() { return name; }
13      public double getCoefficent()  { return coefficent; }
14  }
```

───書き換えたコンストラクタの呼出し例───
```
        new CalcVolume(BottomType.OVAL, BodyType.PRISM,
                5, 2, 2, 3, 4) {
```

9.6.3 列挙型におけるフィールド，コンストラクタ，メソッド

　列挙型の enum 定数のそれぞれに，いくつかのフィールドを関連付け，enum 定数ごとに異なる値を保持することができます．列挙型 BodyType に，名前 name と係数 coefficent というフィールドを追加してみましょう．ソースコード 9.12 に実装例を示します．2, 3 行目の enum 定数の宣言時に 7 行目のコンストラクタを呼出しています．enum 定数 PYRAMIDAL と PRISM のそれぞれに，2, 3 行目にフィールド name, coefficent が関連付けられています．

　enum 定数に対して，メソッド呼出しを行えます：

`System.out.println(BodyType.PRISM.getCoefficent());`

また，enum 型の参照型変数に対してもメソッド呼出しができます．

`BodyType bodyType = BodyType.PYRAMIDAL;`
`String name = bodyType.toString();`

　enum 定数は修飾子 public static final がついたフィールドと同様の扱いです．つまり，次ページの囲みに書いているように「クラス名.enum 定数名」で参照することができます．ただし，値を変更することはできません．

▶ [コンストラクタのアクセス修飾子]
　列挙型では private となっているのでソースコード 9.12 の例では，2, 3 行目の enum 定数の宣言時にしかコンストラクタを呼び出すことはできません．

> 列挙型におけるフィールドの参照
> ・クラス名.enum 定数名
> ・switch 文中の case 文では，クラス名を省略する．

ソースコード 9.13 に示すように，switch 文の引数として列挙型の参照型変数が用いられている場合，クラス名を省力することができます．

ソースコード 9.13 ソースコード 9.9 を列挙型を用いて書き直したクラス CalcVolume3

```java
public class CalcVolume3 {
    private Figure2D bottom;
    private int height;
    private double coefficent = 1.0;

    public CalcVolume3(BottomType bottomType, Body bodyType, int height, int... params) {
        switch(bottomType) {
            case RECTANGLE:
                bottom = new Rectangle(params[0], params[1], params[2], params[3]);
                break;
            case OVAL:
                bottom = new Oval(params[0], params[1], params[2], params[3]);
                break;
            case TRIANGLE:
                bottom = new Triangle(params[0], params[1], params[2], params[3]);
                break;
        }
        this.height = height;
        if (bodyType == BodyType.PYRAMIDAL)
            coefficent = 1.0/3;
    }
    public int calculation() {
        return (int) (bottom.calcArea() * height * coefficent);
    }
}
```

[9 章のまとめ]

この章では，効率的なクラス設計・コーディングに必須となる諸技術について学びました．

1. toString メソッド，final 修飾子について学びました．
2. パッケージとアクセス修飾子について学びました．
3. クラス変数・クラスメソッドについて学びました．
4. 列挙型について学びました．

9章 演習問題

[演習 1]

座標原点を中心に回転する機能を持った，座標平面上の点を表すクラスを定義するプログラム Coordinate.java を作成してみましょう．Coordinate.java は次に示す仕様を満たすものとします．

フィールド x 座標と y 座標を表す double 型のフィールド x と y．ただし両フィールドには private 修飾子を付けるものとします．

コンストラクタ すべてのフィールドに値を代入するための引数をとるコンストラクタをを持ちます．

メソッド showInfo 実行結果に示すように，現在の座標を表示する void 型のメソッド showInfo()

メソッド rotate(double theta) 座標値を原点周りに theta 度回転する void 型のメソッド rotateY(double theta)

原点回りの回転を実現するには，次の公式を利用すればよいでしょう．

$$x' = x \cos\theta - y \sin\theta$$
$$y' = x \sin\theta + y \cos\theta$$

ただし，度をラジアンに変換しておくのを忘れないでください（200 ページ参照）．

[演習 2]

ソースコード 3.1 のクラス Rectangle に，クラス変数とクラスメソッドを追加して，このクラスから生成されるオブジェクトの数をクラスが記憶できるようにしてみましょう．

クラス変数 オブジェクト数をカウントするための int 型のフィールド number を宣言し，0 で初期化しておきます．

コンストラクタ オブジェクトが生成される度に number の値を 1 つ増やすような記述を，コンストラクタ内に追加します．

クラスメソッド number の値を返すゲッターメソッド getNumber を，クラスメソッドとして定義します．

RectangleMain.java のメインメソッドの最後に，現在のオブジェクト数を表示させるための記述を追加し，次の実行結果にあるような表示が得られるようにしてください．

```
実行結果
x 座標: 2, y 座標: 1, 幅: 5, 高さ: 6
x 座標: 5, y 座標: 3, 幅: 3, 高さ: 1
x 座標: 0, y 座標: 6, 幅: 8, 高さ: 5
x 座標: 5, y 座標: 9, 幅: 5, 高さ: 6
x 座標: 6, y 座標: 7, 幅: 3, 高さ: 1
x 座標: 2, y 座標: 8, 幅: 8, 高さ: 5
オブジェクト数は 3 です。
```

10章　ファイル操作

[ねらい]

　これまで多くのJavaプログラムを作成し，ファイルとして「保管」してきたものと思います．そして，保管したプログラムを必要に応じて「開く」ことにより，編集するという作業を行ってきました．「保管」という操作は，作成したプログラムをハードディスクなどの外部記憶装置にファイルとして保存すること，「開く」という操作は，外部記憶装置にファイルとして保存していたプログラムを読み出すことをいいます．すなわち，「保管」の際にはファイルへの出力操作を，「開く」の際にはファイルからの入力操作を行っているのです．このように，処理しているデータを永続的に利用しようとするようなアプリケーションではファイル入出力は必須となる重要な機能です．

　この章では，そのようなファイル入出力の基本的な方法について学習することにしましょう．

[この章の項目]

- 既存のファイルからデータを読み出す方法を学びます．
- プログラム中で扱ったデータを新しいファイルに書き込む方法を学びます．
- ファイル入出力その他で生じるさまざまな例外事象と，それに対する処理の記述方法について学びます．

10.1 ファイル入力

ファイルからデータを読み込んだり，ファイルにデータを書き出したりする際，プログラムとファイルとの間でデータのやり取りが発生します．このようなデータのやり取りを連続的に行う仕組みを**ストリーム**と呼びます．ストリームには，データを読み込む際に使用する入力ストリームとデータを書き出す際に使用する出力ストリームがあります．

Java言語ではストリームを扱うための多くのクラスが用意されていますが，本章では入力ストリームとして BufferedReader クラス，出力ストリームとして BufferedWriter クラスを用いて説明を行います．

まず，**ファイル入力**，すなわちディスクからのファイルの読み出しについてみてみることにしましょう．Java SE 7 から，新しいファイルシステム API として NIO.2 が追加されました．この章では NIO.2 を用いたファイル入出力の方法について説明します．

コマンドライン引数で指定したファイルを読み出して，ディスプレイに表示するプログラムを次に示します．

▶ [ソースコード 10.1 の補足]
ソースコード 10.1 では 10.2.2 項で説明するように，9 行目で try-with-resources 文を使ってファイル読み取り用のオブジェクト rader を作成してファイルの読み出しを行っています．しかしこの書き方では reader のスコープが try 文の中に限定されるため，スコープの外で reader を利用することができません．そのような場合には通常の try-catch 文を利用します．サンプルをソースコード 10.4 として p.215 に掲載します．

ソースコード 10.1 ファイル入力の例

```
1  import java.nio.file.*;
2  import java.io.BufferedReader;
3  import java.io.IOException;
4
5  public class FileReadSample {
6      public static void main(String[] args) {
7          Path path = Paths.get(args[0]);
8
9          try (BufferedReader reader = Files.newBufferedReader(path)) {
10             String line;
11             while ((line = reader.readLine()) != null) {
12                 System.out.printf("%s\n", line);
13             }
14         } catch (IOException e) {
15             System.out.println(e);
16         }
17     }
18 }
```

このプログラムの 1〜3 行目は，ファイル入力に必要となるクラスを利用するための import 文です．1 行目は Files クラスや Paths クラス，2 行目は BufferedReader クラス，3 行目は後述する例外処理のためにそれぞれ必要です．

ファイルシステム内のファイルを特定するための，システムに依存するファイルパスを表すものとして，java.nio.file.Path インタフェースが用意されています．Path オブジェクトを取得するには Paths クラスの get メソッドを使用します．7 行目ではコマンドライン引数から Paths クラスの get メソッドを用いてファイルの位置を特定するために Path オブジェクトを取得し，変数 path で参照しています．

9～17 行目が実際にファイルからの入力を記述している部分になります．ここで用いられている try 文については 10.2 節で述べることにします．

9 行目の

```
  ┌─ BufferedReader クラスのオブジェクトを取得 ──────────
  │    9    BufferedReader reader = Files.newBufferedReader(path)
```

では Files クラスの newBufferedReader メソッドを用いて，ファイルを読込み用に開き，ファイルからテキストデータを読み出すための BufferedReader クラスのオブジェクトを取得，それを変数 reader で参照しています．Files クラスはファイル，ディレクトリを操作するためのクラスです．

また 10 行目では，ファイルから読み込んだ文字列を保持しておくための変数 line を宣言しています．

11 行目の

```
  ┌─ ファイルからテキストを読み込む例 ──────────────────
  │   11    while ((line = reader.readLine()) != null) {
```

では，line = reader.readLine() の部分で，BufferedReader クラスの readLine メソッドを用いてファイルから 1 行分のテキストを読み込み，それを変数 line で参照しています．readLine メソッドは，ファイル終端に達したときに null を返します．すなわち 11 行目から 13 行目は，ファイルを先頭から 1 行ずつ読み込んで画面に出力（12 行目）するという処理を，ファイルの終端に達するまで繰り返す，ことを意味します．

ソースコード 10.1 では，BufferedReader クラスを用いましたが，Files クラスの readAllLines メソッドを用いるとより簡単な表記でファイルからの入力を実現できます（ソースコード 10.2）．ただし，readAllLines メソッドはファイルを一度に読み込むため，大きなサイズのファイル読み込みには不向きです．目的に応じて使い分けるようにしてください．

▶ [lines メソッド]
readAllLines メソッドはファイルを一度に読み込んでその結果を List<String> で返します．一方，同じ Files クラスの lines メソッドは，読み込んだ結果をストリーム (Stream<String>) で返しますので，大きなサイズのファイル読み込みも可能です．

ソースコード 10.2 readAllLines メソッドを用いたファイル入力の例

```java
import java.nio.file.*;
import java.util.List;
import java.io.IOException;

public class FileReadSample2 {
  public static void main(String[] args) {
    Path path = Paths.get(args[0]);

    try {
      List<String> lines = Files.readAllLines(path);
      for (String line : lines) {
        System.out.println(line);
      }
    } catch (IOException e) {
      System.out.println(e);
    }
  }
}
```

10.2 例外処理

ここでは，ファイル入出力等の際に生じる例外事象に対して，Java プログラムの側で必要となる取扱いについて説明します．

10.2.1 チェック例外

一般に，入出力操作を行うコンストラクタやメソッドでは，処理の失敗が起こった場合に，**例外 IOException** クラスのオブジェクトを投げ (throw) ます．入出力操作に関連したこれらの例外は**チェック例外** (checked exception) と呼ばれ，例外発生時の処理を明示的に記述しておく必要があります．そのため，入出力操作を行う部分は try 文 を用いて記述します．try 文の標準的な書式を次に示します．

```
try 文の標準的な書式

  try {
      例外を投げる可能性のある文ブロック
  } catch (例外クラス名 変数名) {
      例外発生時の処理
  } finally {
      後始末の処理
  }
```

try 文は try ブロックと catch ブロック，finally ブロックからなり

ます.

■ catch ブロック

tryブロックはチェック例外を投げる可能性のある処理を記述した文ブロックです．投げられた例外を受け取って行う処理を記述するのがcatchブロックです．catchブロック中では，投げられた例外に関する情報は「変数名」で指定した変数によって参照することができます．tryブロック中で記述した処理で発生する可能性のある例外の種類（クラス）が複数ある場合には，複数のcatchブロックを記述することになります．finallyブロックは例外が発生したか否かにかかわらず必要となる共通の後始末を記述する部分で，そのような後始末処理が無ければ書かなくても構いません.

プログラム例10.2の場合，10行目のファイルを開くところで，ファイルが正常に開けなかった場合に例外IOExceptionを投げます．そこで，catchブロックでは投げられた例外を変数eで参照し，文字列に変換してディスプレイに表示することを記述しています.

■ finally ブロック

finallyブロックには，例外が生じても必ず実行したい処理，具体的には開いたファイルを閉じるなど，プログラム内で用いていたリソースを解放するための処理を記述します．

▶ [finally ブロック]
finally ブロックの使用例をソースコード 10.4 としてp.215 に掲載します．

10.2.2 try-with-resources 文

先ほど，finallyブロックにはファイルを閉じる処理など，リソースを解放する処理を記述すると説明しました．ファイルやデータベースなどリソースを利用するプログラムでは，プログラムの終了時にリソースを解放することが，意図しないバグを防ぐ上でも重要となります．そこで，Java SE 7からtry-with-resources文が導入されました．実はソースコード10.1には，try-with-resources文を用いています．try-with-resources文は以下のように用います．

```
try-with-resources 文の書法
    try (リソースの生成処理) { }
```

tryの()内にリソースの生成処理を記述することで，tryブロックが終了する際に暗黙的にリソースの解放処理が呼び出されます．これにより，finallyブロックなどにリソースの解放に関する文を明示的に記述する必要がなくなります．たとえば，ソースコード10.1では9行目にファイルを読込用に開き，ファイルからテキストデータを読み出すための

BufferedReader クラスのオブジェクトを取得する処理を記述していますが，try-with-resources 文を用いているため，このオブジェクトを閉じる（close メソッドを呼び出す）文を明示的に書く必要はありません．

10.2.3 非チェック例外

チェック例外については上に述べたように発生時の処理を明示的に記述する必要があります．記述しないとコンパイルが完了しないので，実行することができません．

これに対し 5.1 節でみた配列の不適切な扱いで生じる例外などは**実行時例外** (runtime exception) と呼ばれ，例外発生時の処理を記述しなくても，コンパイル，実行が可能です．もちろん必要ならば try-catch-finally 構文を用いて記述しても構いません．このような例外はコンパイラによってチェックされないので，**非チェック例外** (unchecked exception) と呼ばれます．

10.3 ファイル出力

次に，PrintWriter クラス を利用したテキスト形式のファイル出力の基本的な方法についてみていきましょう．PrintWriter クラスの print メソッド，println メソッド，printf メソッドを用いて，ディスプレイ (System.out) への文字列の出力の場合と同じような感じでファイルへの文字列出力を行うことができます．

10.3.1 基本的な出力プログラム

次に，BufferedWriter クラスを用いたファイルの出力について説明します．ソースコード 10.3 はコマンドライン引数で指定したファイルに単純な文字列を書き出すものです．

ソースコード 10.3 ファイル出力の例

```
1  import java.nio.file.*;
2  import java.io.BufferedWriter;
3  import java.io.IOException;
4
5  public class FileWriteSample {
6      public static void main(String[] args) {
7          Path path = Paths.get(args[0]);
8
9          try (BufferedWriter writer = Files.newBufferedWriter(path)) {
10             writer.write("Hello Java\n");
11         } catch (IOException e) {
```

```
12              System.out.println(e);
13          }
14      }
15  }
```

基本的な考え方はソースコード 10.1 とほぼ同じです．2 行目で BufferedWriter クラスのための import 文を記述しています．7 行目では Path オブジェクトを取得し，9 行目で Files クラスの newBufferedWriter メソッドを用いて，ファイルを書き込み用に開き，ファイルにテキストデータを書き出すための BufferedWriter クラスのオブジェクトを取得しています．そして，10 行目で write メソッドを用いて，文字列をファイルに書き込んでいます．

BufferedWriter クラスのオブジェクトは使用後に close メソッドを呼び出し，リソースを解放する必要がありますが，ここでは try-with-resources 文を用いていますので，明示的にリソース解放のための処理は記述していません．

ソースコード 10.4

```
1~7 行目は ソースコード 10.1 と同じ
8       BufferedReader reader;
9       try {
10          reader = Files.newBufferedReader(path);
11          String line;
12          while ((line = reader.readLine()) != null) {
13              System.out.printf("%s\n", line);
14          }
15      } catch (IOException e) {
16        System.out.println(e);
17      } finally {
18        try {
19            if (reader != null) {
20                reader.close();
21            }
22        } catch (IOException e) {
23            System.out.println(e);
24        }
25      }
26  }
```

▶ [ソースコード 10.4]
ソースコード 10.4 では，8 行目で try 文の外に BufferedReader 型の変数 reader を宣言しているため，reader で参照される BufferedReader 型のオブジェクトを try 文の外で使うことも可能です．ソースコード 10.4 では 9 行目から始まる try 文の中でファイルの読み出しを行っていますが，その外側でファイルの読み出しを行う場合は改めて別の try 文を書き，その中で line = reader.readLine() などの操作を記述します．

[10 章のまとめ]

この章では，ファイル入出力の基本的な方法について学習しました．

1. ファイルからデータを読み出す方法，書き込む方法を学びま

した．
2. さまざまな例外事象と，それに対する処理の記述方法について学びました．

10章　演習問題

[演習 1]

空白または改行コードで区切られた 0 個以上の非負整数データを収容したファイルがあるとします．そのようなファイルを入力として，ファイル中のデータの個数と合計の値をディスプレイに表示するプログラムを作成してみましょう．入力ファイル名はコマンドライン引数で指定するように作成すればいいでしょう．

[演習 2]

演習 1 のプログラムをコマンドライン引数で複数のファイルが指定でき，指定されたファイル中のデータ全体の個数と合計を表示するように作り変えてみましょう．

[演習 3]

空白または改行コードで区切られた 0 個以上の文字列データを収容したファイルがあるとします．そのようなファイル（ファイル名はコマンドライン引数で指定）を読んで，どのような文字列が何回表れたかを，以下のような形式で出力ファイル（コマンドライン引数で指定）に書き出すプログラムを作成してみましょう．

```
― ファイルへの出力内容 ―
    Java        5
    program     3
    study       3
    lesson      2
    practice    1
```

文字列と出現頻度の区切りはタブ（'\t'）を用いるとよいでしょう．

11章　ラムダ式とストリーム

[ねらい]

　Java SE 8 以降では，ストリーム (Stream) というインタフェースとラムダ式 (lambda expression) が使えるようになりました．これらを組み合わせると，多数のデータを処理するためのプログラムが，これまで学習してきたような 1 つ 1 つの命令を組み合わせて目的を達成するような書き方ではなく，"宣言的" (declarative) に記述できるようになります．宣言的とは，簡単に言うと，いちいち細かな指示をプログラム内に記述しなくても，単に「あれやっといて」と達成すべき事柄を書いてやると動いてくれるようなプログラムの書き方です．

　本章では，ラムダ式とストリームを活用し，これまでの章で学んできた命令型の手法とはまったく異なる宣言的なプログラミング手法を学びます．この章で学ぶ手法により，多数のデータをあつかうためのデータ構造であるアレイリストや配列に対する繰返し処理が，どれほど簡潔かつ効率的に実装できるかが実感できるはずです．

　以上のように本章では，入門レベルを卒業した読者の皆さんを対象とし，従来の手法とはまったく異なるプログラミング技術を習得することを目的としています．プログラミング学習が初めて，という方はまず 2 章から読み進めて下さい．

[この章の項目]

- 宣言的なプログラミング手法について学びます．
- ラムダ式の構文や関数型インタフェースについて学びます．
- ストリームについて理解し，ラムダ式と組み合わせてさまざまなデータ構造を効率的に処理する方法を学びます．

注 1: 本章であつかう Stream は，java.io パッケージ内で提供されているさまざまな入出力用のストリームクラスとはまったく別のものなので注意してください．本章であつかう Stream は，Java SE 8 で導入された java.util.stream パッケージで提供されているインタフェースです．

注 2: 本章では，各例題プログラムの横の側注で，それぞれのプログラムの概要を説明します．側注とプログラムを見比べプログラムの流れを大まかに理解してから本文の説明を読んでください．

11.1 命令型から宣言型へ

ラムダ式とストリームの詳しい説明をする前に，本節ではそれらを使うとどのような効果があるのかを具体例を用いて説明します．そのための準備として，学生の個人情報を管理するためのクラスをソースコード 11.1 で定義します．

▶ [ラムダ式とストリームの解説について]

本章ではラムダ式とストリームを用いたプログラミングの利点を先に紹介します．本節を読み飛ばして先に 11.2 節から読み始め，ラムダ式とストリームを理解してから本節を読んでいただいても大丈夫です．

▶ [StudentInfo クラスの概要]

このクラスは，学籍番号，氏名，欠席日数といった学生の個人情報を管理するためのプログラムです．各情報を表すフィールド（2〜4 行目）を持ち，コンストラクタでは引数で与えられる文字列を用いてそれらのフィールドを初期化しています（8〜10 行目）．また，name と absentDays フィールドに対するゲッターを備えています（13, 14 行目）．

本来はコンストラクタの第 3 引数を int 型にするか，第 3 引数が整数からなる文字列でない場合の処理を記述すべきなのですが，以降の説明や例題を簡単にするためこのようにしています．

ソースコード 11.1 学生の個人情報を管理するためのクラス

```
1   public class StudentInfo {
2       private String studentID;
3       private String name;
4       private int absentDays;
5
6       public StudentInfo(String studentID, String name,
7                          String absentDays) {
8           this.studentID = studentID;
9           this.name = name;
10          this.absentDays = Integer.parseInt(absentDays);
11      }
12
13      public String getName() { return name; }
14      public int getAbsentDays() { return absentDays; }
15  }
```

11.1.1 従来の手法を用いた情報の検索方法

このクラスの複数のオブジェクトをリストで管理し，リストの中から特定の条件（欠席日数が規定以上）に合致する学生を一人検索してその氏名を表示するプログラムは，これまでの章で学習してきた技術を使ってソースコード 11.2 のように作成できます．"欠席日数が規定以上の学生氏名を表示する"という目的を達成するために，側注に示す 3 つの目標を定めてそれらを達成するようにソースコード 11.2 は作られています．

ソースコード 11.2 StudentInfo クラスを利用する命令型のプログラム

```java
1   import java.util.*;
2
3   public class SearchStudent {
4       public static void main(String[] args) {
5           final int absentLimit = 6;
6
7           /* 目標 1 */ //lines の各行は 学籍番号，氏名，欠席日数からなる
8           String[] lines = { "0001,山田太郎,3",
                                "0002,田中一郎,6",
                                "0003,斎藤花子,4" };
9           List<StudentInfo> studentList = new ArrayList<>();
10
11          for (String line : lines) {
12              String[] data = line.split(",");          //目標 1-1
13              studentList.add(new
                    StudentInfo(data[0], data[1], data[2]));//目標 1-2
14          }
15
16          /* 目標 2 */
17          String studentName = null;
18
19          for (StudentInfo student : studentList) {
20              if (student.getAbsentDays() >= absentLimit) {
21                  studentName = student.getName();
22                  break;
23              }
24          }
25
26          /* 目標 3 */
27          System.out.printf("欠席日数%d 日以上の学生は ",
                                    absentLimit);
28          if (studentName == null)
29              System.out.println("いません");
30          else
31              System.out.println(studentName);
32      }
33  }
```

▶ [SearchStudent クラスの概要]

このクラスは本項の冒頭で述べた目的を，次の 3 つの目標に分けて達成するように作られています．

目標 1: 学生リストの生成

8〜14 行目では，配列 lines に格納されている文字列情報を基に学生情報を持ったオブジェクトのリストを生成する．

目標 1-1: 文字列の分割

lines に格納されている各文字列を分割して，学籍番号や氏名などを表す個々の文字列を要素とする配列 data を生成する（おもに 12 行目．ただし，11〜14 行目の繰返し処理が必要）．

目標 1-2: リスト生成

data の各要素を引数として StudentInfo クラスのオブジェクトを作りリストに格納する（おもに 13 行目．ただし，9 行目のデータ構造の準備，および 11〜14 行目の繰返し処理が必要）．

目標 2: 学生の検索

リストの中から，欠席日数が absentLimit の値以上の学生を 1 人探す（17〜24 行目）．

目標 3: 結果の表示

条件を満たす学生が見つかればその名前を，見つからなければ「いません」という文字列を表示する（27〜31 行目）．

ソースコード 11.2 の実行結果

/* 5 行目の absentLimit が 6 の場合 */
欠席日数 6 日以上の学生は 田中一郎

/* 5 行目の absentLimit が 7 の場合 */
欠席日数 7 日以上の学生は いません

ソースコード 11.2 では，側注に示した 3 つの目標が，ArrayList，文字列の分割，拡張 for 文など，これまで学習してきた技術を使って達成できていることが分かります．このようにソースコード 11.2 は，基本的な技術を使ったごく当たり前のプログラムなのですが，基本的な命令を複雑に組み合わせて各目標を達成するように作られているため，それぞれの行を見ただけでは何がやりたいのかが分かりません．Java をよく知っている人が全体を見て初めて，その動作を理解することができます．

このように，たくさんの基本的な命令の組み合わせによって目的を達成するようにプログラムを作る方法は**命令型プログラミング** (imperative programming) と呼ばれます．

▶ [ラムダ式とストリーム]
ラムダ式については 11.2 節，ストリームについては 11.3 節で詳しく学習します．

11.1.2 ラムダ式とストリームを用いる手法

ラムダ式は，メソッドのように一連の処理をまとめたコードブロックなのですが，変数に代入できたり，メソッドや他のラムダ式の引数として渡すことができるオブジェクトのような存在です．また**ストリーム**は，配列やリストと同様複数のデータを保持するデータ構造なのですが，ラムダ式と併用することで，保持しているデータすべてに対する処理や特定のデータを抽出する処理を簡潔に記述することができます．

ラムダ式とストリームを使い，ソースコード 11.2 と同じ動作をするプログラムがもっと簡潔に，宣言的に記述できる例を，ソースコード 11.3 に示します．

ソースコード 11.3 StudentInfo クラスを利用する宣言的なプログラム

```
1   import java.util.*;
2   import java.util.stream.Collectors;
3
4   public class SearchStudentByLambdaAndStream {
5       public static void main(String[] args) {
6           final int absentLimit = 6;
7
8           /* 目標 1 */ //lines の各行は 学籍番号, 氏名, 欠席日数からなる
9           String[] lines = { "0001,山田太郎,3",
                               "0002,田中一郎,6",
                               "0003,斎藤花子,4" };
10
11          List<StudentInfo> studentList =
12              Arrays.stream(lines)
13                  .map(line -> line.split(","))              //目標 1-1
14                  .map(data ->                                //目標 1-2
                        new StudentInfo(data[0],data[1],data[2]))
15                  .collect(Collectors.toList());             //目標 1 達成
16
17          /* 目標 2 */
18          Optional<String> studentName =
19              studentList.stream()
20                  .filter(student ->
                        student.getAbsentDays() >= absentLimit)
21                  .map(StudentInfo::getName)
22                  .findFirst();                               //目標 2 達成
23
24          /* 目標 3 */
25          System.out.printf("欠席日数%d 日以上の学生は%s\n",
                    absentLimit, studentName.orElse("いません"));
26      }
27  }
```

▶[SearchStudentByLambdaAnd-Stream クラスの補足説明]

・Arrays.stream() と stream()
　12 行目の stream() は配列を基に，19 行目の stream() はリストを基にストリームを生成するメソッドです．11.3.1 項で詳しく説明します．

・map()
　引数で与えられたラムダ式やメソッド参照などの関数をストリームの各要素に適用し，適用結果の値を要素とする新たなストリームを生成するメソッドです．11.3.2 で詳しく説明します．

・collect()
　引数で指定されるデータ構造を生成して返すメソッドです．このデータ構造には呼出先のストリームと同じ要素が格納されます．11.3.3 項で詳しく説明します．

・Optional と orElse()
　Optional は，ジェネリクスで指定される型の値か null 値を持つラッパークラスです．Optional に備わる orElse メソッドを利用すると，計算結果が存在するか null かの場合分けが簡潔に記述できます．11.3.5 項で詳しく説明します．

・filter()
　ストリームの要素のなかから，引数で指定される条件式を満たすものを選びだし，それらの要素だけからなる新たなストリームを生成する，いわゆるフィルタリング操作を簡潔に記述するためのメソッドです．11.3.4 項で詳しく説明します．

・findFirst()
　ストリームの先頭要素を返すメソッドです．11.3.6 項で詳しく説明します．

ソースコード 11.3 で，ラムダ式とストリームを用いてどのように目標 1～3 を達成しているか，その概略を説明します．

目標 1 の準備（ストリーム生成）： 12 行目では，配列 lines を基にそれと同じ要素を持つデータ構造であるストリームを生成しています．ストリームの持つさまざまな機能については 11.3 節で説明します．

目標 1-1： 13 行目では，lines の各行を分割した配列を要素に持つストリームが生成されています．つまり for 文などの繰返し処理など記述せずに，この 1 行で目標 1-1 が達成されます．その鍵となっている map は，11.3.2 項，その引数のラムダ式 "line -> line.split(",")" に

については 11.2 節およびソースコード 11.4 で詳しく説明します．

目標 1–2: 14 行目の "`data -> new StudentInfo(data[0],data[1], data[2])`" は，文字列配列 `data` を引数とし，`data` の各要素を基に `StudentInfo` クラスのオブジェクトを生成して返すラムダ式です．このラムダ式を `map` の引数として与えることにより，13 行目で作られたストリーム内の各要素に対応する `StudentInfo` クラスのオブジェクトが生成され，これらのオブジェクトを要素とするストリームが生成されます．このような複雑な作業が繰返し処理などを用いずに記述され，この 1 行で目標 1–2 が達成されます．

目標 1 達成: 15 行目は，ストリームをリストに変換するための終端操作と呼ばれる後処理です．ここで目標 1 のリストが生成され，11 行目で宣言されている変数 `studentList` によって参照されます．

目標 2 の準備（ストリーム生成）: 19 行目では，リストから情報検索するためのストリームが，`studentList` を基に生成されます．

目標 2（検索）: 20 行目では，ストリームの中から条件を満たす要素だけをフィルタリングして，それらの要素だけからなる新たなストリームを生成しています．ここでも，繰返し処理など記述せずにこの 1 行で目標 2 がほぼ達成されます．その鍵となっている `filter` については 11.3.4 項にて詳しく説明します．

目標 2（氏名の抽出）: 21 行目では，20 行目で作られたストリームから `map` を用いて各学生の氏名を表す文字列を要素とするストリームが生成されています．ここに現れる "`StudentInfo::getName`" は Java SE 8 から導入されたメソッド参照と呼ばれる構文です．メソッド参照については 11.2.5 項にて詳しく説明します．

目標 2 達成: 22 行目では，`findFirst` メソッドによりそのストリームの最初の要素が取りだされ，18 行目にある `Optonal` 型の変数 `studentName` で参照されます．null ポインタ例外のことをプログラマが意識しなくても安全にプログラムが書ける `Optional` クラスについては，11.3.5 項にて詳しく説明します．

目標 3: 25 行目では，`Optonal` クラスの機能を使い，検索対象が見つかった場合と見つからなかった場合の表示をこの 1 行だけで行い，目標 3 を達成しています．if–else 文による条件分岐など記述する必要はありません．その鍵となっている `Optional` クラスのメソッド `orElse` についても 11.3.5 項にて詳しく説明します．

このようにソースコード 11.3 では，if や for などは一切使用せず，達成したいことそのものを記述しています．目標 1–1 の部分を両プログラムから取り出して比較してみます．

---命令型と宣言型の比較---

```
/* ソースコード 11.2 の目標 1-1 の部分 */
11      for (String line : lines) {
12          String[] data = line.split(",");
            ...
14      }


/* ソースコード 11.3 の目標 1-1 の部分 */
12          Arrays.stream(lines)
13              .map(line -> line.split(","))
```

ソースコード11.2の目標1-1の部分では，拡張for文による繰返し，文字列配列linesからの各文字列の取りだし，文字列配列dataの宣言，splitメソッドによる文字列の分割，そして変数dataへの代入など，Javaを学んでいる皆さんにとってごく当たり前の手段を用いた処理が記述されています．しかし本来やりたいことは，複数の文字列をそれぞれ区切り記号で分割したいだけなのに，命令型のプログラムではこれだけの命令の組み合わせが必要になっています．

一方ソースコード11.3の目標1-1の部分では，やりたいことそのものを，余計な命令など書かず"map(line -> line.split(","))"という1行で"宣言"しているのです．以降の目標も同様です．

本章ではこの後，ラムダ式とストリームを学習し，このような宣言的なプログラムを記述できるようになることを目指します．ラムダ式とストリームの基本的な使い方，そしてストリームの持つさまざまな便利な機能を理解した後，もう一度ソースコード11.3を眺めてみてください．宣言的に書かれたコードの読みやすさ，記述の簡潔さがわかってもらえると思います．

11.2 ラムダ式

この節では，Java SE 8から導入されたラムダ式について学びます．ラムダ式はメソッドと同じように，何らかの操作を記述するためのコードブロックなのですが，メソッドと違いラムダ式自身が変数に代入されたり，引数として他のメソッドやラムダ式に渡されたりできるなど，データのようにもあつかうことができる自由度の高いものです．

▶[ソースコード11.2と11.3の変数dataについて]
　ソースコード11.2と11.3でdataという同じ変数名が使用されていますが，性質が異なるので注意してください．
　ソースコード11.2の12行目ではsplitメソッドが生成する文字列配列を参照するために，ローカル変数としてdataが宣言されています．
　一方ソースコード11.3の14行目にもdataが現れるのですが，こちらはラムダ式の引数なのでラムダ式内で閉じており，引数として受けとった文字列配列を参照するために使われています．

11.2.1 ラムダ式の文法

まず，ラムダ式の文法からみていきます．

ラムダ式の基本書式

(引数リスト) -> 本体

引数リストや本体についてはメソッド定義と同じです．この基本書式に沿った一般的なラムダ式の形を以下に示します．

基本的な書式に沿った一般的なラムダ式の形

```
(型 1 引数 1, ... , 型 n 引数 n) -> {
    処理 1;
    処理 2;
    ...
    return 式;
}
```

一般的なラムダ式の見た目は，アクセス修飾子や型，名前のないメソッド定義と言うところでしょうか．この形を見ただけではあまりメソッドと変らないのですが，ラムダ式の書式には以下のようなさまざまな省略が許されています．

ラムダ式の省略規則

- 引数リスト内の型は省略可
- 引数が 1 個の場合 (丸括弧) は省略可
- 本体が値を返さない場合 return 文は省略可
- 本体の処理が 1 個の場合 { 中括弧 } と return 文は省略可

この規則に従うと，引数と処理がそれぞれ 1 個のラムダ式は以下のように書けます．

省略規則に沿った最も単純なラムダ式の形

引数 -> 処理

11.2.2 ラムダ式の具体例

省略規則に沿った最も単純な形をしたラムダ式の具体例を，ソースコー

▶ [ラムダ計算と関数型言語]
オブジェクト指向型言語が普及する以前から，関数型言語と呼ばれる数々のプログラミング言語（Lisp, Scheme, ML 等）が広く活用されてきました．これらの言語の基礎となっているのが，1930 年代にプリンストン大学の論理学者チャーチによって提案されたラムダ計算です．ラムダ式とは元々はラムダ計算の構文要素のことであり，たとえば以下の式は x を引数として x^2 を返す関数を表すラムダ式です．
$$\lambda x.x \times x$$
この関数の引数が x であることを明示するために記号 λ が使われることから λ（ラムダ）計算と呼ばれているのですが，チャーチがなぜ λ という記号を使ったのかに関しては諸説あります．

ド 11.4 に示します.

ソースコード 11.4 ラムダ式を使用するサンプルプログラム

```
1   import java.util.function.*;
2
3   public class LambdaSample {
4       public static void main(String[] args) {
5           final int absentLimit = 7;
6
7           /* studentData は 学籍番号, 氏名, 欠席日数からなる */
8           String studentData = "0002,田中一郎,6";
9           Function<String, String[]> spliter =
10              line -> line.split(",");
11          Predicate<Integer> overAbsentLimit =
12              days -> days >= absentLimit;
13          String[] data = spliter.apply(studentData);
14          int absenceDays = Integer.parseInt(data[2]);
15
16          if (overAbsentLimit.test(absenceDays)) {
17              System.out.print("面談対象者: ");
18              System.out.println(String.join(", ", data));
19          } else {
20              System.out.printf("%s の欠席日数は%d 日未満\n",
                        data[1], absentLimit);
21          }
22      }
23  }
```

▶ [LambdaSample クラスの概要]

このクラスは,変数 studentData で参照するある学生の欠席日数に問題がある場合,その学生の情報 (学籍番号,氏名,欠席日数) を表示するためのプログラムです.

10 行目で宣言したラムダ式を用いて,13 行目で文字列の分割を行っています.

また,12 行目で宣言したラムダ式を用いて,16 行目で欠席日数が基準値 (5 行目で宣言した absentLimit の値) を上回っているか確認しています.

欠席日数が基準以上の場合の処理が 16〜18 行目に記述してあります.18 行目では,join メソッドを使用して対象学生の情報を表示しています.

▶ [join メソッドについて]

join は,String クラスに Java SE 8 から加えられたメソッドです.このメソッドは,第 2 引数で与えられる配列など複数の要素を持つデータ構造の要素を,第 1 引数で与えられるデリミタ (区切り記号) で結合し文字列として返します.

String クラスに join メソッドが導入されたことにより,文字列など複数のデータをデリミタで結合し,最後の要素の直後にはデリミタをつけないという操作を,for 文や条件分岐などを使用せずに簡潔に記述できるようになりました.

ソースコード 11.4 の実行結果

```
/* 5 行目の absentLimit が 7 の場合 */
田中一郎の欠席日数は 7 日未満

/* 5 行目の absentLimit が 6 の場合 */
面談対象者: 0002, 田中一郎, 6
```

ソースコード 11.4 の 10 行目と 12 行目が,省略規則に沿った最も単純な形をしたラムダ式の具体例です.

10 行目のラムダ式は,以下の式の省略形です.

$$(\text{String line}) \rightarrow \{\text{return line.split(',');}\} \quad (11.1)$$

すなわちこのラムダ式は，String 型の引数 line に与えられた文字列に対して String クラスの split メソッドを適用し，コンマを区切り記号として文字列を分割し，分割した文字列を格納した String 型の配列を返す関数です．この関数を後から何度でも使えるように，9 行目では，変数 spliter でこのラムダ式を参照しています．spliter の型である Function については次項で説明します．13 行目では，このラムダ式を文字列 studentData に適用しています．関数を適用するために，次項で説明するメソッド apply を使用しています．

12 行目のラムダ式は以下の式の省略形です．

$$(\text{int days}) \rightarrow \{\text{return days} >= \text{absetLimit};\} \quad (11.2)$$

すなわちこのラムダ式は，int 型の引数 days に与えられた整数値に対し，days >= absentLimit の真偽値（true または false）を計算して返す関数です．この関数を後から何度でも使えるように，11 行目では変数 overAbsentLimit でこのラムダ式を参照しています．overAbsentLimit の型である Predicate については次項で説明します．16 行目では，このラムダ式を int 型の変数 absenceDays に適用しています．この関数を適用するために，次項で説明するメソッド test を使用しています．

11.2.3　関数型インタフェース

関数型インタフェース (functional interface) とは，抽象メソッドを 1 つだけ持つインタフェースです．Java 言語では，ラムダ式は関数型インタフェースを実装したクラスのオブジェクトとしてあつかわれ，変数に代入されたり，引数としてメソッドに渡されたりすることができます．また，側注に示すようにこのオブジェクトは，インタフェースの抽象メソッドを実装したメソッドを備えます．このようにラムダ式自体はオブジェクトとして処理され，ラムダ式が表現している関数としての役割はそのオブジェクトが備えるメソッドが果たすのですが，本書では簡単のためラムダ式のことも単に関数と呼びます．

ソースコード 11.4 の 9 行目と 11 行目で，各ラムダ式を参照するために使われている変数 spliter と overAbsentLimit に注目してください．これらの変数には Function や Predicate という見慣れない型がついているのですが，これらは Java SE 8 から java.util.function パッケージで提供されるようになった汎用の関数型インタフェースです．このパッケージで提供される多数の汎用の関数型インタフェースのうち，よく使われるものを表 11.1 にまとめます．

Function は，T という型の引数を受け取り，R という型の値を返す関数を表すインタフェースです．たとえばソースコード 11.4 の 10 行目にあるラム

▶ [ラムダ式に現れる変数の有効範囲について]
ソースコード 11.4 の 12 行目にあるラムダ式の本来の形である式 (11.2) における変数 absentLimit に注目して下さい．このラムダ式の引数として宣言されている変数 days と違い，absentLimit はこのラムダ式の外で宣言されている変数です．ラムダ式は，自身が宣言されている範囲（この場合は main メソッド）で宣言されている変数を参照することができます．このような有効範囲のことを構文範囲 (Lexical Scope) といいます．

ただしその変数は，ラムダ式が宣言されるより前に初期化されている必要があります．またその変数は，final または実質 final でなければなりません．したがって，5 行目に final 修飾子がなかったとしても，この main メソッドの何処かで absentLimit の値を変更するような記述があればコンパイルエラーになります．

▶ [ラムダ式と関数型インタフェースの抽象メソッドについて]
ラムダ式の記述されたソースコードのコンパイル時に，ラムダ式で定義されている処理を基に関数型インタフェースの抽象メソッドを実装したメソッドが生成されます．例えばソースコード 11.4 の 12 行目にあるラムダ式の本来の形である式 (11.2) に注目して下さい．この式で定義されている処理を基に Integer 型の引数と boolean 型の戻り値を持つメソッドが生成されます．そしてそれが，11 行目にある Predicate 型の変数 overAbsentLimit で参照されるオブジェクトが備える test メソッドとなります．

表 11.1　主な関数型インタフェース

インタフェース	入力の型	結果の型	抽象メソッド
Function<T, R>	T	R	apply
Predicate<T>	T	boolean	test
Consumer<T>	T	無し	accept
Supplier<T>	無し	T	get
BinaryOperator<T>	T,T	T	apply
Comparator<T>	T,T	int	compare

ダ式は式 (11.1) で説明したように，文字列を引数とし，文字列の配列を返す関数なので，9 行目にあるように Function<String, String[]> という型の変数でこのラムダ式を参照しています．この型の関数に引数を渡し計算する際には，13 行目にあるように apply というメソッドを用います．

Predicate は，T という型の引数を受け取り，boolean 型の値を返す関数を表すインタフェースです．たとえばソースコード 11.4 の 12 行目にあるラムダ式は，引数として渡された整数値が absentLimit の値以上であれば true を，そうでなければ false を返す関数なので，11 行目にあるように Predicate<Integer>という型の変数でこのラムダ式を参照しています．返す値の型は boolean に決まっているため，ジェネリクスでは引数の型のみ指定します．この型の関数に引数を渡し計算する際には，16 行目にあるように test というメソッドを用います．一般に，真偽値を返す関数のことを predicate（述語）というため，このインタフェースには Predicate という名前がつけられています．

Consumer は，T という型の引数を受け取り，なにも値を返さない関数を表すインタフェースです．なにも値を返さない処理を一般に関数とは呼びませんが，Java では関数型インタフェースの一員です．このインタフェースは，引数で与えられた値をもとに何らかの計算を行い表示をするなどの**副作用** (side effect) を目的として使われます．材料をもらってそれを消費するだけなので，Consumer（消費者）という名前がつけられています．この型の関数に引数を渡し計算する際に用いるメソッドは accept です．Consumer の具体例をソースコード 11.5 に示します．

Supplier は，入力を受け取らず，T という型の値を返す関数を表すインタフェースです．何らかの値を与えるだけの用途で使用されるため，Supplier（供給者）という名前がつけられています．この型の関数を呼出す際に用いるメソッドは get です．Supplier の使用例を，11.3.5

▶ [関数型インタフェースのジェネリクスについて]
　表 11.1 に示した関数型インタフェースについてる<…>はジェネリクスなので，T や R に int や double などの基本型は使用できません．整数や浮動小数点数を指定したい場合は Integer や Double などのラッパーを用います．
　しかしソースコード 11.4 の 16 行目で int 型の absenceDays を test の引数として渡しているように，実際に使用する際にはオートボクシングが行われるため，基本形の値を渡すことができます．

▶ [副作用]
　関数の本来の役割は，入力された値を基に計算を行い，その結果を返すことです．それ以外の動作，たとえばその関数の外で生成されているオブジェクトの状態を変更したり，ファイルからデータを取り込んだり，計算結果を表示したりするような動作を副作用と呼びます．何も値を返さない Consumer インタフェースは，他のほとんどの関数型インタフェースと違い，副作用のみを目的として利用されます．

項の側注に示します．

- **BinaryOperator** は，T という同じ型の引数を 2 つ受け取り，それらと同じ型の値を返す関数を表すインタフェースです．2 引数関数を宣言したい時に使います．この型の関数に引数を渡し計算する際に用いるメソッドは apply です．たとえば T が String の場合，apply(文字列 1, 文字列 2) のように用います．BinaryOperator の具体例を，ソースコード 11.8 に示します．
- **Comparator** は，T という同じ型の引数を 2 つ受け取り，それらの大小関係を表す整数値を返す関数を表すインタフェースです．この型の関数に引数を渡し計算する際に用いるメソッドは compare です．たとえば T が String の場合，compare(文字列 1, 文字列 2) のように用います．Comparator の具体例を，ソースコード 11.11 に示します．

11.2.4　コレクションに対する一括処理（forEach と Consumer）

　List や Set，Map などのコレクションに対して，その全要素に処理を施すためのメソッド forEach が，Java SE 8 から使用できるようになりました．Map 以外に対する forEach は，表 11.1 に示した Cunsumer 型の関数を引数とし，すべての要素に対しその関数が適用されます．

▶ [ForEachSample クラスの概要]
　このクラスは，String 型のリストである dataList 内の各要素を前から順番に表示するためのプログラムです．5，6 行目で dataList を初期化しています．この dataList の持つ全要素に対し 7 行目で一括処理を行っています．

▶ [Map に対する forEach]
　変数 dataMap で参照される <String,String>型の Map オブジェクトのすべての要素を表示するには，以下のように記述します．
```
dataMap.forEach(
  (key, val)->
    System.out.printf(
      "%s:%s\n", key, val)
)
```
　この場合，forEach の引数になっているラムダ式は，2 つの値を引数として受け取り何も値を返さない，BiConsumer と呼ばれる関数型インタフェースの実装です．

ソースコード 11.5　forEach による一括処理

```java
1  import java.util.*;
2
3  public class ForEachSample {
4    public static void main(String[] args) {
5      List<String> dataList =
6        Arrays.asList("0001", "山田太郎", "3");
7      dataList.forEach(word -> System.out.println(word));
8    }
9  }
```

─ ソースコード 11.5 の実行結果 ─
```
0001
山田太郎
3
```

　ソースコード 11.5 の 7 行目で，dataList に対して forEach メソッドを

呼び出しています．forEach の引数になっているラムダ式は，以下の式の省略形です．

 (String word) -> {System.out.println(word); return;}

すなわちこのラムダ式は，String 型の引数 word に与えられた文字列を表示して，なにも値を返さない Consumer 型の関数です．この関数が dataList の各要素に対し，前から順に適用され表示されます．このように forEach メソッドを利用することで，リストなどの各要素に対する繰返し処理が 1 行で記述できます．

11.2.5　メソッド参照

メソッド参照(method reference) と呼ばれる構文を使用すると，ソースコード 11.5 の 7 行目はさらに簡潔になります．この行を以下に示す行に置き換えて実行してみてください．同じ実行結果が得られます．

```
―メソッド参照の使用例―
7        dataList.forEach(System.out::println);
```

メソッド参照は，既存のメソッドをそれと引数や戻り値の型が同じ関数として使用するための構文であり，その書式には次の 3 種類があります．

```
メソッド参照の書式
1. クラス名::クラスメソッド名
2. オブジェクト参照::インスタンスメソッド名
3. クラス名::インスタンスメソッド名
```

本項で示したメソッド参照の使用例は，メソッド参照の 2 番目の書式の具体例です．ラムダ式と違い，メソッド参照は引数さえ記述する必要がありません．しかしそのため引数に対しどのような処理をしたいかを自由に書けないので，ラムダ式のほうが柔軟性はあるといえます．

11.2.6　配列の場合の forEach の使い方

配列に対しては直接 forEach を使用することができません．以下に示すようにいったんリストに変換してから forEach を呼び出します．ソースコード 11.5 の 5～7 行目を，以下に示す行に置き換えて実行してみてください．

▶ [メソッド参照の具体例]
1 番目の書式の具体例は，11.3.1 項の側注にある Math::random や，ソースコード 11.10 の 9 行目にある Integer::parseInt です．
3 番目の書式の具体例は，ソースコード 11.3 の 21 行目にある下記の部分です．
 StudentInfo::getName

▶ [ストリームへの変換]
配列を，11.3 節で学習するストリームに変換してから forEach を呼び出すことも可能です．具体例を 11.3.3 項に示します．

---配列の場合のforEachによる一括処理---
```
5     String[] data = {"0001", "山田太郎", "3"};
6     Arrays.asList(data)
7        .forEach(System.out::println);
```

11.2.7 命令形との比較

ソースコード11.5でやりたいことは，「dataListの要素を順番に表示する」だけです．この部分を命令型の書き方と比較してみましょう．

---forEachと拡張for文の比較---
```
/* forEachとメソッド参照を使った記述 */
7     dataList.forEach(System.out::println);

/* 命令型であえて書いてみると */
7     for (String word: dataList)
8         System.out.println(word);
```

命令型のコードでは次の4つの手順を記述しています．1. 以下の操作を繰り返す．2. 一時的に値を保持するためのString型の変数wordを用意する．3. dataListから値を一つ取り出してwordで参照する．4. wordをprintlnメソッドで表示する．一方宣言型のコードでは単に「printlnメソッドをdataListの各要素に適用する」と書くだけなので，余計なことは一切書かず，やりたいことをほぼそのまま記述していることが分かります．

ところで，この節ではラムダ式の宣言の仕方や利用方法の説明をし，ラムダ式を利用するメリットについて述べてきましたが，説明に使用したソースコードは必ずしもラムダ式を使用するメリットの説明にはなっていませんでした．たとえばソースコード11.4の13行目と16行目は，ラムダ式を利用しなくても以下のように記述できます．

---ラムダ式を使用しない例---
```
13    String[] data = studentData.split(',');
16    if (absenceDays < absentLimit)
```

もちろんラムダ式単体でメリットがわかる場面も多々あるのですが，本書の学習範囲内で効果を一番実感できるのは，次節で説明するストリーム

と組み合わせて多数のデータを処理する場面です．

11.3 ストリーム

この節では，Java SE 8 から導入された **Stream インタフェース**について学びます．本書では，インタフェースとしては "Stream"，Stream を実装したクラスのオブジェクトとしては "ストリーム" と記述して区別します．

ストリームは，ArrayList や配列などと同じように複数のデータをあつかうためのデータ構造です．しかしデータを保存したり管理したしたりすることが目的ではなく，その中のデータに対し操作を行い別のデータを持つストリームを作るなど**中間操作** (intermediate operation) と呼ばれる処理をすることが主な役割になります．ストリームとラムダ式を組み合わせることにより，さまざまなデータ構造に対しこれまで書いてきたような複雑な処理がとても簡潔に書けるようになります．そして**終端操作** (terminal operation) と呼ばれる処理を行うことにより，リストや配列など，既存のデータ構造への変換も自由に行うことができます．

ストリームの一般的な使われ方を図 11.1 を使って説明します．

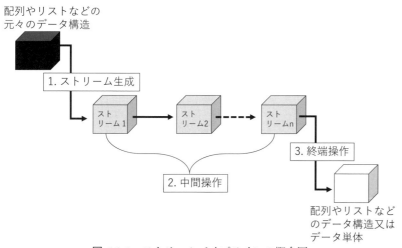

図 11.1 ストリームパイプラインの概念図

1. **ストリーム生成**: 元々のデータ構造からストリーム 1 を生成する．
2. **中間操作**: ストリーム 1 に何らかの操作を施しストリーム 2 を生成し，というように次々とストリームを生成し，希望するデータを含むストリーム n を得る．
3. **終端操作**: ストリーム n を基に，配列やリストなどのデータ構造，あるいは単一のオブジェクトや数値などを得る．

図 11.1 に示したストリームの生成から終端操作までのストリームのつながりは，**ストリームパイプライン** (stream pipeline) と呼ばれます．ストリームパイプラインを使用する具体例を，ソースコード 11.6 に示します．

▶ [StreamPileline クラスの概要]

このクラスは，ストリームパイプラインを使って，7 行目で宣言および初期化されている String 型の配列に格納されているバラバラの長さの整数文字列を，すべて同じ長さの文字列に整形してリストに格納するためのプログラムです．

長さの短い文字列については，その前に 0 を足すことで長さを揃えます．これを **0 パディング** (zero padding) といいます．

▶ [0 パディングの手順]

以下に示す 2 ステップの手順が，ソースコード 11.6 の 10 行目で使っている 0 パディングの常套手段です．

1. String.format("%整数s",文字列) により，文字列の前にスペースを追加して，**整数**で指定する長さを持つ新たな文字列を作る．
2. .replace(' ', '0') では，1 で作った文字列のスペースを 0 に置き換える．

なお，基のデータが整数値の場合，0 パディングは replace メソッドを使わずに以下のように 1 ステップで記述できます．
String
.format("%0整数d",整数値)

ソースコード 11.6 ストリームパイプラインを使ったサンプルプログラム

```
1  import java.util.*;
2  import java.util.function.Function;
3  import java.util.stream.Collectors;
4
5  public class StreamPipeline {
6      public static void main(String[] args) {
7          String[] numbersArray = {"1", "0002", "03", "004", "05"};
8
9          Function<String, String> zeroPadding =
10             number ->
                    String.format("%4s", number).replace(' ', '0');
11
12         List<String> numbersList =
13             Arrays.stream(numbersArray)
14                 .map(zeroPadding)
15                 .collect(Collectors.toList());
16
17         numbersList.forEach(System.out::println);
18     }
19 }
```

ソースコード 11.6 の実行結果
```
0001
0002
0003
0004
0005
```

ソースコード 11.6 で行っているストリームパイプラインを用いたデータ処理の方法を，ストリームの生成（11.3.1 項），中間操作（11.3.2 項），終端操作（11.3.3 項）の順で説明します．

11.3.1　ストリームの生成と参照

ソースコード 11.6 の 13 行目では，7 行目で与えられている配列

numbersArrayを基に，numbersArrayとまったく同じ要素を持つストリームを生成しています．numbersArrayが図11.1の元々のデータ構造，生成されるストリームが図11.1のストリーム1に相当します．

ストリームは，側注に示すようにStreamインタフェースのstaticメソッドを用いて生成することもできますが，本書では主に配列やリストなどのデータ構造から生成する方法について説明します．

ストリーム生成と参照の書式

```
/* 配列からの生成 */
Stream <型> 参照名 = Arrays.stream.(配列の参照);

/* リストからの生成 */
Stream <型> 参照名 = リストの参照.stream();
```

ただし上記のようにストリーム自体を変数で参照して管理するよりも，ソースコード11.6に示すように，中間操作の手段として使われる方が多いようです．

11.3.2 中間操作

ソースコード11.6の10行目のラムダ式は以下の式の省略形です．

```
(String number) ->
  {return String.format("%4s", number).replace(' ', '0');}
```

すなわちこのラムダ式は，String型の引数numberに対し側注で説明している0パディングの操作を行い，その結果の文字列を返す関数です．引数を1つ受け取り計算した結果を返す関数なので，9行目では表11.1に示した関数型インタフェースのFunction型の変数であるzeroPaddingでこのラムダ式を参照しています．

14行目がストリームパイプラインの中間操作です．ここでは，zeroPaddingで参照されるラムダ式とmapメソッドを使用し，ストリーム1の各要素に対して0パディングを行った結果の文字列からなるストリームを生成しています（図11.2）．このストリームが図11.1のストリーム2に相当します．

■ map

ストリームを利用するメリットの一つとして，データ構造内のすべての要素に対し何らかの処理をするという動作を簡潔に記述できることがあげられます．これには，Streamインタフェースのメソッドであるmapを用います．mapは，関数を引数として受け取り，その関数をストリームの各

▶ [Streamインタフェースのstaticメソッドを使ったストリームの生成]

以下のようにすると，元々のデータ構造によらないストリームが生成できます．

（空のストリーム）
```
Stream<型> name1 =
  Stream.empty();
```

（要素を指定）
```
Stream<String> name2 =
  Stream.of
    .("山田","田中","斉藤");
```

（乱数の無限長ストリーム）
```
Stream<Double> name3 =
  Stream
    .generate(Math::random);
```

▶ [基本型の要素を持つストリーム]

以下のようにすると，基本型の要素を持つストリームが生成できます．

（int型の要素指定）
```
IntStream name4 =
  IntStream.of(1,3,5,7,9);
```

（1から10までの整数を要素として指定）
```
IntStream name5 =
  Stream
    .rangeClosed(1, 10)
```

（double型の要素指定）
```
DoubleStream name6 =
  DoubleStream
    .of(1.1, 3.3, 5.5);
```

要素に適用した結果得られるそれぞれの値を要素とする新たなストリームを返す**高階の関数** (higher-order function) です。

図 11.2 は、ストリーム 1 に対して map(zeroPadding) を呼び出し、新たに生成されたストリーム 2 が返ってくる様子を示しています。map の引数として zeroPadding を指定することで、zeroPadding.apply("1"),…, zeroPadding.apply("05") の実行、およびそれぞれの 0 パディングの結果として得られる各文字列のストリーム 2 への格納が自動的に行われます。

▶ [高階の関数]
関数を引数とする関数や、計算結果として関数を返す関数は高階の関数と呼ばれます。11.2 節で説明した forEach、そしてこの節で説明する map や filter は、関数を引数とする高階の関数です。また、11.3.7 項で説明する comparing は、関数を引数として新たな関数を返す高階の関数です。

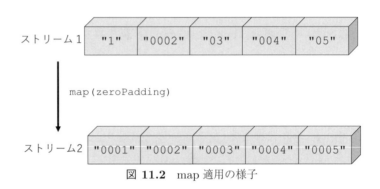

図 **11.2** map 適用の様子

このようにストリームと map とラムダ式を組み合わせることで、for 文や拡張 for 文を使うことなく、ストリーム 1 の全要素に対し引数で与えられた関数を適用するという処理が、14 行目にあるように 1 行で記述できます。

11.3.3 終端操作

ソースコード 11.6 の 15 行目では、中間操作の最後に作られたストリームであるストリーム 2 を、collect メソッドを用いて通常のデータ構造であるリストに変換して一連の操作を終了しています。ここで生成される最終結果が String 型のリストであるため、12 行目ではそれを参照する変数 numbersList の型が List<String> となっているのです。

■ **collect を用いたさまざまな終端操作**

ストリームに備わっている collect メソッドを用いて、ストリームをリストやマップ、文字列などに変換できます。collect は、Collector インタフェースの実装を引数にとるのですが、15 行目にあるように、Collector のさまざまな実装を返すメソッドを備えた Collectors クラスを利用する方が簡単です。

> **Collectors クラスの持つ各種データ構造への変換用メソッド**
>
> リスト： `Collectors.toList()`
> セット： `Collectors.toSet()`
> マップ： `Collectors.toMap(`キーを返す関数型インタフェース，
> 　　　　　　　　　　　　値を返す関数型インタフェース`)`
> 文字列： `Collectors.joining(String`型のデリミタ`)`

ここでは文字列への変換方法を例示します．ソースコード 11.6 の 12～17 行目を，以下に示す各行に置き換えて実行して下さい．

```
─ 終端操作が文字列への変換の場合 ─
12        String formattedString =
13          Arrays.stream(numbersArray)
14            .map(zeroPading)
15            .collect(Collectors.joining(", "));
16
17        System.out.println(formattedString);
```

```
─ 文字列への変換の場合の実行結果 ─
0001, 0002, 0003, 0004, 0005
```

終端操作直前のストリームの各要素が文字列の場合，15 行目のように，`Collectors.joining` メソッドでそれらを連結した文字列へ変換できます．この例のように引数としてデリミタが与えられた場合は，実行結果に示すようにそのデリミタで結合された文字列が返されます．引数なしの場合は，すべての文字列がそのまま結合された文字列へ変換されます．終端操作の結果が文字列なので，12 行目ではそれを参照する変数 `formattedString` の型が `String` になっています．

■ 配列に変換する終端操作

ストリームを配列へ変換する場合は，`collect` メソッドではなく `toArray` メソッドを利用します．ソースコード 11.6 の 12～17 行目を，以下に示す各行に置き換えて実行してみてください．

```
── 終端操作が配列への変換の場合 ──────────────
12        String[] formattedArray =
13            Arrays.stream(numbersArray)
14                .map(zeroPadding)
15                .toArray(String[]::new);
16
17        Arrays.stream(formattedArray)
18            .forEach(System.out::println);
```

▶ [配列に対する forEach について]
変換後の配列の要素を確認するために，17, 18 行目では forEach を用いて配列の内容を表示しています．配列に対しては直接 forEach を使用できないので，17 行目では一旦配列をストリームに変換してから 18 行目で forEach を用いて結果を表示しています．もちろん 11.2.6 項で説明したように，
Arrays
.asList(formattedArray)
としてリストに変換してから forEach を適用することも可能です．

15 行目にある toArray の引数は，Java SE 8 の API によると，「要求された型と指定された長さを持つ新しい配列を生成する関数」となっています．このプログラムでは新しい配列を生成する関数として，String 型の配列のコンストラクタを記述しているのですが，"String[]::new" のような書き方を**コンストラクタ参照**と言います．ここで生成された配列に自動的に各文字列が格納されます．

終端操作の結果が文字列配列なので，12 行目ではそれを参照する変数 formattedArray の型が String[] になっています．

■ 他のデータ構造に変換しない場合の終端操作

ここまでの例では，0 パディングした後のデータをプログラムの他の部分で使用できるように，終端操作で一般的なデータ構造へ変換しました．しかし，他のデータ構造へ変換する必要がなく単に結果を表示したいだけならば，終端操作の際，ストリームに対して直接 forEach を用いた処理を記述します．ソースコード 11.6 の 12 行目以降を次のように書き換えて実行してみてください．実行結果はソースコード 11.6 と同じです．

▶ [forEach と map の違い]
forEach と map は，共にデータ構造内の全てのデータに対する処理を一括して記述できるという特長があるのですが，それぞれ用途が異なります．
forEach が引数として受け取ることができるのは Consumer 型の関数だけ，つまり値を表示するなど戻り値のない関数だけです．そのためストリームの終端操作として使用されます．
一方 map は，あるストリームを基に，引数で与えられる関数の戻り値を要素とする新たなストリームを生成します．そのため中間処理のために使用されます．

```
── 終端操作がストリーム内の各要素の表示だけの場合 ──
12
13        Arrays.stream(numbersArray)
14            .map(zeroPadding)
15            .forEach(System.out::println);
16    }
17 }
```

11.3.4 ストリームのフィルタリング

ストリームを利用するもう一つのメリットとして，各要素の中から特定の条件を満たす要素だけを抽出する，いわゆるフィルタリング操作が，中間操

作として簡潔に記述できることがあげられます．フィルタリング操作には，Stream インタフェースのメソッド filter, takeWhile そして dropWhile を利用します．

▶ [フィルタリング用のメソッドについて]
ここで紹介している filter は Java SE 8 以降で，takeWhile と dropWhile は Java SE 9 以降で利用できます．

■ filter の使用例

まずは基本的な filter の使用例からみてみます．

ソースコード 11.7 filter によるストリームのフィルタリング処理

```java
1   import java.util.Arrays;
2
3   public class FilterSample {
4       public static void main(String[] args) {
5           final int threshold = 3;
6           String[] numbersArray = {"1", "0002", "03", "004", "05"};
7
8           Arrays.stream(numbersArray)
9               .filter(number -> number.length() >= threshold)
10              .forEach(System.out::println);
11      }
12  }
```

▶ [FilterSample クラスの概要]
このクラスは，配列に格納されたバラバラの長さの文字列から，ある長さ以上の文字列を取り出し表示するためのプログラムです．
6 行目で文字列配列を初期化し，8 行目でその配列からストリームを生成しています．5 行目で宣言された変数 threshold で指定した長さ以上の文字列のみをストリームから選び出す処理を 9 行目で行っています．
10 行目は，ストリーム内の各要素の表示を行う終端操作です．もちろん前節で説明したように，フィルタリング後のストリームをリストや配列など，一般的なデータ構造に変換する処理も簡単に記述できます．

ソースコード 11.7 の実行結果

```
0002
004
```

9 行目にある filter メソッドの働きを，図 11.3 を用いて説明します．

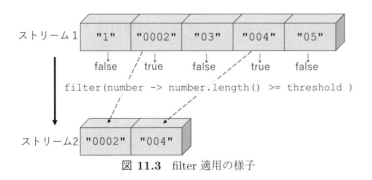

図 11.3　filter 適用の様子

ソースコード 11.7 の 8 行目で生成されたストリームをストリーム 1 とします．9 行目では，ストリーム 1 に対して `filter` メソッドの呼出しを行い，ストリーム 1 の中の 3 文字以上からなる文字列のみを選び，それらだけからなる新たなストリームを生成しています．これがストリーム 2 です．ここで `filter` に引数として渡されているラムダ式は，以下の式の省略形です．

```
(String number) -> {return number.length() >= threshhold;}
```

すなわちこのラムダ式は，`String` 型の引数 `number` に対し，その長さが `threshhold` 以上なら `true`，未満なら `falase` を返す関数です．図 11.3 は，`filter` メソッドによりこのラムダ式がストリーム 1 の各文字列に適用され，`true` が返ってきた "0002" と "004" を要素とするストリーム 2 を生成する様子を示しています．

ストリームと `filter` メソッドそしてラムダ式を組み合わせることで，このような処理が if 文や for 文などの命令を組み合わさなくても 1 行で記述できるのです．

■ takeWhile と dropWhile の使用例

Java SE 9 以降では，フィルタリング操作に便利な `takeWhile` と `dropWhile` が使用できるようになりました．`takeWhile` は，ストリームの要素を前から順に走査し，条件を満たしている間はそれらの要素を次のストリームの要素として取り入れるメソッドです．また `doropWhile` は，条件を満たしている間はそれらの要素を無視し，それ以降の要素を次のストリームの要素として取り入れるメソッドです．

ソースコード 11.7 の 9 行目を以下に示すどちらかの行に置き換えて実行してみてください．

```
─ takeWhile および dropWhile の使用例 ─────────────
 9    .takeWhile(number -> number.length() != threshold)

 9    .dropWhile(number -> number.length() != threshold)
```

┌─ takeWhile 又は dropWhile を使用した場合の実行結果 ─────────┐
```
/* 9行目が takeWhile の場合の実行結果 */
1
0002
03

/* 9行目が dropWhile の場合の実行結果 */
004
05
```
└───┘

今までの例と同様，`takeWhile` や `dropWhile` の呼出先のストリームをストリーム 1，戻り値のストリームをストリーム 2 とします．それぞれのメソッドの引数にラムダ式の形で与えられている条件は，「文字列の長さが `threshold` の値と等しくない」です．ストリーム 1 の要素である各文字列を前から順に走査し，`takeWhile` の場合はこの条件がみたされている間，つまり "004" を読むまでそれらの要素をストリーム 2 の要素とするので，実行結果をみると"004" より前の文字列がストリーム 2 に格納されているのが分かります．

同様に `dropWhile` の場合はこの条件が満たされなくなった以降の要素をストリーム 2 の要素とするので，"004" 以降の文字列がストリーム 2 に格納されているのが分かります．

11.3.5 リダクション操作と Optional

ソースコード 11.6 は，ストリームを他のデータ構造に変換する終端操作の例でしたが，データ構造ではなく単一の値を返す終端操作も簡単に記述できます．このような操作を終端操作の中でも特に**リダクション操作** (reduction operation) と呼びます．

▶ [ReductionSample クラスの概要]

このクラスは，6 行目で宣言および初期化されている String 型の配列に格納されている文字列の中から最大の整数を表す文字列を探すためのプログラムです．

9 行目がそのために用いられるラムダ式です．本来は文字列が parseInt メソッドで整数に変換できないような文字列であった場合の例外処理も記述すべきなのですが，ここでは簡単のため省略しています．

13 行目では，このラムダ式とストリームを用いて最大値を表す文字列を探し出す処理を 1 行で記述しています．

ソースコード 11.8 リダクション操作のサンプルプログラム

```
1   import java.util.*;
2   import java.util.function.*;
3
4   public class ReductionSample {
5     public static void main(String[] args) {
6       String[] numbersArray = {"1", "0002", "03", "004", "05"};
7
8       BinaryOperator <String> largerNumber =
9         (num1, num2) ->
              Integer.parseInt(num1) >= Integer.parseInt(num2)
                ? num1 : num2;
10
11      Optional<String> answer =
12        Arrays.stream(numbersArray)
13          .reduce(largerNumber);
14
15      System.out.printf("最大の整数を表す文字列は %s",
                          answer.orElse("ありません"));
16    }
17  }
```

― ソースコード 11.8 の実行結果 ―

最大の整数を表す文字列は 05

■ BinaryOperator の具体例

ソースコード 11.8 の 9 行目にあるラムダ式は，以下の式の省略形です．

```
(String num1, String num2) ->
    { return
        Integer.parseInt(num1) >= Integer.parseInt(num2)
          ? num1 : num2; }
```

すなわちこのラムダ式は，String 型の引数 num1 と num2 で与えられた 2 つの文字列を入力とし，それらを整数値として比較し，大きい方の文字列を返す関数です．これは 2 つの同じ型の引数を取り，それらと同じ型の値を返す関数なので，8 行目では表 11.1 に示した BinaryOperator 型の変数 largerNumber でこのラムダ式を参照しています．

ストリーム   241

■ リダクション操作

12 行目で生成されたストリームは，6 行目の配列と同じ文字列を要素としています．13 行目では，このストリームに対して Stream インタフェースのメソッドである reduce を呼び出し，それらの文字列の中から最大の整数を表す文字列を選び出しています．

reduce はリダクション操作を行うメソッドなのですが，引数として BinaryOperator 型の関数を受け取り，その関数を各要素に適用した結果を返す高階の関数です．13 行目では，BinaryOperator 型の関数である largerNumber を引数として reduce メソッドを呼び出しています．この reduce の働きを，図 11.4 を用いて説明します．

▶ [リダクションの補足]
リダクション操作とは，Java SE 8 の API によると，「一連の入力要素を受け取り，結合操作を繰返し適用することでそれらを結合し単一のサマリー結果を出力します」と説明されています．文字列を結合したり，足し算などの演算の結果を結合の結果とするなど，さまざまな操作が可能です．
ソースコード 11.8 では，2 つの要素の結合操作として大きい方の要素を返していますが，このように単に大小比較をするだけならば，後ほど説明する Comparator を利用した方がよいでしょう．

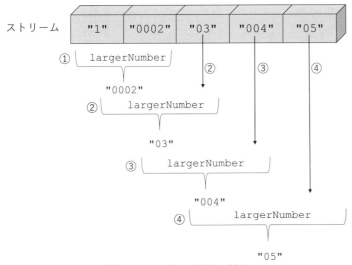

図 11.4 reduce 適用の様子

①で示すように，reduce はストリームから 2 つの文字列 "1" と "0002" を取りだし，それらに対し largerNumber を適用した結果として "0002" を得ます．次に②では，ストリームから "03" を取りだし，先の結果である "0002" と共に largerNumber を適用した結果として "03" を得ます．同様の操作を③，④と繰返し，reduce は最大の整数を表す文字列 "05" を返します．ストリームとラムダ式を組み合わせると，以上のような繰返し処理を for 文などを用いることなく，13 行目にあるように 1 行で記述できます．

▶ [リダクション操作の順序について]
ここでは簡単のために，ストリームの先頭から順に largerNumber が適用されるように説明していますが，Java SE 8 の API には次のような注意書きがあります．「ただし，順次実行の制約が課されるわけではありません．アキュムレータ関数は結合的な関数でなければいけません．」(largerNumber がアキュムレータ関数です)．
つまり前から順番に largerNumber が適用されていくとは限らないので，結合的な性質を持たない関数をアキュムレータとして使用すると，期待する結果が得られない可能性があります．

■ Optional

このように largerNumber を繰返し適用した結果は "05" という文字列のはずですが，reduce の戻り値を参照する answer は，11 行

▶ [その他，よく利用される Optional クラスのメソッド]

get(): null 以外の値を格納している場合はその値を返し，null の場合は NoSuchElementException という例外をスローします．

orElseGet(Supplier <? extends T> other):
null 以外の値を格納している場合はその値を返し，null の場合は引数で指定した Supplier である other を呼び出して，その結果を返します．

isPresent(): null 以外の値を格納している場合は true，null の場合は false を返します．

ifPresent(Consumer <? super T> action):
null 以外の値を格納している場合は，Consumer 型の関数 action を実行し，null の場合は何もしません．このメソッドは Java SE 9 以降で利用可能です．

ifPresentOrElse(Consumer <? super T> action, Runnable emptyAction):
null 以外の値を格納している場合は，Consumer 型の関数 action を実行し，null の場合は Runnable 型の関数である emptyAction を実行します．このメソッドは Java SE 9 以降で利用可能です．

目で Optional<String> という型を持つ変数として宣言されています．Optional は，ジェネリクスで指定されたクラスのオブジェクトか null のどちらかを格納するためのラッパークラスです．ストリームが空の場合，reduce は null を格納した Optional のインスタンスを返します．

ソースコード 11.8 の 6 行目を，以下に示す行に置き換えて実行してみてください．

```
─ Optional の効果を示すためのコード ──────────────
  6         String[] numbersArray = {};
```

```
─ 元の配列とストリームが空だった場合の実行結果 ──────
最大の整数を表す文字列は ありません
```

ソースコード 11.8 の 6 行目の元データが空の配列だった場合，そこから作られるストリームも空になり，13 行目の reduce は引数のラムダ式 largerNumber を呼び出すことなく，null を格納した Optional のインスタンスを返します．

15 行目では，Optional クラスのメソッド orElse を用いてこのプログラムの実行結果を表示する命令を簡潔に記述しています．orElse は，Optional クラスのインスタンスが null 以外の値を格納していればその値を，null ならば引数で指定されたオブジェクトを返します．たとえば 15 行目の answer.orElse("ありません") は，ソースコード 11.8 の実行結果に示したように answer に "05" が入っている場合はその文字列を返し，null が入っていた場合は，後に示した実行結果にあるように，引数で指定している "ありません" という文字列を返します．これにより，計算結果が null の場合とそうでない場合の場合分けを if 文を使って記述する必要がなくなります．

11.3.6 Stream インタフェースに用意されているリダクション操作

プログラムが作成した BinaryOperator 型の関数と reduce により，さまざまなリダクション操作を自在に実現できるのですが，それ以外に，頻繁に利用されるリダクション操作用に，Stream インタフェースには多くのメソッドが用意されています．

■ 要素を一つ取得（findFirst と findAny）

頻繁に利用されるリダクション操作の最初の例として，ストリームの最初の要素と任意の要素を返すメソッドである findFirst と findAny を使ったプログラムを示します．

ソースコード 11.9 ストリームの最初の要素を取り出すリダクション操作

```
1   import java.util.*;
2
3   public class FindFirstSample {
4       public static void main(String[] args) {
5           final int threshold = 3;
6           String[] numbersArray = {"1","0002","03","004","05"};
7
8           Optional<String> answer =
9               Arrays.stream(numbersArray)
10                  .filter(number -> number.length() >= threshold)
11                  .findFirst();
12
13          System.out.printf("%d 文字以上の長さの文字列は %s",
                            threshold, answer.orElse("ありません"));
14      }
15  }
```

▶ [FindFirstSample クラスの概要]
　このクラスは，6 行目で宣言および初期化されている String 型の配列に格納されているバラバラの長さの整数文字列の中から指定された長さ以上の文字列を探しだし，そのうちの最初の 1 つを表示するためのプログラムです．
　10 行目までの処理は，ソースコード 11.7 の 9 行目までとほとんど同じです．

─ ソースコード 11.9 の実行結果 ─

```
/* 探す対象が存在した場合（threshold = 3 の場合）  */
3 文字以上の長さの文字列は 0002

/* 存在しなかった場合（threshold = 5 の場合）  */
5 文字以上の長さの文字列は ありません
```

ソースコード 11.9 の 11 行目にある findFirst は，ストリームが空でない場合はその先頭要素を格納，空の場合は null を格納する Optional のインスタンスを返すメソッドです．

5 行目の threshold で指定されている長さが 3 の場合，10 行目の filter により，"0002" と "004" の 2 つの文字列を要素とするストリームができているので，findFirst はその先頭要素として "0002" を格納する Optional のインスタンスを生成して返しています．11 行目を .findAny() とすると，ストリームの中の任意の要素が得られます．

threshold で指定されている長さが 5 の場合，filter により生成されるストリームは空になり，findFirst は null を格納する Optional のインスタンスを生成します．Optional を利用しているため，13 行目では if 文など使わずに .orElse("ありません") で場合分けが簡潔に記述できています．

■ IntStream と mapToInt

本節でこれまでに使用してきた Stream はオブジェクトを格納するためのインタフェースです．基本型の数値を直接あつかうには IntStream や DoubleStream といった専用のインタフェースを利用します．それぞれのインタフェースには，数値演算を行うさまざまな終端操作用のメソッドが用意されています．ここでは IntStream を用いた例を示します．

▶ [IntStreamSample クラスの概要]
　このクラスは，整数専用のインタフェースである IntStream を利用して，5 行目で宣言および初期化されている String 型の配列に格納されている整数文字列の中から最大値を求めて表示するためのプログラムです．

▶ [DoubleStream]
　浮動小数点数のためのストリームである DoubleStream を用いても同様のことができます．その場合，mapToInt を mapToDouble，Integer::parseInt を Double::parseDouble，getAsInt を getAsDouble にそれぞれ変更します．

ソースコード 11.10 整数型ストリームの最大値を求める操作

```
1  import java.util.Arrays;
2
3  public class IntStreamSample {
4      public static void main(String[] args) {
5          String[] numbersArray = {"1","0002","03","004","05"};
6
7          System.out.printf("計算結果: %d",
8                          Arrays.stream(numbersArray)
9                              .mapToInt(Integer::parseInt)
10                             .max().getAsInt()
11                      );
12     }
13 }
```

```
┌─ ソースコード 11.10 の実行結果 ──────────────────┐
│  計算結果: 5                                    │
│                                                 │
│  /* 10 行目を.min().getAsInt()に変更した場合 */ │
│  計算結果: 1                                    │
│                                                 │
│  /* 10 行目を.sum()に変更した場合 */            │
│  計算結果: 15                                   │
│                                                 │
│  /* 10 行目を.average().getAsDouble()に，       │
│     7 行目を System.out.printf("計算結果: %f"，にした場合 */ │
│  計算結果: 3.00000                              │
└─────────────────────────────────────────────────┘
```

ソースコード 11.10 では，これまでのプログラムと同様に 8 行目で整数文字列を要素とするストリームを生成しています．これをストリーム 1 とします．そして 9 行目では mapToInt メソッドにより，整数値をあつかうための IntStream インタフェースを実装したストリームが生成されています．これをストリーム 2 とします．mapToInt メソッドの基本的な動作は，図 11.2 に示した map と同じです．この例ではストリーム 1 の各要素に対し，Integer.parseInt をメソッド参照の形で適用して整数値を得，それらを要素とするストリーム 2 が生成されます．

IntStream には，表 11.2 に示すように 利用頻度の高い終端処理用のメソッドが用意されています．ただし max と min は，整数値専用の Optional である OptionalInt を返すため，結果を表示するには 10 行目に示すように getAsInt メソッドが必要となります．同様に平均値を求めるメソッド average は，浮動小数点数用の Optional である OptionalDouble を返すため，結果を表示するには getAsDouble メソッドが必要となります．

リダクション操作ではありませんが，sorted メソッドを使うと，整列されたストリームを得ることができます．

11.3.7　要素同士の比較 (Comparator)

ソースコード 11.8 では，リダクション操作の一例として最大値を求める処理を示しましたが，並べ替えや最大値を求める用途としては，表 11.1 に示した関数型インタフェースの Comparator を使うほうがよいでしょう．

■　Comparator の典型的な使用例

ソースコード 11.11 に，Comparator の典型的な使用例を示します．

▶ [IntStream の終端操作用メソッド]
　IntStream に備わっている終端操作用メソッドの中で，よく利用されるものを表 11.2 にまとめます．この中で，IntStream だけがストリームを返し，それ以外は単一の値を返します．

表 11.2 IntStream の終端操作用メソッド

メソッド	戻り値の型
max	OptionalInt
min	OptionalInt
average	OptionalDouble
sum	int
sorted	IntStream

▶ [ComparatorSample1 クラスの概要]
　このクラスは，5行目で宣言および初期化されているString型の配列に格納されている整数文字列の中から最大の整数を表す文字列を探すためのプログラムです。
　8行目で宣言した整数文字列の大小比較用のラムダ式を利用して，12行目で最大値を表す文字列を探し出す処理を記述しています。

▶ [Comparatorの使用について]
　ここではComparatorとは何かを理解しやすいように，敢えて典型的な使用例をソースコード11.11に示しますが，実際にComparatorを活用するには，ソースコード11.12に示すように，Java SE 8で導入された，より便利になった方法を用いてください。

ソースコード 11.11 Comparator を用いて最大値を求める例1

```
 1  import java.util.*;
 2
 3  public class ComparatorSample1 {
 4    public static void main(String[] args) {
 5      String[] numbersArray = {"1","0002","03","004","05"};
 6
 7      Comparator<String> largerAsNumber =
 8        (num1, num2) ->
             Integer.parseInt(num1) - Integer.parseInt(num2);
 9
10      Optional<String> answer =
11        Arrays.stream(numbersArray)
12          .max(largerAsNumber);
13
14      System.out.printf("最大の整数を表す文字列は %s",
                          answer.orElse("ありません"));
15    }
16  }
```

───ソースコード 11.11 の実行結果───
最大の整数を表す文字列は 05

ソースコード11.11の8行目にあるラムダ式は，以下の式の省略形です。

```
(String num1, String num2) ->
    { return
        Integer.parseInt(num1) - Integer.parseInt(num2);}
```

すなわちこのラムダ式は，String型の引数num1とnum2で与えられた2つの文字列に対し，それらを整数に変換した値の差を計算した結果を返す関数です。第1引数の方が大きければ正，小さければ負，等しければ0が返ります。このラムダ式は2つの同じ型の引数を取り，整数値を返す関数を表すので，7行目では表11.1に示したComparator型の変数largerAsNumberでこのラムダ式を参照しています。
　Streamインタフェースのメソッドmaxは，reduceと同様引数で与えられた関数をストリームの2つの要素に順次適用し，ストリーム中の最大値を求めます。

■ もっと簡単な Comparator の使い方

ソースコード 11.11 では，Comparator を自分で宣言して使用するという典型的な使い方を示しました．しかし Java SE 8 からは，そのようなことをしなくてもすむよう Comparator のインスタンスを自動生成してくれる機能が導入されました．この機能を使うと，最大（小）値を求めたり，整列を行うプログラムがより簡潔に記述できます．

ソースコード 11.12 Comparator を用いて最大値を求める例 2

```
 1  import java.util.*;
 2
 3  public class ComparatorSample2 {
 4      public static void main(String[] args) {
 5          String[] numbersArray = {"1","0002","03","004","05"};
 6
 7          Optional<String> answer =
 8              Arrays.stream(numbersArray)
 9                  .max(Comparator.comparing(Integer::parseInt));
10
11          System.out.printf("最大の整数を表す文字列は %s",
                               answer.orElse("ありません"));
12      }
13  }
```

▶ [ComparatorSample2 クラスの概要]
　このクラスは，ソースコード 11.11 とまったく同じ動作をするプログラムです．実行結果も，ソースコード 11.11 と同じです．
　なお，2 行目に
`import static java.util.Comparator.*;`
というように static インポート文を書けば，9 行目の
`Comparator.comparing(...)`
の部分は `comparing(...)` と短くすることも可能です．

　ソースコード 11.12 の 9 行目にある max の引数に注目してください．Comparator インタフェースの static メソッドである comparing は，関数を引数とし，その関数を利用して 2 つの値を整数値に直し，比較を行う Comparator 型の関数を返す高階の関数です．このプログラムでは，comparing に関数型インタフェースと互換性のあるメソッド参照 Integer::parseInt を渡すことにより，ソースコード 11.11 の 8 行目にあるラムダ式と同等の Comparator 型の関数が自動的に生成されて返されます．max は，ここで返されてきた関数を利用してストリームの中から最大値を選び出しています．max の代わりに表 11.3 に示す min を使うと，ストリームの中から最小値を選び出すことができます．また，次項で説明するように max の代わりに表 11.3 に示す sorted メソッドを使うことで，さまざまな条件の下でストリームを整列するプログラムも簡潔に記述することができます．

　Comparator は，何らかの方法（たとえばソースコード 11.12 の 9 行目では文字列を整数に変換する Integer.parseInt メソッド）を用いて 2 つの値を整数値に直し，それらの差を返すだけのものです．comparing は，この「何らかの方法」を基にそのような関数を生成しているのです．

▶ [Stream の終端操作用メソッド]
　Stream インタフェースの終端操作用メソッドの中で，Comparator を引数とするものを表 11.3 にまとめます．

表 11.3 Stream の終端処理用メソッド

メソッド	戻り値の型
max	Optional
min	Optional
sorted	Stream

■ ストリームを整列する sorted メソッド

整列を行う sorted メソッドの使用例を，この章の最初に示したプログラムを用いて示します．ソースコード 11.3 の 17～25 行目を，以下に示す行に置き換えたクラス SortingWithComparator を作成し，実行してみてください．

▶ [SortingWithComparator クラスの概要]
このクラスは，ソースコード 11.1 で定義された学生情報を表すクラスのオブジェクトのリストを，欠席日数の少ないもの順に整列するためのプログラムです．ソースコード 11.3 の 19 行目と同様に，このプログラムの 17 行目では StudentInfo クラスの 3 つのオブジェクトを要素に持つストリームが生成されています．そのストリームに対して，18, 19 行目では Comparator を用いた整列が行われます．

Comparator を用いて整列を行う例
```
17      studentList.stream()
18          .sorted(Comparator
19              .comparing(StudentInfo::getAbsentDays)
20              //.reversed()
21          )
22          .map(StudentInfo::getName)
23          .forEach(System.out::println);
```

SortingWithComparator の実行結果
```
山田太郎
斎藤花子
田中一郎
```

SortingWithComparator.java の 18, 19 行目に注目してください．18 行目では，17 行目で生成されたストリームに対して整列を行うための sorted メソッドを呼び出しています．sorted メソッドは max と同様 Comparator の実装，つまり何らかの方法をもとに 2 つの値を比較する関数を引数とし，その関数を利用してストリーム内の各要素を比較し整列を行います．

その関数を生成しているのが 19 行目の comparing メソッドです．comparing により，StudentInfo クラスで定義されている getAbsentDays メソッド，つまり欠席日数を表す整数値を返すメソッドを基に 2 つのオブジェクトの大小関係を計算する関数が生成されます．この関数を使って 18 行目の sorted メソッドは，ストリーム内の要素同士を比較し，整列された新たなストリームを生成して返します．

20 行目のコメントアウトを解除すると逆順の整列結果が得られます．20 行目にある reversed メソッドは，comparing メソッドにより生成された比較用の関数とは逆の大小関係を表す関数を生成します．その関数を 18 行目の sorted が利用することにより，欠席日数の大きいもの順の整列結果が得られます．

■ メソッド参照の利用について

このようにして整列されたストリーム（要素は StudentInfo クラスのオブジェクト）を基に，22 行目では StudentInfo クラスで定義されているインスタンスメソッド getName をメソッド参照の形で利用することで，文字列を要素とするストリームを生成しています．これは 11.2 節で説明したメソッド参照の 3 番目の書式の具体例になっています．

22 行目をラムダ式で書き換えると以下のようになります．

---ラムダ式を用いて文字列のストリームを生成する場合---
```
22              .map(student -> student.getName())
```

map にこのラムダ式が渡されることにより，ストリーム内の各オブジェクト（student として参照）が一つずつこのラムダ式に渡され，student に対し getName() メソッドの呼出しが行われます．インスタンスに対するメソッド呼出しなのですが，メソッド参照を用いる場合はここに示したように，"クラス名::インスタンスメソッド名" の形で記述します．

[11 章のまとめ]

この章では，ストリームとラムダ式を利用して，それ以前の章で学んできた命令形の書き方とはまったく違う宣言的なプログラミング手法について学びました．

1. ラムダ式の基本的な文法と簡単な使用方法について学びました．
2. ストリームとラムダ式を組み合わせて，さまざまな繰返し処理の効率的な記述方法を学びました．

11章 演習問題

[演習 1]

ソースコード 11.13 は，ソースコード 11.1 で示した学生情報を表すクラスのオブジェクトの持つ学生氏名が，特定の文字列（target フィールドで参照）を含むかどうかを判定するためのラムダ式を定義するプログラムです．またソースコード 11.14 は，そのラムダ式の動作試験用プログラムです．

ソースコード 11.13 の 6 行目に以下の仕様を満たすラムダ式を記述し，ソースコード 11.14 の 7 行目でそのラムダ式を用いて所期の動作を行えるようにして下さい．

引数: StudentInfo クラスのオブジェクト
戻り値: 引数で与えられるオブジェクトの name フィールドが参照する文字列が，target で参照する文字列を含めば true を，そうでなければ false を返す．

ソースコード 11.13 ラムダ式に対する理解度を確認するためのクラス

```
1   import java.util.function.*;
2
3   public class FindSubString {
4       String target;
5       Predicate<StudentInfo> hasSubString =
6       //ここにラムダ式を記述
7
8       public FindSubString(String target) {
9           this.target = target;
10      }
11  }
```

ソースコード 11.14 ソースコード 11.13 で宣言したラムダ式の動作試験用クラス

```
1  public class FindSubStringMain {
2      public static void main(String[] args) {
3          String target = args[0];
4          StudentInfo st1 = new StudentInfo("0001", "山田太郎", "3");
5          FindSubString finder = new FindSubString(target);
6
7          if (finder.hasSubString.test(st1)) {
8              System.out.printf("文字列 \"%s\" は%s を含む",
                                    st1.getName(), target);
9          } else {
10             System.out.printf("文字列 \"%s\" は%s を含まない",
                                    st1.getName(), target);
11         }
12     }
13 }
```

▶ [他クラスのラムダ式の利用方法]
　ソースコード 11.14 は，変数 st1 で参照する StudentInfo クラスのオブジェクトの持つ学生氏名が，コマンドライン引数で与える文字列 (変数 target で参照) を含むかどうかを，ソースコード 11.13 で定義したラムダ式を用いて判定するためのプログラムです．
　ソースコード 11.14 の 5 行目では，ソースコード 11.13 で示したクラスのオブジェクトを生成し，変数 finder で参照しています．これにより 7 行目にあるように，finder.hasSubSring と記述することで，ソースコード 11.13 で定義したラムダ式を参照できます．

ソースコード 11.14 の実行結果（コマンドライン引数が田の場合）

文字列 "山田太郎" は田を含む

[演習 2]

　ソースコード 11.15 は，学生情報を表す複数のオブジェクトの中から，コマンドライン引数で指定される文字列を含む氏名を持つオブジェクトを抽出するためのプログラムです．学生情報を表すクラスはソースコード 11.1 で示した StudentInfo であり，11〜15 行目で StudentInfo クラスのオブジェクトのリストを生成し，変数 studentList で参照しています．17 行目では，ソースコード 11.13 で示したクラスのオブジェクトを生成し，変数 finder で参照しています．

　20, 21, 22 行目の中間操作と終端操作を記述し，studentList で参照しているリストの中から指定されたオブジェクトを抽出する操作を，演習 1 で作成したラムダ式を利用して完成してください．

ソースコード 11.15 ストリームパイプラインに対する理解度を確認するためのクラス

```
1  import java.util.*;
2  import java.util.stream.*;
3
4  public class FilteringBySubString {
5      public static void main(String[] args) {
6          String target = args[0];
7          String[] lines = { "0001,山田太郎,3",
8                             "0002,田中一郎,6",
9                             "0003,斎藤花子,4" };
10
11         List<StudentInfo> studentList =
12             Arrays.stream(lines)
13                 .map(line -> line.split(","))
14                 .map(data -> new StudentInfo(data[0], data[1], data[2]))
15                 .collect(Collectors.toList());
16
17         FindSubString finder = new FindSubString(target);
18
19         studentList.stream()
20             .filter  // hasSubString を利用してフィルタリング
21             .map     // 各オブジェクトの氏名を表す文字列のストリーム生成
22             .forEach // 氏名を表示
23     }
24 }
```

―― ソースコード 11.15 の実行結果（コマンドライン引数が田の場合）――

山田太郎
田中一郎

参考文献

1) 半田久志：『JavaとUMLで学ぶオブジェクト指向プログラミング』，近代科学社 (2014)
2) Freeman, E., Freeman, E., Sierra, K., Bates, B.（著），佐藤直生（監訳），木下哲也，有限会社 福龍興業（訳）:『HeadFirst デザインパターン』，オライリー・ジャパン (2005)
3) Subramaniam, V.（著），株式会社プログラミングシステム社（訳）:『Javaによる関数型プログラミング』，オライリー・ジャパン (2014)
4) Gosling, J., Steele, G., Joy, B., Bracha, G.（著），村上 雅章（訳）:『Java言語仕様 第3版』，ピアソンエデュケーション (2006)

索引

記号

! 67
!= 67
*= 64
++ 62
+= 64
- 58
-- 62
-= 64
/= 64
< 67
<= 67
> 67
>= 67
* 58
+ 58, 92
+= 92
/ 58
= 10
== 67
% 58
%= 64
&& 67
|| 67
0 パディング 232
10 進表記 52
16 進表記 52
8 進表記 52

A

abstract 166
accept メソッド 227
accessor 141
add メソッド 122, 124, 125
API 42
apply メソッド 227, 228
args 114
ArrayList 119
average メソッド 245

B

BinaryOperator 228, 240
boolean 型 51
break 文 77, 87
BufferedReader クラス 210

BufferedWriter クラス 210
byte 型 51

C

case 77
catch ブロック 212
charAt メソッド 93
char 型 51
clear メソッド 123, 130
clone メソッド 111
close メソッド 56
Collectors 234
collect メソッド 234
Comparator 228, 245
compare メソッド 228
comparing メソッド 247
Consumer 227, 228
containsKey メソッド 130
containsValue メソッド 130
continue 文 91
cos 201
CSV 115

D

default 77
do-while 文 84
DRY 156
double 型 51
DoubleStream 244
dropWhile メソッド 237

E

else 69
else-if ラダー 71
empty メソッド 233
enum 204
equals メソッド 94
extends 158

F

false 51
Files クラス 211
filter メソッド 237
finally ブロック 212
final 修飾子 189

256 索 引

findAny メソッド 243
findFirst メソッド 243
float 型 51
forEach メソッド 228
for 文 84, 126
Function 226

G
generate メソッド 233
getAsDouble メソッド 244, 245
getAsInt メソッド 245
getter 141
get メソッド 123, 130, 211, 227, 242

H
HashMap クラス 129
hasNextBoolean メソッド 56
hasNextDouble メソッド 56
hasNextInt メソッド 56

I
ifPresentOrElse メソッド 242
if 文 68
implements 177
import 189
indexOf メソッド 96, 123
instanceof 172
interface 176
IntStream 244
int 型 51
IOException 212
IS-A 関係 158
isEmpty メソッド 123, 130
isPresent メソッド 242

J
java.io.PrintWriter 214
java.util 190
Javadoc 42
join メソッド 225

K
keySet メソッド 130

L
length フィールド 108
length メソッド 98
Lexical Scope 226
lines メソッド 211
long 型 51

M
main メソッド 26, 201
mapToDouble メソッド 244
mapToInt メソッド 244
map メソッド 233

Math クラス 200

N
new 29, 105
newBufferedReader メソッド 211
newBufferedWriter メソッド 215
nextBoolean メソッド 56
nextDouble メソッド 56
nextInt メソッド 56
nextLine メソッド 56, 116
next メソッド 56
NIO.2 210
null リテラル 52

O
of メソッド 233
Optional 241
OptionalDouble 245
orElseGet メソッド 242
orElse メソッド 242

P
package 189
Paths クラス 211
Path インタフェース 211
Predicate 227
printf メソッド 55
PrintWriter クラス 214
private 27, 192
protected 192
public 192
put メソッド 130

R
rangeClosed メソッド 233
readAllLines メソッド 211
readLine メソッド 211
reduce メソッド 241
remove メソッド 124, 130
return 文 33, 37
reversed メソッド 248

S
Scanner クラス 54
setter 141
set メソッド 123
short 型 51
sin 201
size メソッド 123, 130
sorted メソッド 245, 248
split メソッド 115
sqrt 200
static 195, 196, 198
Strategy パターン 180
Stream インタフェース 231
String クラス 91

super
　—を用いたスーパークラスのコンストラクタの呼出し................158
　—を用いたスーパークラスのメソッド呼出し....160
Supplier.................227
switch 文.................74
System.in.................54

T
takeWhile メソッド.................237
test メソッド.................227
this.................35, 148
throw 文.................212
toArray メソッド.................235
toRadians.................200
toString.................188
toString メソッド.................188
true.................51
try-with-resources 文.................213
try ブロック.................212
try 文.................212

V
void.................32

W
while 文.................80
write メソッド.................215

あ
アクセス修飾子.................192
　private.................192
　protected.................192
　public.................192
　なし.................192
アクセス制御.................191
アクセッサ.................38, 141
アンボクシング.................123
委譲.................138, 145
インスタンス.................13, 31
　—変数.................196
　—メソッド.................198
インタフェース.................138, 176
　—におけるポリモーフィズム.................178
　—のクラスメソッド.................180
　—の実装.................177
　—の修飾子.................176
　—のデフォルトメソッドの呼出し.................182
　デフォルトメソッド.................180
インナークラス.................192
エスケープ.................53
　—シーケンス.................53
演算子.................57
　2 項—.................58
　インクリメント—.................62
　三項—.................73

算術—.................57
条件—.................73
代入—.................63, 93
単項—.................58
デクレメント—.................62
比較—.................67
論理—.................67
オートボクシング.................123
オーバーライド.................160
オーバーロード.................39
オブジェクト.................12
　—指向プログラミング言語.................3, 24
　—の型.................170
　—の生成過程.................161
Optional クラス.................222

か
カウンタ変数.................86
拡張 for 文.................126
型
　オブジェクトの—.................170
　—の異なる参照型変数の代入.................171
　参照型変数の—.................170
カプセル化.................139, 193
可変長引数.................201
関数
　—型インタフェース.................226
　—型言語.................224
　高階の—.................234
完全修飾名.................189
キーボード入力.................53
キーワード.................50
擬人化.................147
基本データ型.................9
キャスト.................61
　拡大変換.................60
　参照型変数の—.................172
　縮小変換.................60
クラス.................13, 24
　インナー—.................192
　親—.................158
　具象—.................168
　—変数.................195
　—名の命名.................166
　—メソッド.................198
　子—.................158
　サブ—.................158
　実装—.................176
　スーパー—.................158
　スーパー—のコンストラクタの呼出し.................161
　抽象—.................166
クラスメソッド
　インタフェースの—.................180
繰り返し.................66, 80
継承.................138, 158
　—におけるポリモーフィズム.................171

索引

—のメリット 163
ゲッター 38, 141
後置 63
構文範囲 226
コマンドライン引数 114
コメント 42
 行— 42
 —アウト 43
 ドキュメンテーション— 42
 ブロック— 42
コレクション 119
 —フレームワーク 119
コンストラクタ 27
 —参照 236
 —の呼出し順序 161
 —呼出し 29
 スーパークラスの—の呼出し 161
 デフォルト— 161
 引数なし— 142
コンパイル 7

さ

参照型 10
参照型変数
 —の型 170
 —のキャスト 172
ジェネリクス 121
 —を指定しない場合 121
式文 65
識別子 50
シグネチャ 29, 32
 同一の— 176
指数表記 52
実行時例外 214
実装 163
実装クラス 177
修飾子
 final— 189
 アクセス— 192
終端操作 231
条件分岐 66
小数表記 52
情報隠蔽 192
初期化 29
初期化子 141
書式指示子 56
書式つき出力 53
スコープ 34
ストリーム 210, 220, 231
 —の生成 233
 —パイプライン 232
整数リテラル 52
セッター 38, 141
宣言的 217
前置 63
操作 24, 31

属性 24, 27

た

ダイアモンド演算子 121
代入 10
 —演算子 63, 93
単純名 189
チェック例外 212
逐次実行 65
逐次処理 126
中間操作 231
抽象化 165
抽象クラス 166
 抽象メソッドが存在しない— 167
抽象に対するコーディング 178
抽象メソッド 166
 —が存在しない抽象クラス 167
デザインパターン 180
デバッグ 8
デフォルト値 29
デフォルトメソッド 180
 インタフェースの—の呼出し 182
特殊文字 52
ドット演算子 32

な

名前 50
二重ループ 82, 83
ネスト 83

は

場合分け 66
配列 104
 多次元— 112
 2次元— 112
 —の生成 105
 —の添字 104
パッケージ 189
 —名 189
引数 14, 29, 32
 可変長— 201
 コマンドライン— 114
 —リスト 29, 32
非チェック例外 214
標準入力ストリーム 54
ファイル
 —出力 214
 —入力 210
フィールド 27
 —の初期化子 141
 —への直接的なアクセス 191
フィルタリング操作 236
副作用 227
浮動小数点
 —演算 59

―数 51
　　―リテラル 52
プログラミング 1
　　―言語 1
　　命令型― 220
ブロック 26
文 26
変数 9
　　インスタンス― 196
　　クラス― 195
　　―のスコープ 34
　　―の宣言 9
　　―への代入 10
　　ローカル― 34
ポータビリティ 2
ポリモーフィズム 138
　　継承における― 171

ま

メソッド 13, 31
　　クラス― 198
　　参照型変数の型で定義されていない―の呼出し . 172
　　デフォルト― 180
　　―参照 229
　　―定義 31
　　―の実装 177
　　―呼出し 14, 32
メッセージ 138
　　―に対する返答 144
　　―パッシング 138, 139
文字リテラル 52
文字列
　　―処理 91
　　―リテラル 52
戻り型 32
戻り値 33
モノ 24

ら

ラッパークラス 122
ラベル 90
ラムダ式 220, 223
　　―の省略規則 224
リダクション操作 239, 241
リテラル 51
例外 105, 212
列挙型 204
　　―における条件分岐 206
論理式 67
論理値リテラル 52

監修・著者略歴

樋口 昌宏（ひぐち まさひろ）
- 1983年 大阪大学基礎工学部情報工学科卒業
- 1985年 大阪大学大学院基礎工学研究科修士課程修了
- 1991年 大阪大学基礎工学部情報工学科助手
- 1995年 大阪大学基礎工学部情報工学科講師
- 現　在 近畿大学情報学部情報学科教授・博士（工学）

多田 昌裕（ただ まさひろ）
- 2001年 中央大学理工学部経営システム工学科卒業
- 2005年 中央大学大学院理工学研究科経営システム工学専攻博士後期課程修了
- 株式会社ATRメディア情報科学研究所専任研究員，
- 株式会社ATR知能ロボティクス研究所専任研究員を経て
- 現　在 近畿大学情報学部情報学科准教授・博士（工学）

半田 久志（はんだ ひさし）
- 1996年 大阪教育大学大学院修士課程修了
- 1998年 京都大学大学院博士課程中退
- 1998年 岡山大学工学部助手
- 現　在 近畿大学情報学部教授・博士（情報学）

加藤　暢（かとう とおる）
- 1991年 岡山大学工学部情報工学科卒業
- 1997年 岡山大学大学院自然科学研究科博士課程修了
- 現　在 近畿大学情報学部情報学科准教授・博士（工学）

波部　斉（はべ ひとし）
- 1997年 京都大学工学部電気工学第二学科卒業
- 1999年 京都大学大学院工学研究科修士課程修了
- 三菱電機株式会社，京都大学学術情報メディアセンター助手
- 京都大学大学院工学研究科助手，
- 奈良先端科学技術大学院大学情報科学研究科助教
- 大阪大学産業科学研究所特任講師（常勤）を経て
- 現　在 近畿大学情報学部情報学科准教授・博士（情報学）

オブジェクト指向
Java プログラミング入門　第 2 版
© 2018 Masahiro Tada, Hisashi Handa,
Toru Kato, Hitoshi Habe
Printed in Japan

2018 年 3 月 31 日　初 版 発 行
2024 年 2 月 29 日　初版第 5 刷発行

監　修　樋口　昌宏
著　者　多田　昌裕
　　　　半田　久志
　　　　加藤　暢
　　　　波部　斉
発行者　大塚　浩昭
発行所　株式会社 近代科学社
〒 101-0051　東京都千代田区神田神保町 1-105
https://www.kindaikagaku.co.jp

藤原印刷　　ISBN978-4-7649-0495-8

定価はカバーに表示してあります．